Secret Hikes
Pfalz

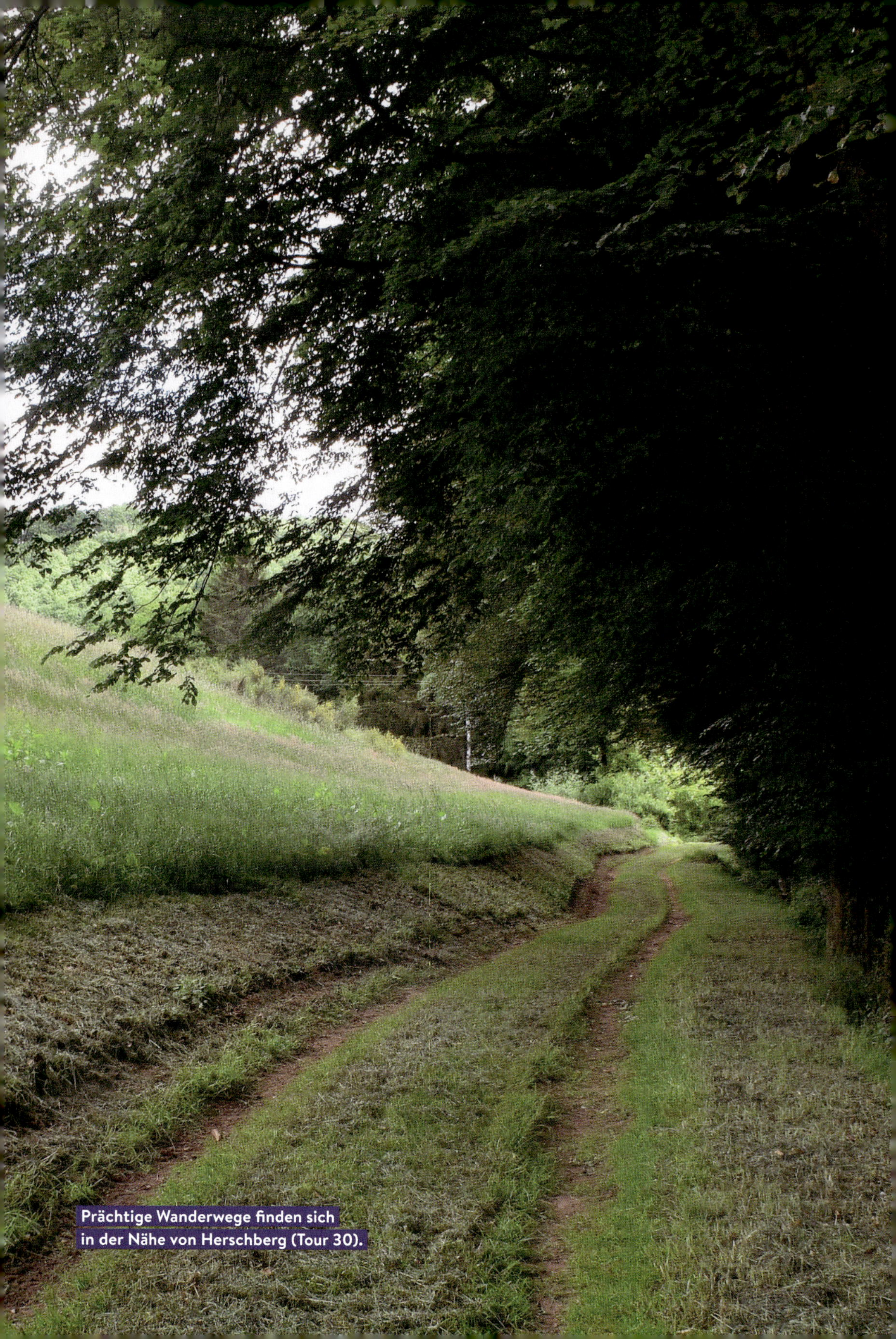

Prächtige Wanderwege finden sich
in der Nähe von Herschberg (Tour 30).

Matthias Wittber

SECRET HIKES PFALZ

Spannende Wanderungen auf versteckten Pfaden

BRUCKMANN

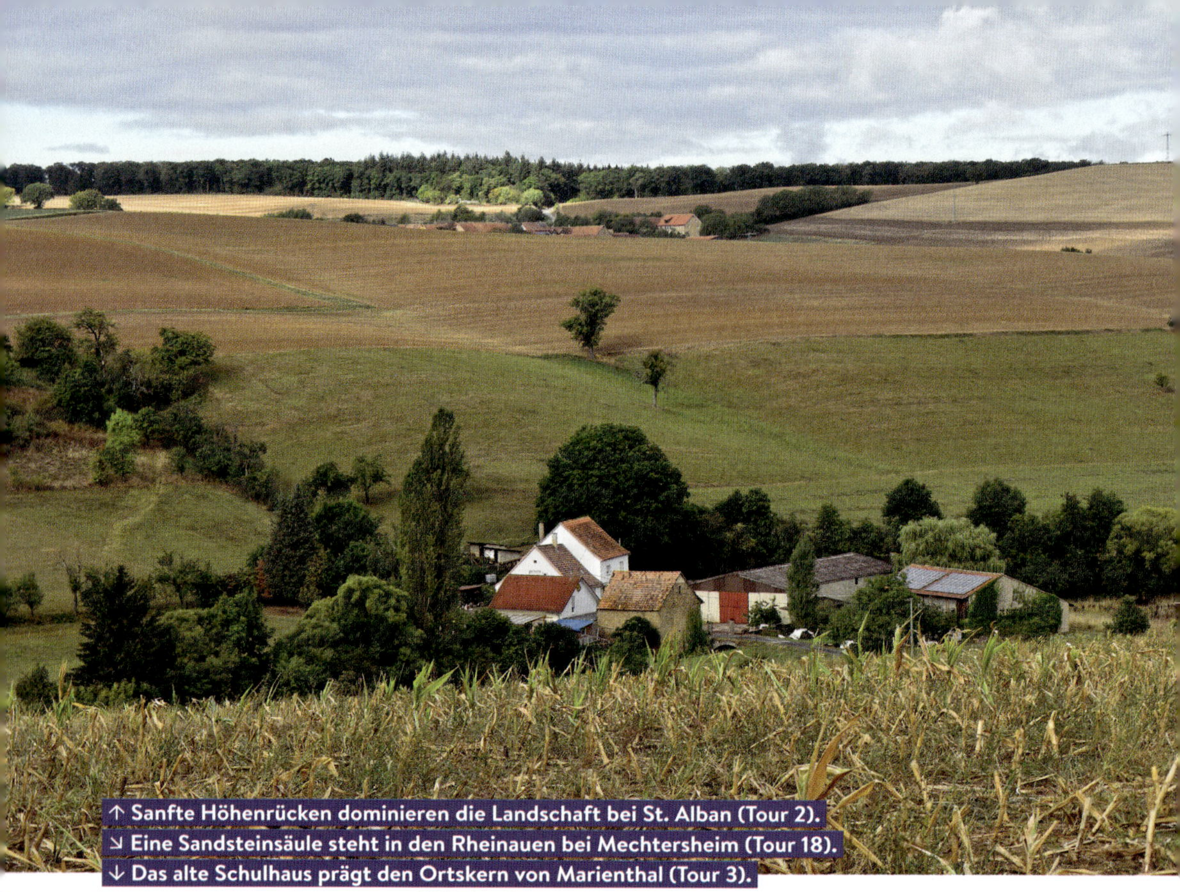

↑ Sanfte Höhenrücken dominieren die Landschaft bei St. Alban (Tour 2).
↘ Eine Sandsteinsäule steht in den Rheinauen bei Mechtersheim (Tour 18).
↓ Das alte Schulhaus prägt den Ortskern von Marienthal (Tour 3).

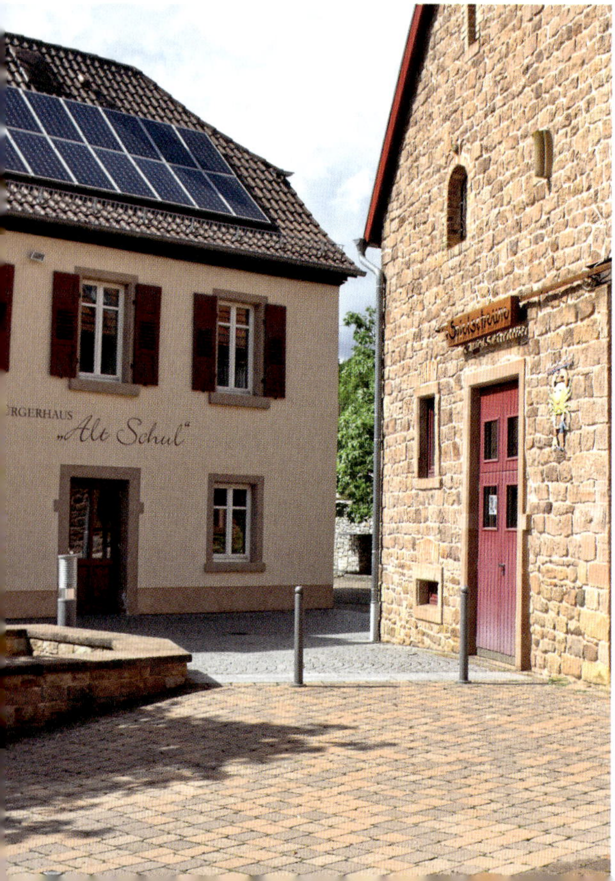

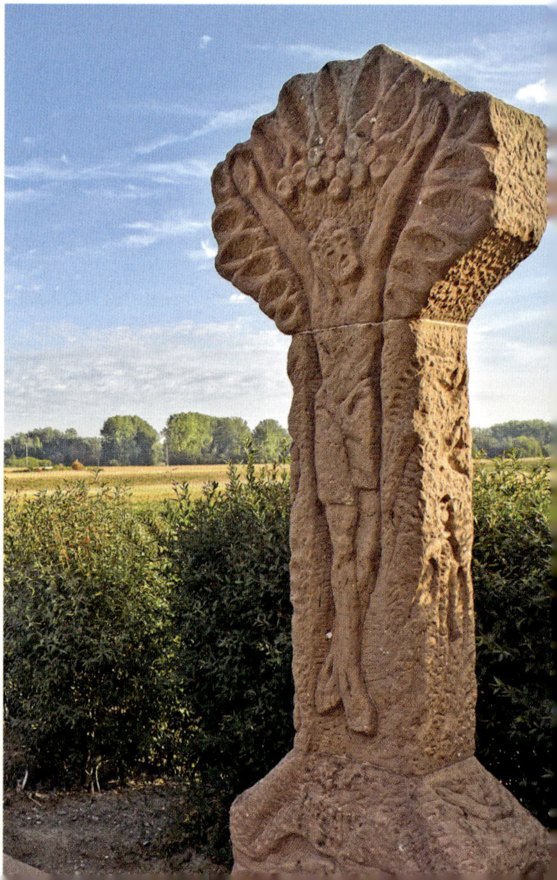

INHALT

Pfälzerwald, Rheintal und Haardt

Südpfalz und Bienwald

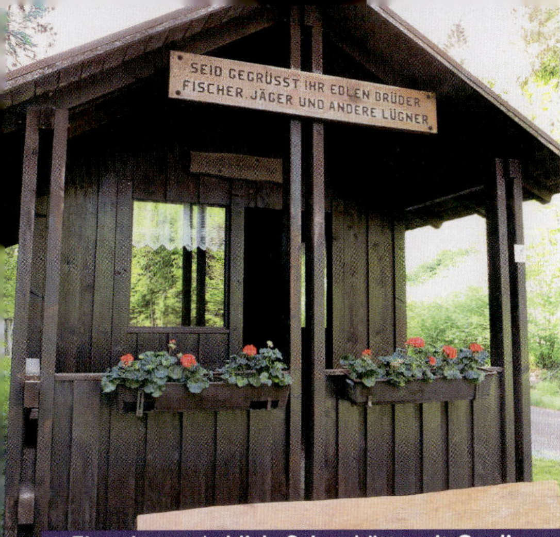

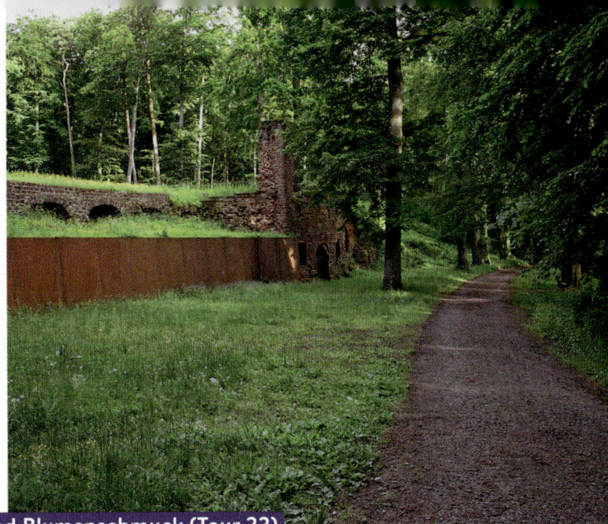

↑ Ein seltener Anblick: Schutzhütte mit Gardinen und Blumenschmuck (Tour 22)
↗ Kurz vor Ende der Wanderung erreichen wir die Reste der Karlsburg (Tour 28).

Westrich und Sickingerland

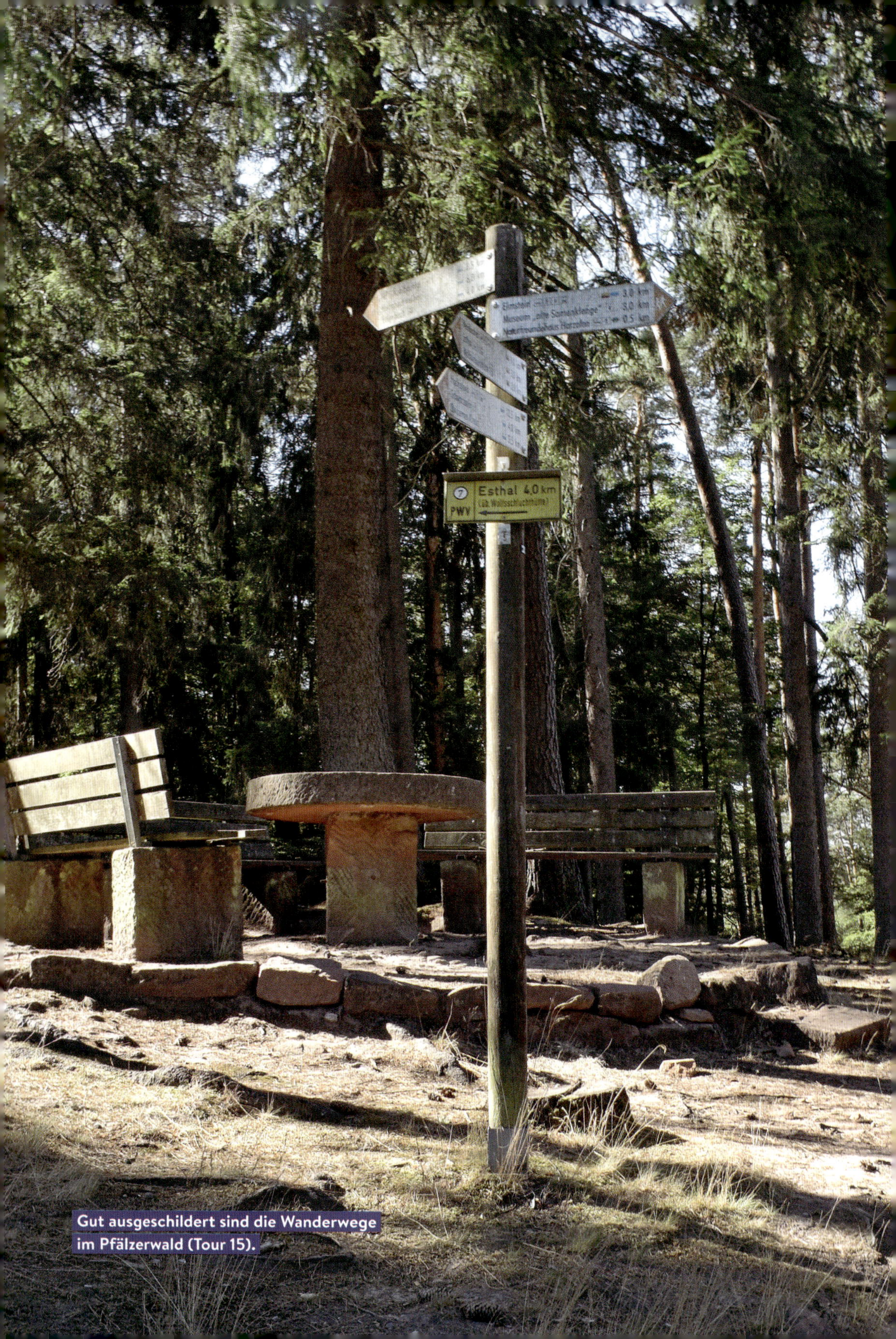

Gut ausgeschildert sind die Wanderwege im Pfälzerwald (Tour 15).

Vorwort

IST WANDERN IN DER PFALZ OHNE TRUBEL MÖGLICH? Natürlich denkt man beim Stichwort Pfalz zuerst an die gut frequentierten Sehenswürdigkeiten am Rande der Wanderwege, wie das Hambacher Schloss oder die Burg Trifels. Oder eben auch an die Touristenmagneten wie das Deutsche Weintor oder an die Städte Deidesheim und Bad Dürkheim. Trotzdem lässt sich die Frage mit einem klaren »Ja« beantworten.

Zum einen ist die Pfalz flächenmäßig nicht gerade klein. Mit 5500 km^2 ist sie fast doppelt so groß wie das Saarland. Genügend Platz also, um aus vielen unbekannten Wegen eine schöne Wandertour zu kombinieren. Zum anderen ist die Pfalz als Wandergebiet bei Weitem noch nicht vollständig erschlossen. Es gibt zwar den Pfälzerwald mit vielen Wanderwegen, einer einzigartigen Hüttenkultur und vorbildlichen Wandermarkierungen – aber selbst dort existieren noch viele Waldwege, die entweder überhaupt nicht oder selten benutzt werden.

Seit knapp zwanzig Jahren schreibe ich jetzt Wanderführer über den Pfälzerwald und die Pfalz. Immer lag das Augenmerk bei der Auswahl der Touren auf den erweiterten Buchtiteln – sei der Schwerpunkt auf historischen oder vergessenen Pfaden oder dem Erlebniswandern. Der vorliegende Titel führt uns nun zu den unbekannten Schönheiten des deutschen Südwestens – seien es die Burgen Montfort oder Lewenstein gleich im ersten Tourenvorschlag oder der Weg zum Himmelreich bei Otterbach (Tour 6). In der Rheinebene geht es bei Grünstadt zu einem einsamen Feldkreuz mit QR-Code (Tour 12). Im Rahmen der Tour 17 führe ich Sie durch die Pfälzer Weinberge zu bezaubernden Wegkreuzen, Bildstöcken und Kapellen. Und auf dem Rheinhochdamm bei Mechtersheim genießen wir die Nähe zum wichtigsten deutschen Fließgewässer (Tour 18). Bei einem Abstecher von der Südpfalz ins Elsass lernen wir das Wegkreuz des Louis Kochert kennen (Tour 25) und auf einer der letzten Touren dieses Buchs bestaunen wir in einer abgelegenen ehemaligen Mühle den schlafenden Nachtwächter (Tour 30).

Ich wünsche allen Leserinnen und Lesern viel Freude bei der Auswahl der persönlichen Touren und aufregende und spannende Wandererlebnisse in einem reizvollen Wechsel der verschiedensten Pfälzer Landschaften.

Matthias Wittber

Willkommen in der Pfalz

Schnüren Sie die Schuhe und entdecken Sie auf Ihren Wanderungen eine einzigartige Landschaft, Burgen und Schlösser als Zeugen der Geschichte und genießen Sie bei Speis und Trank die Pfälzer Hüttenkultur.

Der Pfälzerwald

Der Pfälzerwald gilt als das größte zusammenhängende Waldgebiet in Deutschland. Es umfasst etwa 175 000 Hektar. Seit dem Jahr 1992 ist es das 12. deutsche UNESCO-Biosphärenreservat. Etwa zwei Prozent der Gesamtfläche sind als sogenannte Kernzonen ausgewiesen. Die wirtschaftliche Nutzung entfällt; die Natur wird sich selbst überlassen. Seit 1998 gehört der Pfälzerwald zusammen mit dem Partner Nordvogesen zu den wenigen grenzüberschreitenden Reservaten dieser Erde. Als Wandergebiet ist der Pfälzerwald das Kernstück der Pfalz; hier verlaufen mit Abstand die meisten Wanderwege.

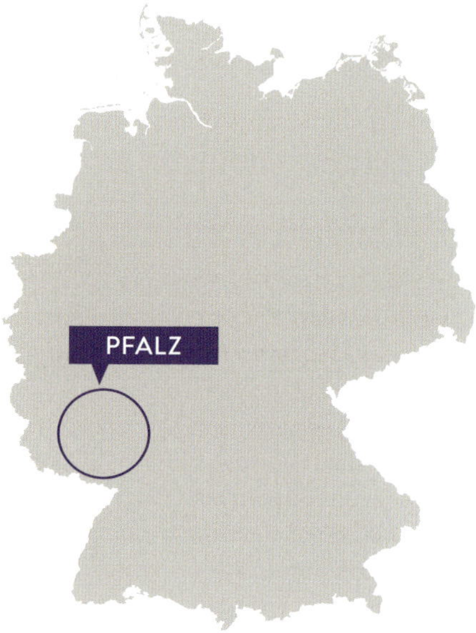

Pfälzerwald-Verein

1902 gegründet, steht der Pfälzerwald-Verein für die Erschließung und Entwicklung dieses Wandergebiets. Ohne die Wandermarkierungen, die Wanderkarten und die Pfälzerwaldhütten hätte dieses Wandergebiet nicht so erfolgreich erschlossen werden können.

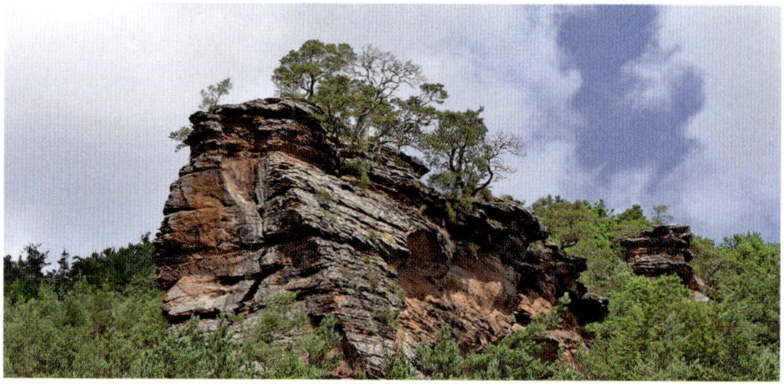

Naturdenkmale aus Buntsandstein

Charakteristisch für die Pfalz ist der rot-bräunliche Sandstein. Zahlreiche Buntsandsteintürme machen die Pfalz neben dem Elbsandsteingebirge zu den bedeutendsten Klettergebieten in Deutschland.

Hüttenkultur

Zum immateriellen Kulturerbe der UNESCO gehört die Hüttenkultur der Pfälzerwaldhütten. 14 Wanderheime und 60 Hütten werden überwiegend von Ortsvereinen ehrenamtlich bewirtschaftet. Was ist schöner als nach einer Wanderung mit preisgünstigen Pfälzer Spezialitäten versorgt zu werden?

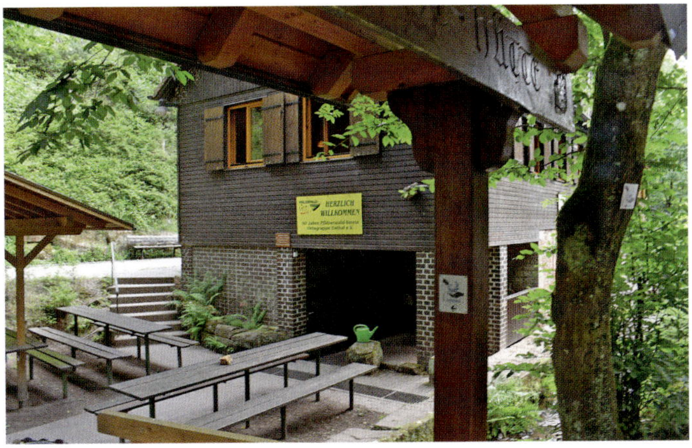

Pfälzer Küche

Bodenständig und rustikal ist die Pfälzer Küche. Am bekanntesten ist sicherlich der Saumagen – gefolgt von Leberknödeln und Fleischklößen. Nicht zu vergessen die Gequellten oder die Grumbeersupp.

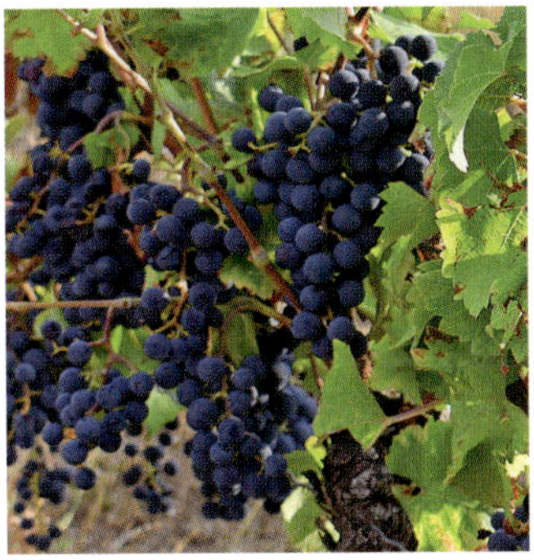

Pfälzer Weinfeste

Weinfeste gibt es das ganze Jahr über in der Pfalz. Ab September gibt es dann in den Weinbaugegenden kaum noch einen Ort, an dem keine Weinkerwe stattfindet. Genuss und Lebensfreude sind untrennbar mit der Pfalz verbunden.

---

300 Burgen

Es gibt nur sehr wenige Landschaften in Deutschland, die eine derartig hohe Burgendichte wie die Pfalz aufweisen. Neben den bekannten Burgen, wie dem Trifels, den Dahner Burgen oder der Burg Berwartstein, zählt die Pfalz noch etwa 300 weitere Burgen, Schlösser und Klöster.

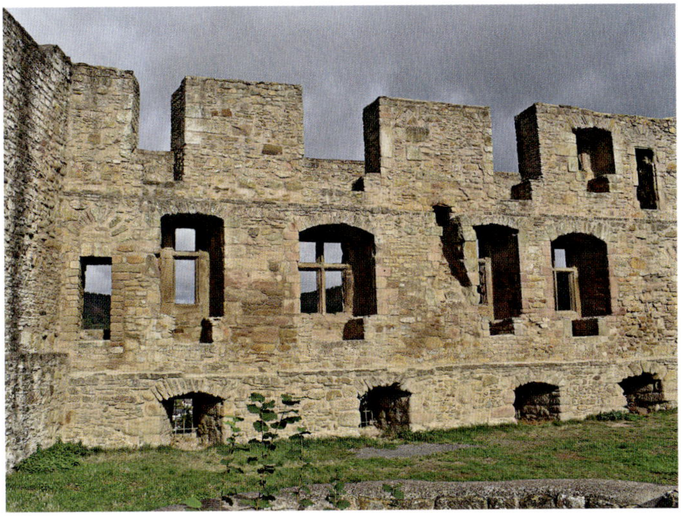

Bruckmann-Tourenfinder

Für jeden Tag die richtige Tour

			km	Hm	Std.								
1	Von Alsenz zur Lemberghütte	⚫	26,2	1262	7.00	✓		✓		✓			✓
2	Von Kriegsfeld nach St. Alban	🔴	15,1	636	3.55					✓			✓
3	Nördlich des Donnersbergs	🔵	11,1	462	3.05	✓		✓		✓	✓		✓
4	Zellertalbahn und Pfrimm	⚫	20,2	756	5.25	✓		✓		✓			✓
5	Ausgangspunkt Flurskapelle Ulmet	🔴	10,1	690	2.55	✓		✓		✓	✓		✓
6	Von Olsbrücken nach Otterberg	🔴	16,0	685	4.15	✓		✓		✓	✓		✓
7	Über Föckelberg zum Potzbergturm	🔵	10,4	866	3.00	✓	✓	✓			✓		✓
8	Zum Remigiusberg bei Theisbergstegen	🔵	11,2	560	3.00	✓	✓	✓		✓			✓
9	Zum Ohmbachsee	🔴	17,8	430	4.50	✓		✓		✓			
10	Über Körborn zur Burg Lichtenberg	🔵	11,9	380	3.10	✓	✓	✓	✓	✓			✓
11	Am Nordende der Deutschen Weinstraße	🔴	15,4	362	3.45	✓		✓		✓			✓
12	Rheintalwanderung bei Grünstadt	⚫	21,6	116	5.05	✓				✓			✓
13	Weinrebentour bei Kallstadt	🔴	14,1	320	3.35	✓		✓		✓			✓
14	Über das Kaisergärtchen zum Lambertskreuz	🔴	13,9	648	4.05	✓		✓			✓		
15	Von der Wolfsschluchthütte zum Harzofen	🔴	17,3	820	5.05	✓		✓			✓		✓
16	Über den Fresswasen zum Feuerplatz	⚫	19,1	1190	5.30	✓		✓			✓		

Nr.	Tour		km	Hm	Std.								
17	Durch die Weinberge bei Hainfeld	🔵	10,8	180	2.40	✓	✓	✓	✓	✓			✓
18	Auf dem Rheinhochdamm bei Mechtersheim	🔵	13,5	14	3.10	✓	✓	✓	✓	✓		✓	✓
19	Zum Houschder Winzerturm	🔴	16,6	96	4.05	✓		✓		✓			✓
20	Vom Hermersbergerhof zum Annweiler Forsthaus	🔴	17,3	1080	5.00	✓		✓			✓		
21	Über den Soldatenkopf zur Dicken Eiche	🔴	18,9	880	5.30	✓		✓			✓		✓
22	Durch das Storrbachtal zu den Drei Buchen	⚫	23,3	730	6.00	✓		✓			✓		
23	Rundwanderweg bei Bad Bergzabern	🔴	18,4	832	5.10	✓		✓			✓		✓
24	Von Barbelroth nach Klingenmünster	🔴	15,9	230	3.55	✓		✓		✓			✓
25	Vom Pfälzerwald zu den Vogesen	⚫	20,3	1016	5.40	✓		✓			✓		
26	Von Schaidt nach Dierbach	🔴	18,2	222	4.25	✓		✓		✓			✓
27	Entlang des Saugrabens zum Weißen Kreuz	🔴	15,3	46	3.35			✓			✓		✓
28	Von Hauptstuhl nach Homburg	⚫	23,1	844	6.10	✓		✓			✓		✓
29	Über die Höhenrücken bei Kirchenarnbach	🔴	16,3	550	4.05			✓		✓	✓		✓
30	Sauborner Dell und Brechersklamm	🔵	10,9	502	2.50	✓		✓			✓		
31	Zur Martinshöhe	⚫	20,6	770	5.20			✓		✓			✓
32	Vom Schwarzbach zum Dellfelder Forst	🔵	14,3	320	3.40	✓		✓		✓			✓
33	Wanderweg ins Saarland	🔴	15,9	480	4.00	✓		✓		✓			

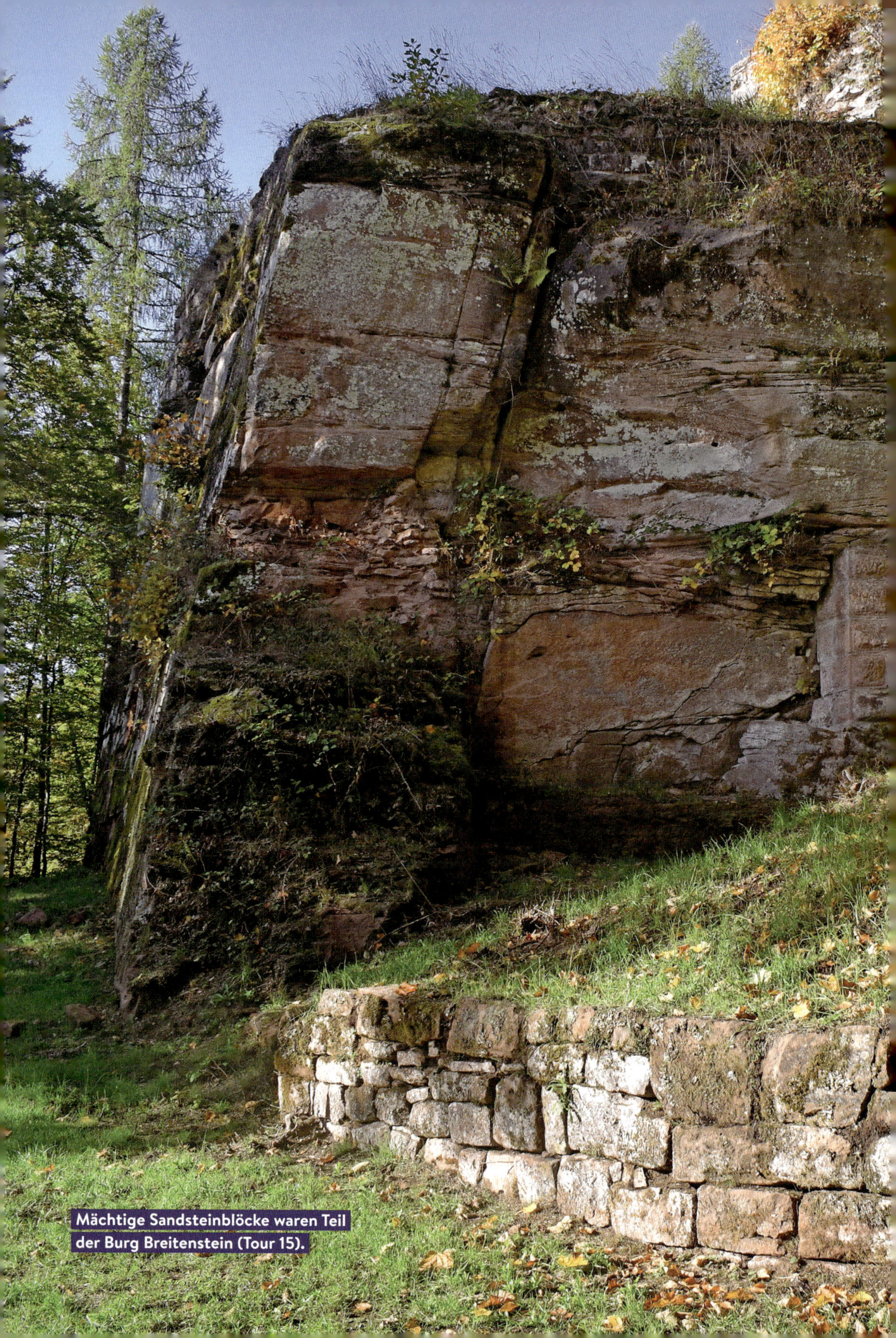

Mächtige Sandsteinblöcke waren Teil der Burg Breitenstein (Tour 15).

INFO

PIKTOGRAMME ERLEICHTERN DEN ÜBERBLICK

Länge
Höhenunterschied
Gehzeit

Einkehr
kindergeeignet
Sehenswürdigkeit
wintergeeignet
viel Sonne
schattiger Weg
Baden
ÖPNV

ANFORDERUNGEN

Die Wanderungen sind nach eigener Einschätzung der Schwierigkeiten von Wegbeschaffenheit, Entfernung, Orientierung, Höhenunterschied und Gefahrenlage eingeteilt.

● LEICHT

Einfache Wanderung auf guten Wegen und Pfaden ohne starke Steigungen, die aber auch ohne Markierung sein können. Orientierungssinn wird benötigt.

● MITTEL

Mittelschwere Wanderung mit deutlichen Höhenunterschieden auf Wegen und Pfaden, die etwas Kondition, Ausdauer und guten Orientierungssinn erfordert.

● SCHWER

Anspruchsvolle Wanderung auf teilweise steilen Wegen mit hoher Anforderung an die Kondition, Schwindelfreiheit und Trittsicherheit. Kann ausgesetzte Passagen am Fels beinhalten. Ein gutes Orientierungsvermögen ist unbedingt geboten. Alpine Erfahrung wird vorausgesetzt.

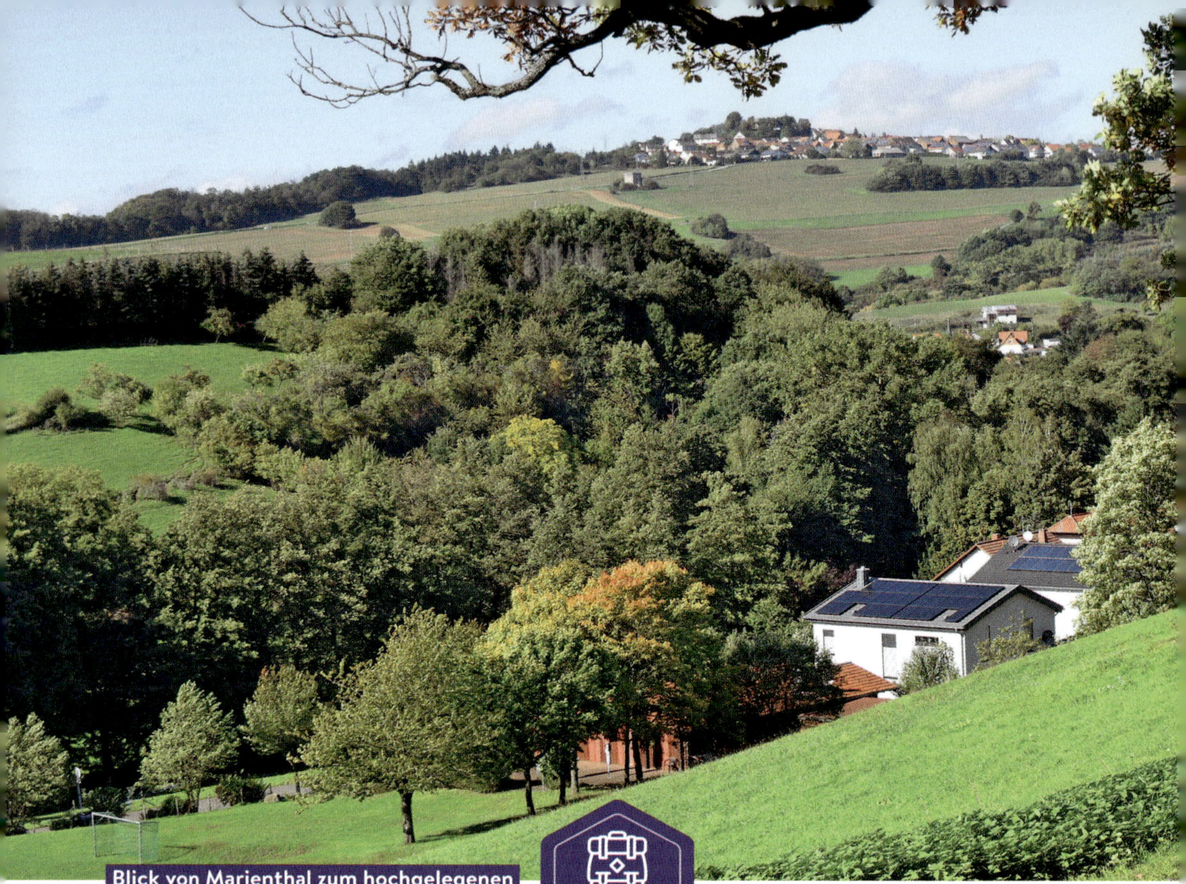
Blick von Marienthal zum hochgelegenen Ruppertsecken (Tour 3)

Die Pfalz – einzigartige Wanderregion im deutschen Südwesten

Mit der Pfalz wird die Region in Südwestdeutschland bezeichnet, die fast 150 Jahre zu Bayern gehörte. Nach der Niederlage Napoleons wurde Europa auf dem Wiener Kongress 1815 politisch neu geordnet. Zuerst als Rheinkreis bezeichnet, blieb die Pfalz bis zum Ende des Zweiten Weltkriegs bei Bayern. 1946 ging die Region Pfalz dann in das neue Bundesland Rheinland-Pfalz über.

Die Grenzen der Pfalz sind an drei Seiten leicht zu bestimmen. Im Osten bildet der Rhein die Binnengrenze zum Bundesland Baden-Württemberg, im Süden wiederum sind das Elsass und Lothringen gleichzeitig die Staatsgrenze von Frankreich zu Deutschland. Im Westen bildet das Saarland die Grenze zur Pfalz. Nach Norden ist die Grenze nicht so eindeutig – im Nordwesten geht es landschaftlich übergangslos zum Saar-Nahe-Bergland über, weiter nach Osten folgt die Rheinhessische Schweiz und dann das Alzeyer Hügelland.

DIE VERSCHIEDENEN REGIONEN DER PFALZ

Das Rheintal, die Haardt und der Bienwald: Das Rheintal ist gekennzeichnet durch eine fruchtbare Landschaft – dem Ackerbau im Osten folgt der Weinbau im Westen. Dieser dominiert beim Erreichen der Haardt – einer Höhenstufe, die das Rheintal vom Pfälzerwald trennt. Entlang dieser Trennlinie verläuft von Schweigen-Rechtenbach nach Bockenheim die Deutsche Weinstraße. Ganz im Süden bildet der Bienwald die Grenze zum Elsass. Eine Großstadt gibt es nur am Rhein (Ludwigshafen); viele malerische Dörfer und kleine Städte verteilen sich über die Oberrheinische Tiefebene.

Der Pfälzerwald wird gerne auch als »Rückgrat« der Pfalz bezeichnet; der Aufbau ist vom Rheintal aus gesehen schon beeindruckend, wandermäßig gesehen ist er das Prunkstück unter den deutschen Mittelgebirgen. Mehrere tausend Kilometer an Wanderwegen, eine großartige Hüttenkultur, eine Vielzahl an mittelalterlichen Burgen, bezaubernde Wooge, markante Aussichtstürme und ein edler Waldbestand zeichnen dieses Gebiet aus.

Der Westrich bezeichnet die Landschaft im Westen der Pfalz, begrenzt durch das Saarland und im Norden durch den Landstuhler Bruch. Allerdings ist im Norden die Zuordnung nicht eindeutig. So wird teilweise das Gebiet um Kusel noch als Westrich bezeichnet, das hier im Buch wiederum zum Pfälzer Bergland zählt. Der Name Westrich stammt im Übrigen aus dem Hochmittelalter, als das Gebiet den Übergangsraum zum Westfränkischen Reich bildete.

Das Pfälzer Bergland wird im Süden durch den Landstuhler Bruch (zwischen Homburg und Kaiserslautern) und danach durch den Verlauf der A 6 definiert. Im Norden schließen sich die Landkreise Birkenfeld, Bad Kreuznach und Alzey-Worms an. Das Pfälzer Bergland ist landwirtschaftlich geprägt und verfügt über keine größeren Städte.

WANDERN IN DER PFALZ

Die mit Abstand bekannteste und auch am besten ausgestattete Wanderregion ist der Pfälzerwald. Im Gegensatz zu den anderen drei Gebieten hat man hier aber auch die meisten An- und Abstiege zu bewältigen. Alleinstellungsmerkmale sind weiterhin das gut ausgebaute Wandernetz (zum größten Teil auf natürlichem Waldboden), die große Anzahl an bewirtschafteten Wanderhütten, einzigartige Fernsichten über den dichten Waldbestand (z. B. vom Luitpoldturm) und – man befindet sich immer im Wald, was das Wandern im Sommer sehr angenehm macht.

Komplett anders ist das Wandern im Rheintal. Es gibt dort fast keine Höhenunterschiede; nur in der Haardt bilden die Weinberge eine Hügelkette. Man ist immer der Sonne ausgesetzt; Schatten findet man selten. Die Wanderwege sind meist befestigt und dienen den Winzern oder Bauern als Wirtschaftswege; Pfälzerwaldhütten finden sich nur wenige. Als Wandergebiet ist das Rheintal wenig bekannt. In diesem Buch werden vier ereignisreiche Wanderungen vorgestellt – davon eine im Bienwald, einem der letzten großflächigen Niederungswälder in Deutschland.

Im Pfälzer Bergland wiederum ist die Landschaft hügelig mit kurzen aber steilen An- und Abstiegen. Wanderwege sind nicht überall ausgezeichnet. Wald findet man nur an den Anstiegen aus den Tälern; die Höhen werden meist landwirtschaftlich genutzt. Pfälzerwaldhütten sind hier nur selten zu finden. Eine großartige Landschaft, die eine gewisse Fähigkeit zur Orientierung im Gelände voraussetzt. Ähnlich stellt sich die Landschaft im Westrich dar. Auf steile Anstiege folgen lange, unbewaldete Höhenrücken. Wenige Wanderwege sind markiert; bewirtschaftete Hütten sind ebenfalls kaum vorhanden. Vielleicht sind deswegen in dieser schönen Landschaft nur wenige Wanderer unterwegs.

Ein Holzwegweiser zeigt uns bei Bastenhaus den Weg (Tour 3).

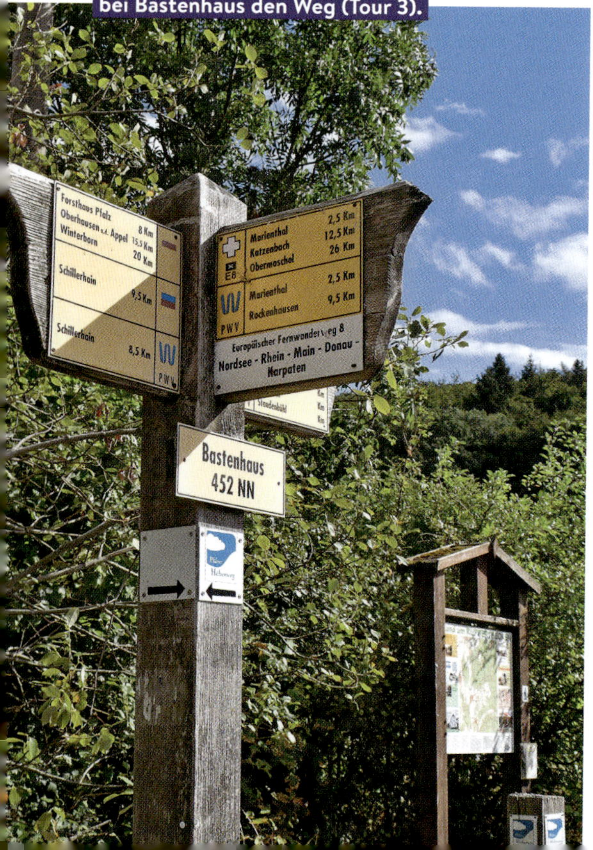

MARKIERUNG UND WEGFINDUNG

Die Markierung der Wanderwege in der Pfalz obliegt dem Pfälzerwald-Verein. Er pflegt ein Wandernetz von 5000 Kilometern Länge; drei Viertel der Routen liegen dabei im Pfälzerwald. Als Wegzeichen werden überwiegend ein- oder zweifarbige Balken (Striche) oder Punkte verwendet. Seltener findet man Kreuze oder Dreiecke. Die Markierungen werden entweder mit Farbe auf die Bäume aufgetragen oder auf Holz- und Metallschildern dargestellt. Fernwanderwege haben ihre eigene Markierung – so wird der Europäische Fernwanderweg von der Nordsee zu den Karpaten mit E8 gekennzeichnet. Ebenfalls eine eigene Markierung haben die Pfälzer Jakobswege. Hier wird die Jakobsmuschel als Wegzeichen verwendet. In den letzten Jahren kam es allerdings zu einem »Wildwuchs« bei den Wegmarkierungen. Viele Gemeinden legten aus touristischen Gründen eigene Wegzeichen an. Im Jahr 2022 wurde deshalb beschlossen, dass ein neues einheitliches Wanderwegeleitsystem eingeführt werden soll. Die Umsetzung wird allerdings mehrere Jahre in Anspruch nehmen.

WANDERKARTEN

Gebräuchliche Wanderkarten waren bis vor einigen Jahren die Topografischen Karten im Maßstab 1:25 000. Diese Karten wurden vom Landesamt für Vermessung und Geobasisinformation Rheinland-Pfalz herausgegeben und waren gleichzeitig die offiziellen Wanderkarten des Pfälzerwald-Vereins. Lei-

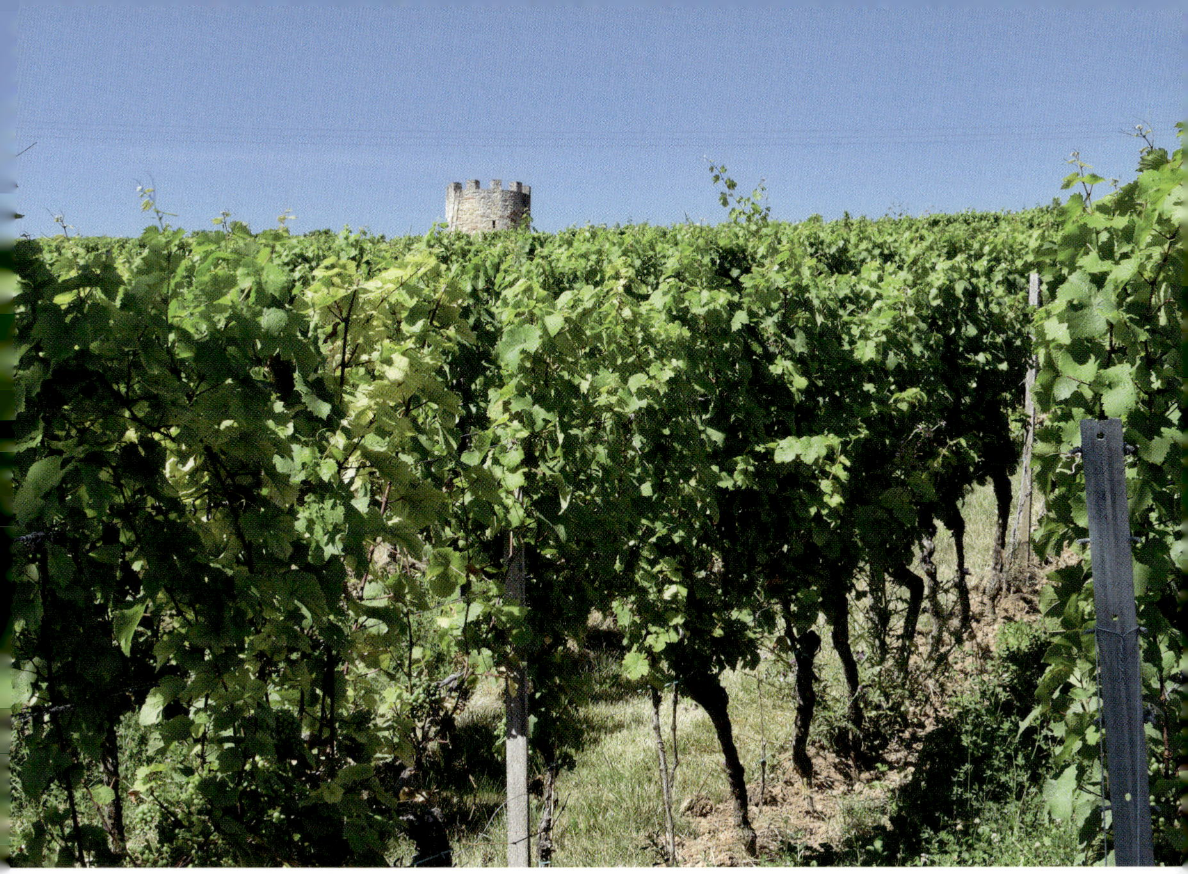

Über ein dichtes Rebenmeer fällt der Blick auf einen Trullo (Tour 11).

der werden diese Karten nicht mehr aufgelegt; sie sind aber noch nicht alle abverkauft und deshalb noch käuflich erhältlich. Ich benutze sie heute noch gerne, da sie von allen Karten die besten Detailinformationen haben. Neue Wanderkarten werden von verschiedenen Verlagen angeboten; abgedeckt wird die gesamte Pfalz mit wenigen Ausnahmen wie dem östlichen Teil des Rheintals oder Teile des Bienwalds. Recht praktisch, falls man sich doch einmal verlaufen haben sollte, sind die auf den Karten eingezeichneten Rettungspunkte. Dies sind Wegmarkierungen mit einem weißen Kreuz auf grünem Grund und einer siebenstelligen Zahl (z. B. 6710-160). Die Zahl dient dabei als eindeutiges Ordnungsmerkmal zu einem Standort. Anhand dieser Rettungspunkte kann man seine Position unzweifelhaft bestimmen.

PFÄLZERWALDHÜTTEN

Die Hütten sind über die ganze Pfalz verteilt – mit eindeutigem Schwerpunkt im Pfälzerwald. Mehr als 100 Hütten sind gelistet. Bewirtschaftet werden die Hütten meist von den Mitgliedern einzelner Ortsgruppen; einzelne Hütten sind aber auch verpachtet. Geöffnet sind die Hütten meist an den Wochenenden – stark frequentierte Hütten haben bei einem Ruhetag die ganze Woche geöffnet. Geboten werden dem Wanderer meist Pfälzer Spezialitäten. Seit dem Jahr 2021 gehören die Pfälzerwaldhütten zum nichtmateriellen Weltkulturerbe der UNESCO. Ein Hüttenverzeichnis findet sich auf der Website des Pfälzerwald-Vereins (www.pwv.de).

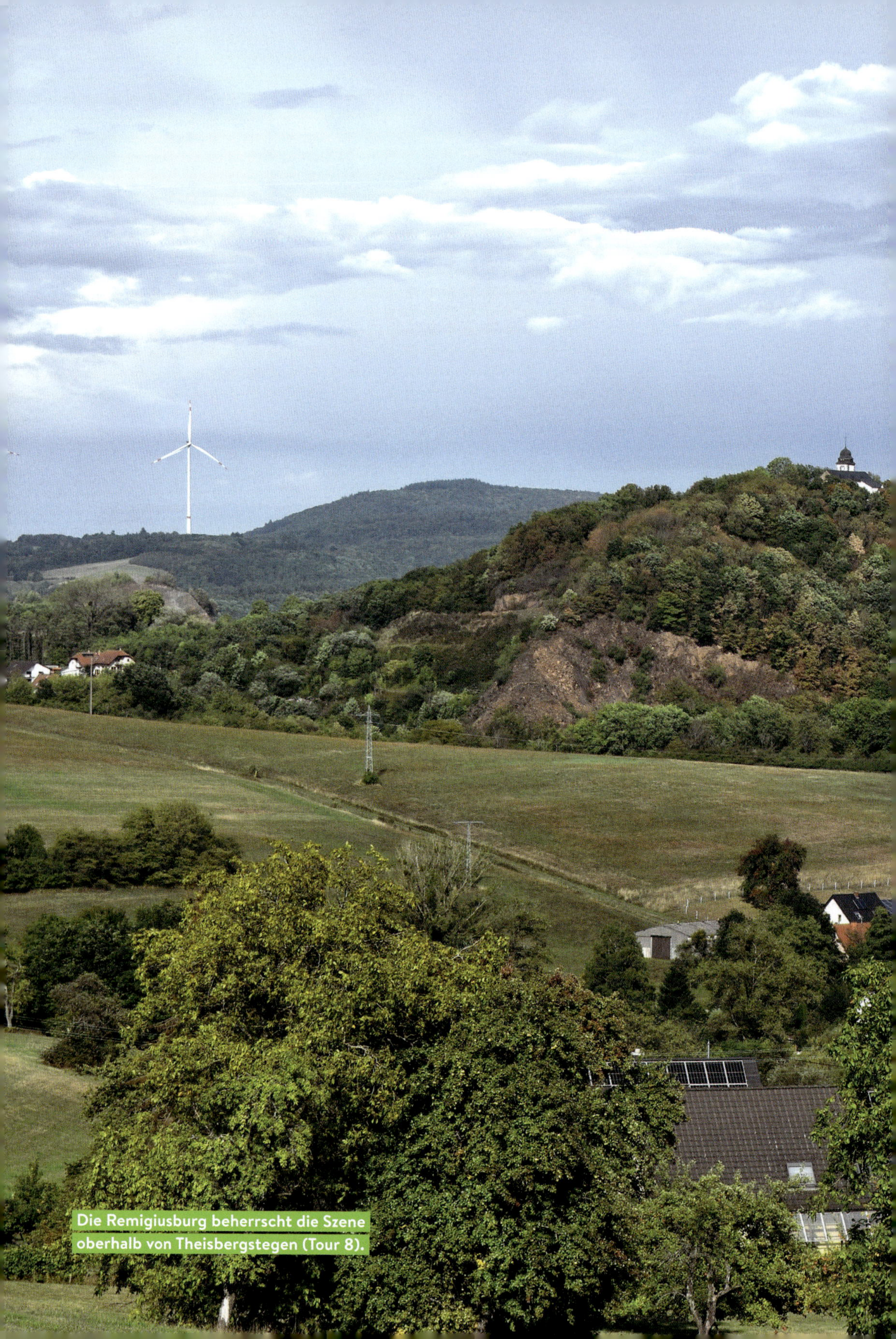
Die Remigiusburg beherrscht die Szene oberhalb von Theisbergstegen (Tour 8).

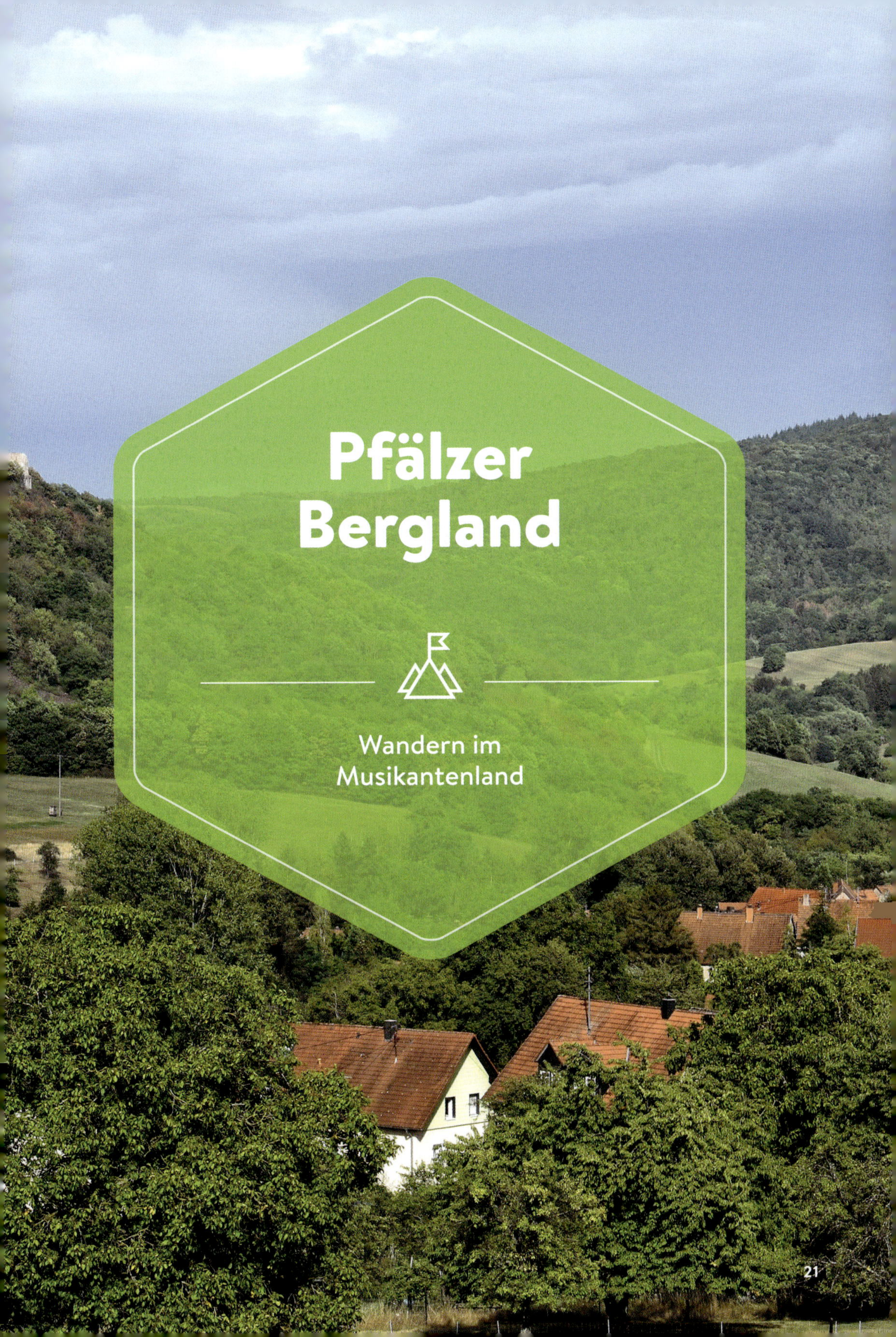

Pfälzer Bergland

Wandern im Musikantenland

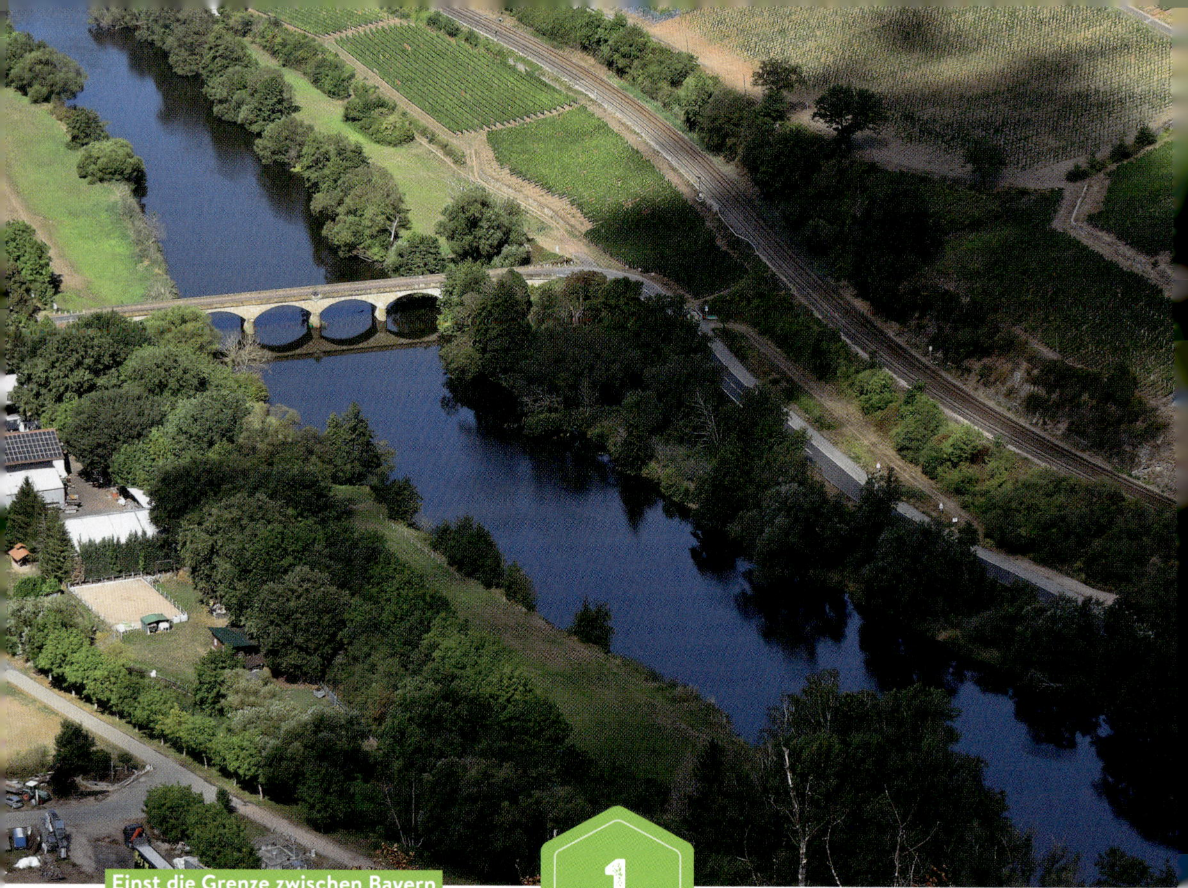

Einst die Grenze zwischen Bayern und Preußen: der Fluss Nahe

1

Von Alsenz zur Lemberghütte

Großbank ohne Geld

Die Stadt Alsenz liegt am Nordrand der Pfalz. Durch hügelige Landschaft geht es hinüber nach Rheinhessen. Von der Lemberghütte haben wir einen einzigartigen Weitblick über das Nahetal. Zwei beeindruckende Burgruinen (Montfort und Lewenstein) erkunden wir auf dem zweiten Teil dieser Wanderung.

HINAUF NACH HALLGARTEN Vom **A Bahnhof Alsenz** folgen wir der Bahnhofstraße in nördlicher Richtung. Weiter geht es auf der Hauptstraße zur B 48. Diese wird nach etwa 300 Metern an der Kreuzung nach links überquert. Über die Parkplätze eines Einkaufszentrums erreichen wir einen breiten Weg (zwischen EKZ und benachbarter Armaturenfabrik); dieser führt wieder in nördliche Richtung und steigt gleich steil an. Nach weiteren 300 Metern Wegstrecke geht nach links ein Feldweg ab. Weiter geht es bergauf; bald schon ist der befestigte Weg von Niedermoschel erreicht. Diesem folgen wir nach Norden. Der Weg führt zuerst durch die Felder; nach einem dreiviertel Kilometer Wegstrecke erreichen wir den Waldrand. Immer links davon führt die Wanderung zum Sportplatz von Hallgarten. Der kleine Ort ist von dort auch schon zu sehen; wir gehen hinunter zur Landstraße 379. Diese wird überquert und wir betreten den Dreiweiherhof auf der Kreuznacher Straße. Dieser folgen wie ein kurzes Stück; wir biegen dann nach links in die Straße Lembergblick ein. Nach rechts in die Römerstraße wird dann die Ortsmitte von **1 Hallgarten** erreicht. Die Triftstraße führt uns zur katholischen Kirche; ein kurzes Stück weiter geht nach rechts die Hauptstraße ab. In der Kurve geht nach links der Hallgarter Weg ab. Der Weg steigt an, wir folgen ihm für etwa einen Kilometer. Ein weiterer Weg biegt dann rechtwinklig nach links ab. Dieser führt (bei einer Windkraftanlage) zu einem auffälligen, mit Bäumen bewachsenen Quadrat. Von dort ist dann auch der **2 Lemberg**, unser erstes Etappenziel, zu erkennen. Es geht wieder bergab bis zu einer Wegkreuzung – diese werden wir im weiteren Verlauf der Wanderung noch einmal erreichen. Nun folgen wir der Straße, die uns zur Lemberghütte führt. Auf halbem Weg dorthin erreichen wir eine Panoramabank im Großformat. Diese besondere Parkbank wurde von der nahen Gemeinde Feilbingert errichtet. Hier halten wir inne und genießen die Fernsicht auf die Nordpfalz

Fast unbekannt: Die mächtige Burg Montfort bei Hallgarten

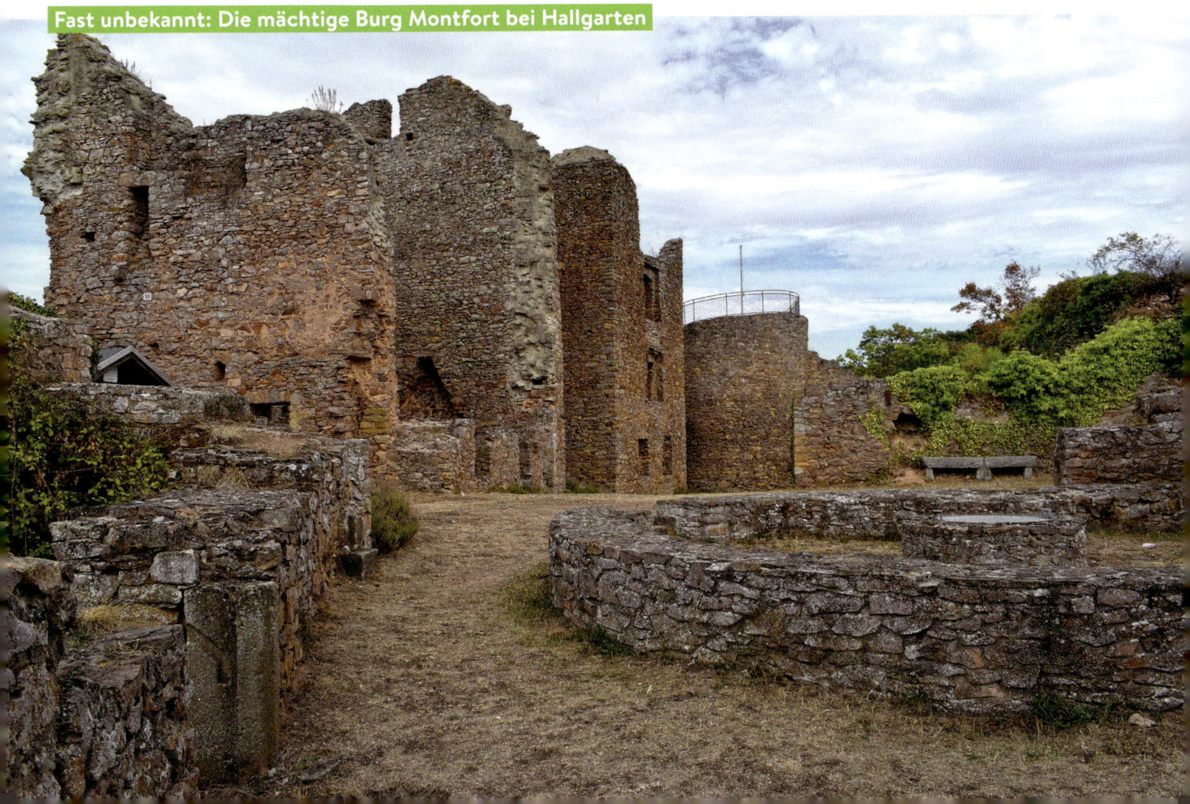

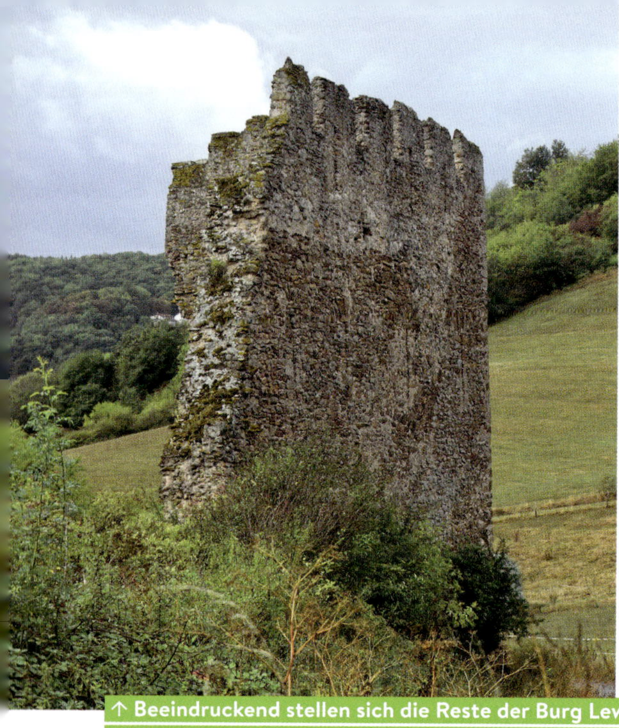

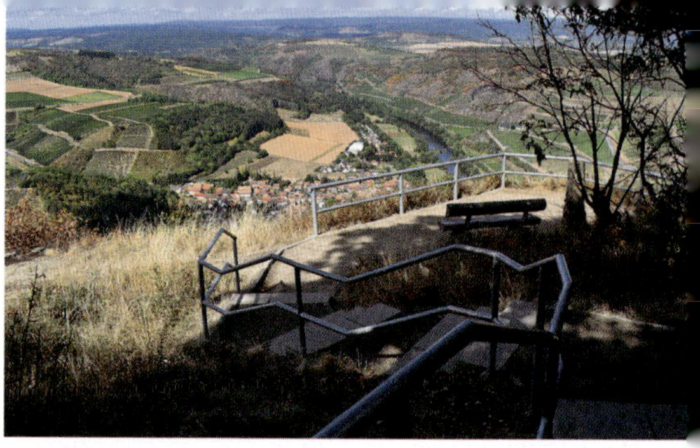

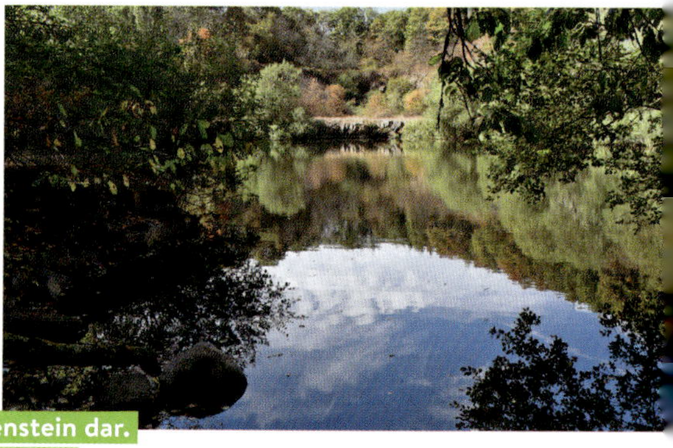

↑ Beeindruckend stellen sich die Reste der Burg Lewenstein dar.
↗ Von der Lemberghütte reicht der Blick bis zum Hunsrück.
→ Wurde noch nicht gefunden: der Schatz im Silbersee

sowie auf die rheinhessische Landschaft. Immer noch ansteigend, geht es ein Stück durch den Wald – dann ist auch die Lemberghütte erreicht (Mi–So 11.00–20.00 Uhr, www.lemberghuette.de). Von der Hütte ergibt sich der unvergleichliche Blick hinunter auf die Nahe sowie die prägenden Weinberge rund um die Gemeinde Oberhausen.

RUINE MONTFORT Wir gehen an der Hütte vorbei und folgen dem Rundweg. Dieser führt in südliche Richtung. Bald erhaschen wir einen Blick auf das nächste Etappenziel, den Montforterhof. Vorher machen wir aber einen Abstecher zum Silbersee. Dieser See entstand nach Einstellung des dortigen Tagebaus. Der See liegt in einem Naturschutzgebiet – Baden oder Zelten sind dort nicht erlaubt. Wir kehren zurück zur Straße, die uns hinauf zum Lemberg gebracht hatte. In Ermangelung einer begehbaren Variante müssen wir diese bis zur beschriebenen Wegkreuzung zurückgehen. Zumindest geht es jetzt wieder bergab; auch ab der Wegkreuzung senkt sich der Weg ins Tal. Die L 378 wird bald erreicht; wir biegen nach links ab und müssen hier ein kurzes Stück (220 m) dieser Straße folgen. Dann geht es aber nach rechts auf die Stichstraße zum Montforterhof. Der weitere Weg zur beeindruckenden **3 Ruine Monfort** ist ausgeschildert. Die Burg wurde im 13. Jahrhundert erbaut, allerdings auch schon nach 200 Jahren wieder zerstört. Im 20. Jahrhundert wurden die Reste der Burg gesichert und restauriert. Die Reste des Burgfrieds sind begehbar.

NACH LEWENSTEIN Wir gehen wieder hinunter zum Montforterhof; dort nehmen wir die Markierung des Europäischen Fernwanderwegs E8 auf. Weiteres Wanderzeichen ist das weiße Kreuz. Es folgt ein langes Wegstück durch den Bauwald; am Waldhaus Ludwigstreue wird wieder offenes Gelände erreicht. Der Weg fällt jetzt stark ab; bald sind wir dann am Naturdenkmal Silberbachquelle. Es geht Richtung Süden – wir befinden uns oberhalb eines kleinen Weinbaugebiets. Unten im Tal erkennen wir bereits die L 379. Diese wird überquert – nächstes Etappenziel ist die **4 Burgruine Lewenstein**. Diese wird nach einem knappen Kilometer Wegstrecke erreicht. Die im 13. Jahrhundert erbaute Burg wurde im deutschen Bauernkrieg 1525 sowie im Pfälzischen Erbfolgekrieg 1689 zerstört.

ZURÜCK NACH ALSENZ Wir gehen die wenigen Meter in den Ort Niedermoschel hinein. Über die Hauptstraße erreichen wir die protestantische Kirche des Orts. Auf der Amtsgasse geht es wieder bergauf. Wir folgen dem befestigten Wirtschaftsweg, bis wir auf die Abzweigung auf dem Hinweg treffen. Dem bekannten Weg folgen wir hinunter zum Einkaufszentrum und dann weiter zum Endpunkt am Bahnhof von **E Alsenz**.

INFO

TOURENCHARAKTER
Anspruchsvolle Rundtour für geübte Wanderer

AUSGANGS-/ENDPUNKT
Alsenz, Bahnhof (151 m)

GPS
49.728055, 7.816944

ANFAHRT
Auto: Von Süden (Kaiserslautern) bzw. von Norden (Bad Kreuznach) jeweils auf der B 48 bis Alsenz. Parkplätze am Bahnhof
Bus & Bahn: Mit der Regionalbahn von Bad Kreuznach bzw. Kaiserslautern nach Alsenz

GEHZEITEN
Alsenz–Lemberghütte 2.50 Std.–Ruine Montfort 1.30 Std.–Ruine Lewenstein 1.40 Std.–Alsenz 1.00 Std.

EINKEHR
Lemberghütte, Alsenz

KARTE
Mittlere Nahe mit Rheinhessischer Schweiz, Wanderkarte des Hunsrückvereins, 1:25 000
sowie
für den Bereich um Alsenz die Karte: Der Donnersberg, Wanderkarte des Pfälzerwald-Vereins, 1:25 000

Schwer | 26,2 km | 1262 Hm | 7.00 Std.

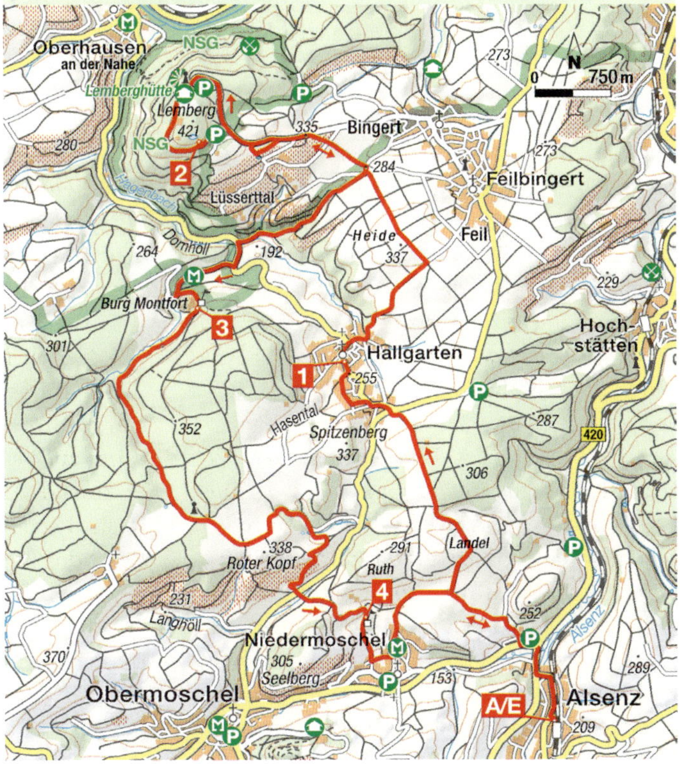

INFORMATION
Tourist-Information Bad Kreuznach, Kurhausstraße 22-24, 55543 Bad Kreuznach, www.bad-kreuznach-tourist.de

Von Kriegsfeld nach St. Alban

Der erschrockene Jäger

Das nördliche Pfälzer Bergland ist unter wandermäßigen Gesichtspunkten nur wenig erschlossen. Wegmarkierungen findet man nur selten. Einkehrmöglichkeiten gibt es auf dieser Tour nicht. Trotzdem handelt es sich um eine großartige Wandertour durch eine beeindruckende Landschaft mit guten Fernsichten.

2

Abwärts geht es in das ruhige Dorf St. Alban.

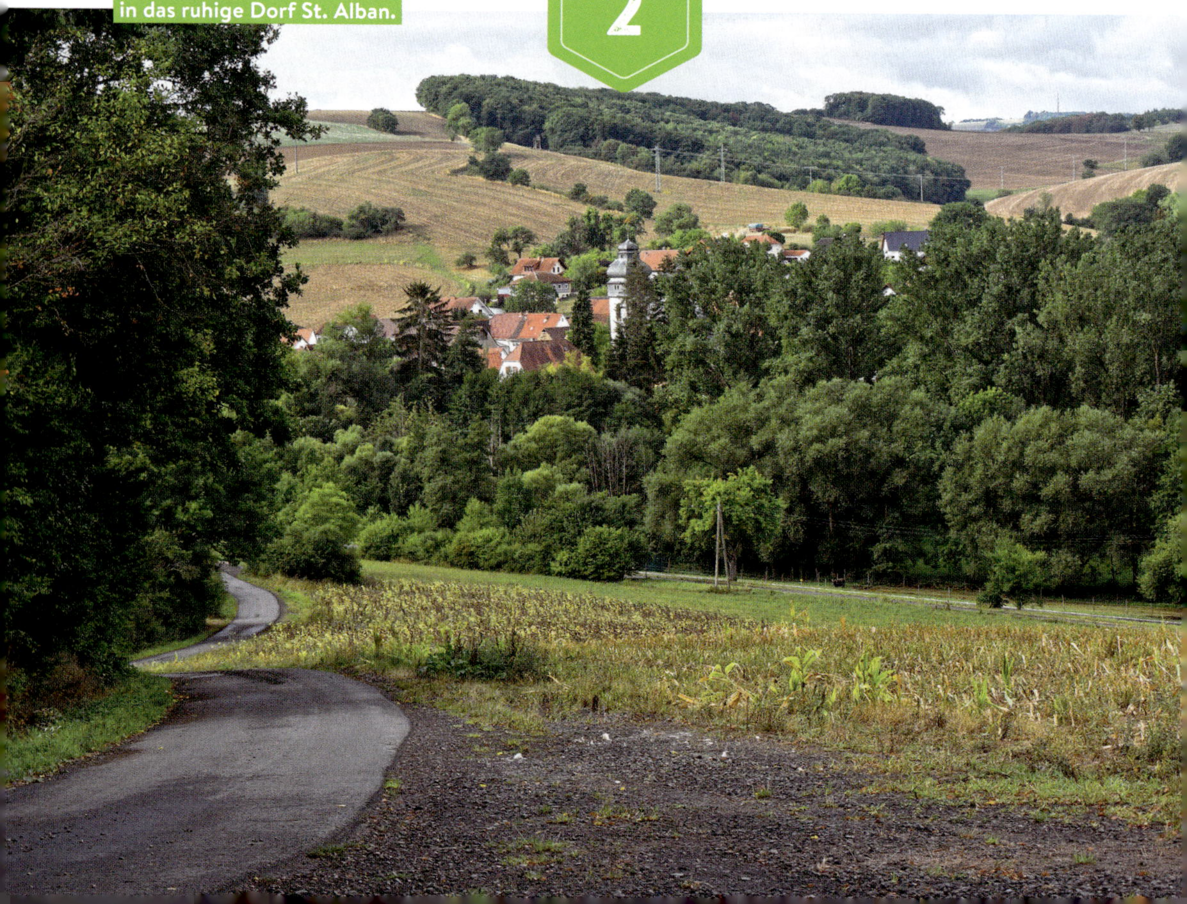

ZUM HUBERTUSBILDSTOCK An der Gemeindeverwaltung in **A Kriegsfeld** (Straße Hinter Kirch) finden wir ausreichend Stellplätze. Dort befinden sich auch die örtliche Grundschule sowie ein Kindergarten. Wir gehen die Straße Hinter Kirch hinunter Richtung Ortsmitte. Schon nach wenigen Metern treffen wir auf die Katholische Pfarrkirche St. Matthäus. Die Kirche im neuromanischen Stil wurde im Jahr 1935 für die zu klein gewordene Kirche in der Hübelstraße erbaut. Diese Alte Katholische Kirche liegt auf unserem Weg; wir biegen nach rechts in die Hübelstraße ein und finden das Gebäude nach wenigen Metern auf der linken Seite. Diese Kirche wurde im Jahr 1787 errichtet und 1925 durch den Glockenturm erweitert. Nach Fertigstellung des Neubaus diente sie zuerst als Lagerhaus. Die Gemeinde Kriegsfeld erwarb im Jahr 1988 das Gebäude; im Jahr 2006 wurde es zu einem Gemeindezentrum umgebaut.
Auf der Hübelstraße geht es weiter bergab; wir treffen auf die Alsenzer Straße, von der wir gleich wieder nach links in die Steinbrunnenstraße abbiegen. Diese geht über in die Straße Im Brühl und dann in die Straße Am Sonnenberg. Dort erreichen wir freies Feld. Nach 200 Metern beschreibt der Weg einen Knick nach Süden, und nach weiteren 80 Metern des Wegs erreichen wir einen Feldweg; dieser kommt von der L 404. Wir biegen nach rechts ab; dem Feldweg folgen wir auf 300 Metern.
An der nächsten Wegverzweigung nehmen wir den Weg nach links. Etwa höhengleich gehen wir in südöstlicher Richtung bis zum Waldrand. Dort folgen wir dem sogenannten Eichenfahrtweg. Dieser führt uns hinunter ins Tal des Gutenbachs. Dort finden wir das religiöse **1 Kleindenkmal zur Hubertuslegende**. Das Bild zeigt den erschrockenen Hubertus in Anbetracht des kreuztragenden Hirschgeweihs.

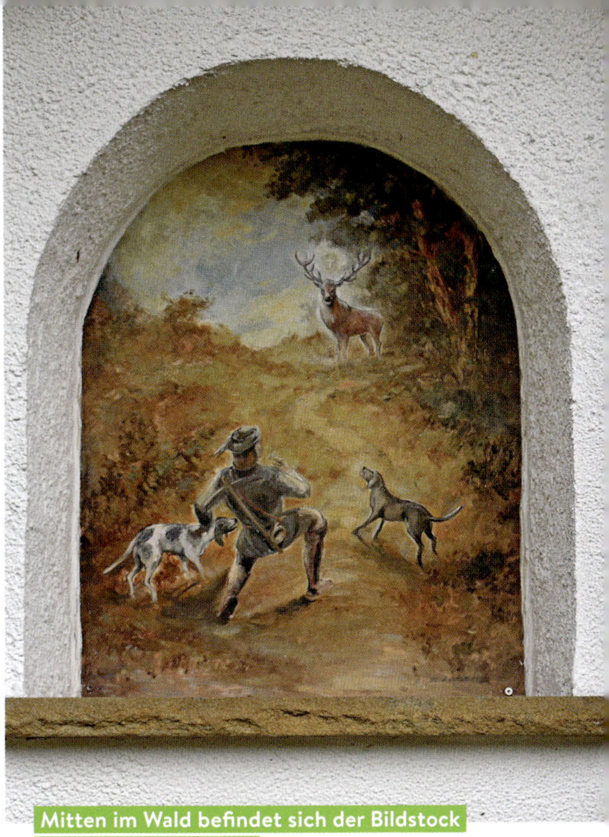

Mitten im Wald befindet sich der Bildstock zur Hubertuslegende.

NACH ST. ALBAN Wir durchschreiten das kleine Tal und gehen in westlicher Richtung auf den dort angrenzenden Waldrand zu. Der Weg steigt wieder an. Wir folgen dem Weg am Waldrand und treten nach etwa 400 Metern Wegstrecke in den Staatsforst Winnweiler ein. Das kurze Waldstück wird durchquert – auf der anderen Seite haben wir wieder einen besseren Blick auf die umgebende Landschaft. Im Süden ist der Schneebergerhof auszumachen. Der Weg fällt jetzt stetig ab; bald ist dann auch schon die Kirche von St. Alban zu erkennen. Den Ort betreten wir beim Delwer Kreisel, dem Buswendeplatz. Über die Langgasse ist schnell die schmucke Evangelische Kirche mit schönem Portal und altem Grabstein erreicht. Der Ortskern steht mit verschiedenen Gebäuden aus dem 17. bis 19. Jahrhundert unter Denkmalschutz.

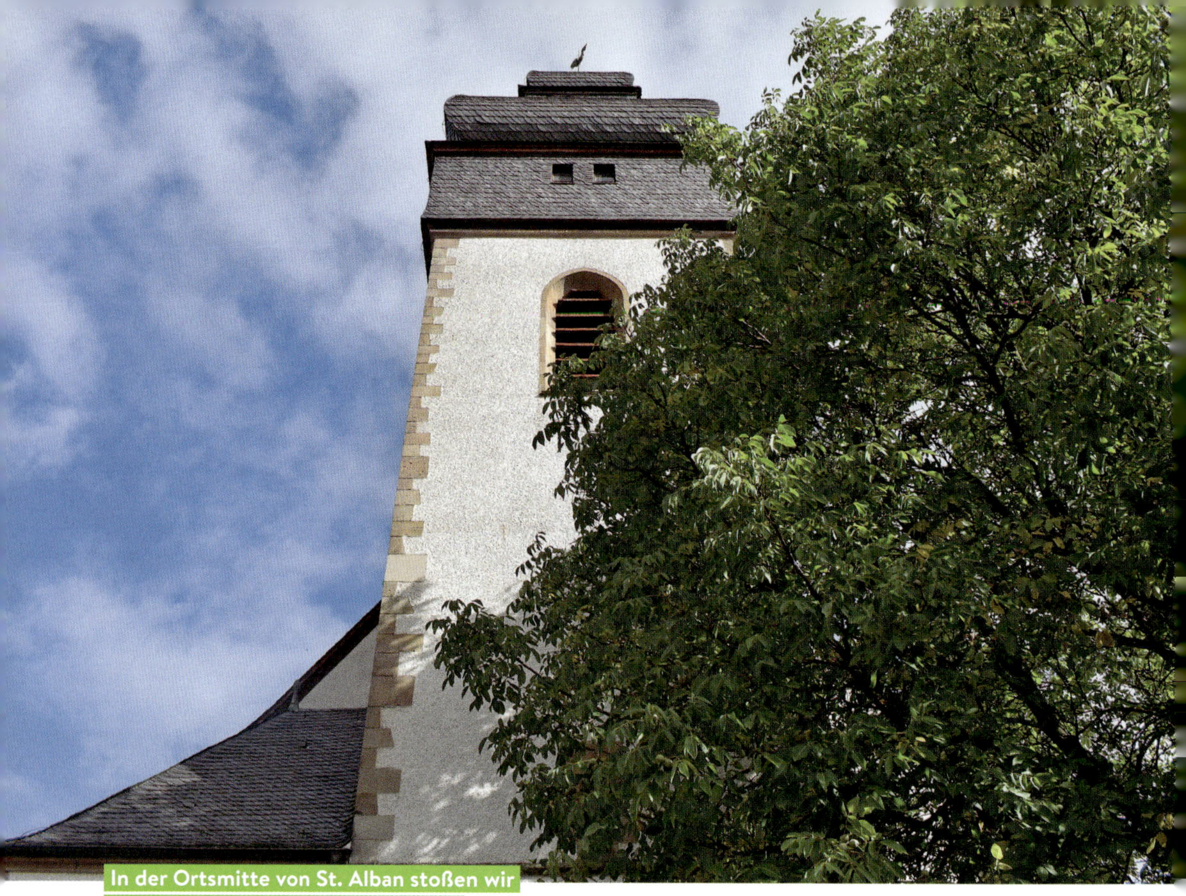

In der Ortsmitte von St. Alban stoßen wir auf die protestantische Pfarrkirche.

ZUM GUTENBACHERHOF Wir gehen zurück zum Kreisel. Die Wanderroute führt uns jetzt nach Norden. Rechts der L 400 befindet sich ein Geh- und Fahrradweg. Ohne Höhenunterschiede geht es durch das Tal des Appelbachs nach Gaugrehweiler. Der kleine Ort gehört zur Verbandsgemeinde Nordpfälzer Land und zählt etwas mehr als 500 Einwohner. Auf der Hauptstraße gehen wir in den Ort hinein. In der Ortsmitte macht die Straße einen kleinen Schlenker. Kurz danach zweigt ein Weg nach rechts ab. Dieser führt über den Appelbach wieder zu dem schon vorher benutzten Wander- und Radweg. Auch jetzt geht es entlang der bereits erwähnten Landesstraße. Als nächste Zwischenetappe wird Oberhausen an der Appel erreicht. Wir nähern uns der Gutenbachstraße (L 399) und gehen dort nach rechts. Wir befinden uns bereits wieder am Ortsausgang und nehmen am letzten Haus auf der linken Seite (in Laufrichtung) den dortigen Weg auf. Der Wirtschaftsweg führt parallel zur Landesstraße in südöstlicher Richtung. Es geht gleich steil hinauf; der Wirtschaftsweg biegt später dann nach links ab. Wir gehen aber weiter parallel zur Landesstraße geradeaus weiter. An einer Schautafel zu den Oberhausenern Sandsteinwerken machen wir einen kurzen Halt. Wir erfahren, dass sich nur wenige Meter vom Standort entfernt eine Abbaustätte für Sandstein befunden hat. Bemerkenswert ist, dass sich diese Abbaustätte unter Tage befand. Die höheren Abbaukosten gegenüber dem Tagebau ließen sich nur durch die höhere Qualität des Sandsteins rechtfertigen. Der Weg führt jetzt hinunter zur Landesstraße – wenige Meter entlang der Straße erreichen wir nun den **2 Gutenbacherhof**.

ZURÜCK NACH KRIEGSFELD Unser Weg führt uns jetzt nach Süden; wir gehen auf der linken Seite an den wenigen Häusern des Hofs Richtung Wald. Dort überqueren wir den Gutenbach und gehen am Waldrand entlang bis zu einer Wegverzweigung. Dort befindet sich auch der Rettungspunkt 6213-345. Unser Weg ist seit dem Gutenbacherhof mit dem roten Balken markiert. Der Weg steigt durch den Wald an, das Gewann Schlangenschlag wird durchschritten. Bald dreht der Weg in östliche Richtung und führt jetzt wieder am Waldrand entlang. Ist das Ende des Waldrands erreicht, geht der Weg mit der Markierung roter Balken nach rechts ab. Wir folgen unserem Weg aber geradeaus weiter; ein kurzes Stück geht es über freies Feld. Dann haben wir ein Waldstück zu unserer Rechten. Wir folgen auch hier dem Waldrand bis zu dessen Ende. An der nächsten Weggabelung gehen wir nach Norden. Bald ist ein befestigter Weg erreicht; dieser bringt uns zurück nach **E Kriegsfeld**.

INFO

TOURENCHARAKTER
Mittelschwere Rundwanderung durch die Hügellandschaft des Pfälzer Berglands

AUSGANGS-/ENDPUNKT
Kriegsfeld, Gemeindeverwaltung (339 m)

GPS
49.711388, 7.917777

ANFAHRT
Auto: Auf der A 63 bis Kirchheimbolanden, dann über die L 386 und L 399 nach Kriegsfeld
Bus & Bahn: Kein Bahnanschluss. Mit dem Regionalbus von Kirchheimbolanden nach Kriegsfeld

GEHZEITEN
Kriegsfeld–St. Alban 1.30 Std.–Oberhausen 1.00 Std.–Kriegsfeld 1.25 Std.

EINKEHR
Keine Einkehrmöglichkeit

KARTE
NaturNavi Wanderkarte Pfälzerwald 2 (Blatt 42-550), 1:25 000

Mittel	15,1 km	636 Hm	3.55 Std.

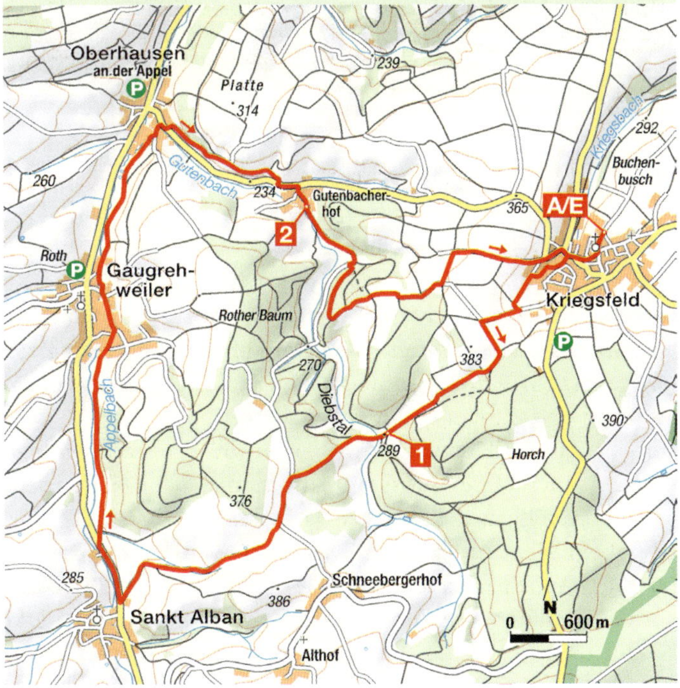

INFORMATION
Donnersberg-Touristik-Verband e. V., Uhlandstraße 2, 67292 Kirchheimbolanden, www.donnersberg-touristik.de

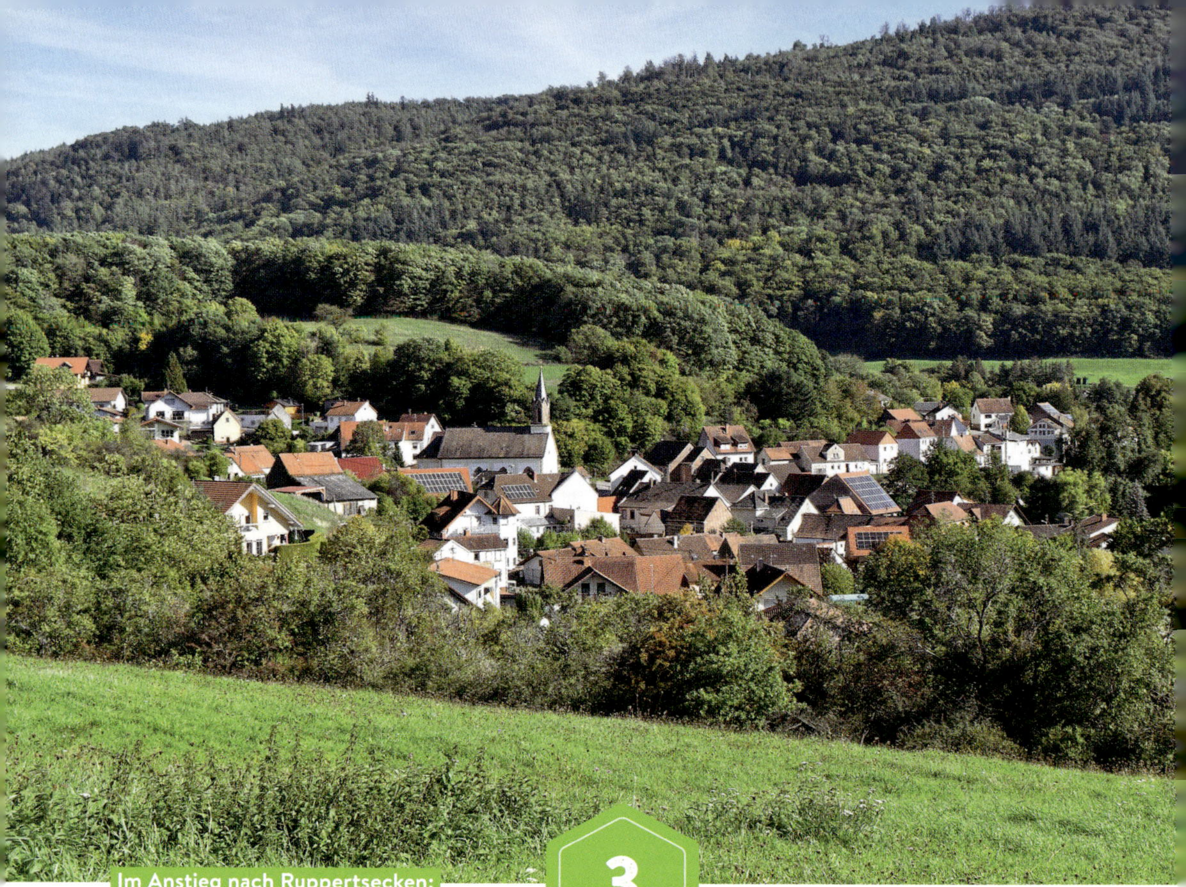

Im Anstieg nach Ruppertsecken:
Blick zurück auf Marienthal

3

Nördlich des Donnersbergs

Keltische Achsnadel im Kreisverkehr

Der Donnersberg ist die höchste Erhebung der Pfalz – er dominiert die Region des Pfälzer Berglands. In der Vor-Römerzeit befand sich dort eine der größten Keltensiedlungen nördlich der Alpen. Wir sind auf einem wenig bekannten Rundweg an der Nordseite des Vulkanmassivs unterwegs. Mit Ruppertsecken gelangen wir zum höchstgelegenen Dorf der Pfalz.

NACH MARIENTHAL Vom **A Wanderparkplatz** gehen wir ein kurzes Stück Richtung Kreisel und biegen nach links, also nach Westen, ab. Als Wegmarkierung haben wir zum einen den Pfälzer Höhenweg, den Europäischen Fernwanderweg E8 und das Weiße Kreuz. Ohne große Höhenunterschiede geht es am Nordsaum des Donnersbergs entlang. Der Weg schwenkt dann nach Süden und führt schließlich aus dem Wald heraus. Am Aussichtspunkt werfen wir einen Blick auf das Dorf Marienthal und das dahinterliegende Ruppertsecken. Wir gehen hinunter in den Ort; auf der Straße Am Donnersberg erreichen wir den Ortskern. Zur Ortsmitte gehen wir auf der Rockenhauser Straße. Dort befindet sich das Kloster Marienthal. Dieses wurde im 12. Jahrhundert gegründet. Die Klosterkirche überstand sowohl den Bauernkrieg als auch die nachfolgenden Zerstörungen in der Pfalz. Erst im 19. Jahrhundert wurde sie wegen Baufälligkeit abgebrochen; in leicht veränderter Form wurde sie in den Folgejahren wiederaufgebaut. Dabei wurden Teile der alten Klosterkirche wie das Hauptportal wiederverwendet. Neben der heutigen Pfarrkirche befinden sich das kleine Feuerwehrhaus aus Sandstein (heute auch Spielscheune) sowie daneben das Bürgerhaus »Alt Schul«.

HINAUF NACH RUPPERTSECKEN Vom Bürgerhaus gehen wir durch die Amtsstraße und biegen dann in die Burgwaldstraße ein, die in den Kirchweg übergeht. Dieser führt jetzt steil ansteigend hinauf nach Ruppertsecken. Seit dem Mittelalter gingen die Katholiken von Ruppertsecken an Sonntagen auf diesem Weg zur katholischen Kirche in Marienthal. Im Aufstieg genießen wir den Blick auf Marienthal sowie den dahinter dominierenden Donnersberg. In **1 Ruppertsecken** erreichen wir auf der Hauptstraße die Ortsmitte. Mit 498 Metern Höhe gilt der Ort als höchstgelegenes Dorf der Pfalz. Er hat

Tipp

DIE ACHSNADEL VOM DONNERSBERG

Im Jahre 1962 wurde auf dem Plateau des Donnersbergs eine keltische Achsnadel entdeckt. Diese Achsnadel ist außergewöhnlich – in den keltischen Funden gibt es nur wenige, die durch einen maskenartigen Aufsatz verziert sind. Die besonderen Gesichtszüge der Figur hatten wohl einen Bezug zur mythischen Welt der Kelten, also auf göttliche oder heilige Personen. Im Jahr 2017 wurde der neue Kreisel in Bastenhaus eröffnet; die darin befindliche Skulptur konnte im Jahr darauf eingeweiht werden. Sechs Meter hoch ist die nachgebildete Achsnadel, die an ein halb aus dem Boden ragendes Wagenrad lehnt. Wer mehr über die Kelten erfahren möchte, fährt zum Donnersberg hinauf. Auf halber Höhe etwa befinden sich Reste des keltischen Ringwalls. Dort wurde die Originalmauer restauriert. Die Kelten erbauten damals eine bis zu drei Meter hohe Trockenmauer; diese wurde durch senkreche Stützposten verstärkt. Die Stützposten vermoderten im Verlauf der vielen Jahre; der obere Teil der Mauer stürzte ein; nur der untere Teil blieb erhalten. Die Gesamtlänge der Wallzüge betrug mehr als acht Kilometer. Die Befestigungen wurden etwa 130 v. Chr. errichtet. Die Siedlung gehört zu den größten keltischen Siedlungen nördlich der Alpen. Die Wälle, die das Oppidum schützten, waren bis zu 20 Meter breit bzw. bis zu sechs Meter hoch. Es wird geschätzt, dass die Ansiedlung, die das Wallsystem schützen sollte, nicht länger als 80 Jahre bestand. Grund dafür war der Siedlungsdruck, zum einen durch die Römer, die von Süden anrückten, zum anderen durch die aus dem Osten einfallenden Germanenstämme.

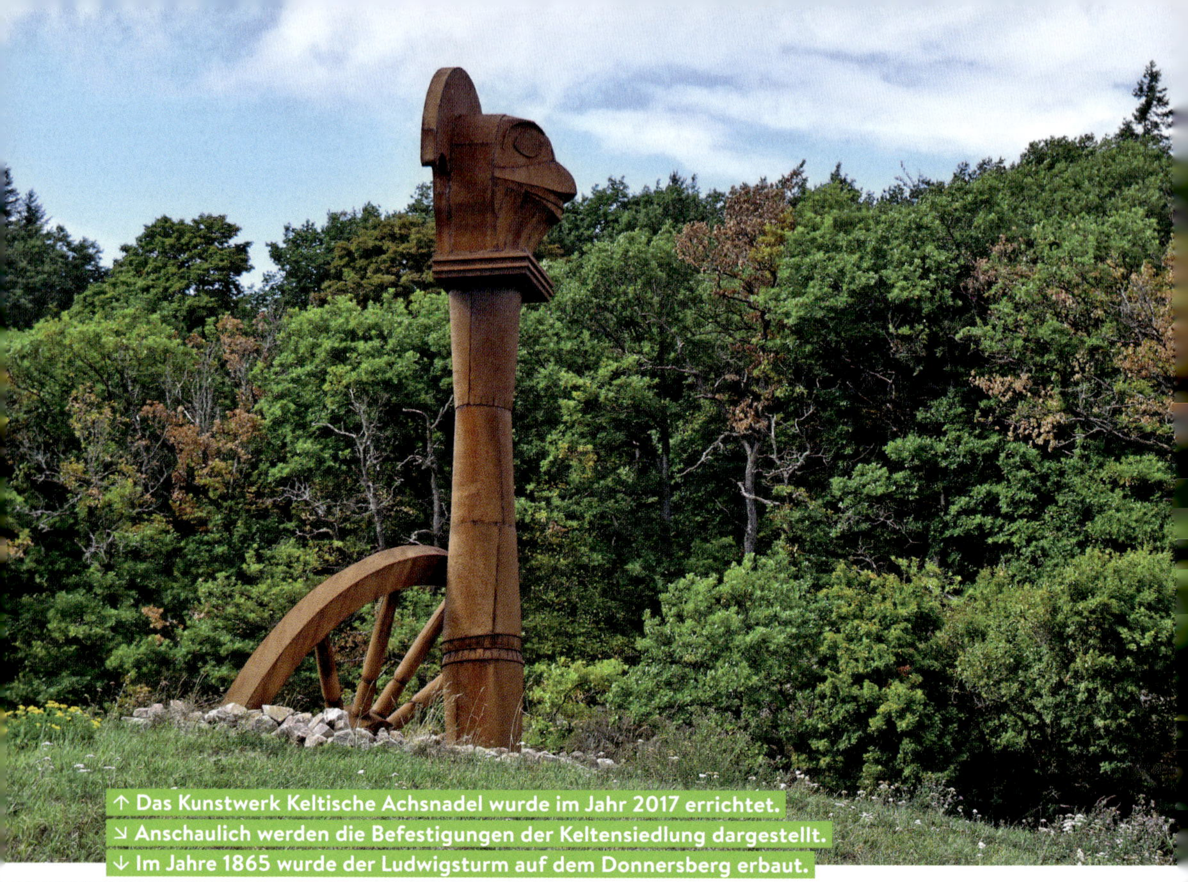

↑ Das Kunstwerk Keltische Achsnadel wurde im Jahr 2017 errichtet.
↘ Anschaulich werden die Befestigungen der Keltensiedlung dargestellt.
↓ Im Jahre 1865 wurde der Ludwigsturm auf dem Donnersberg erbaut.

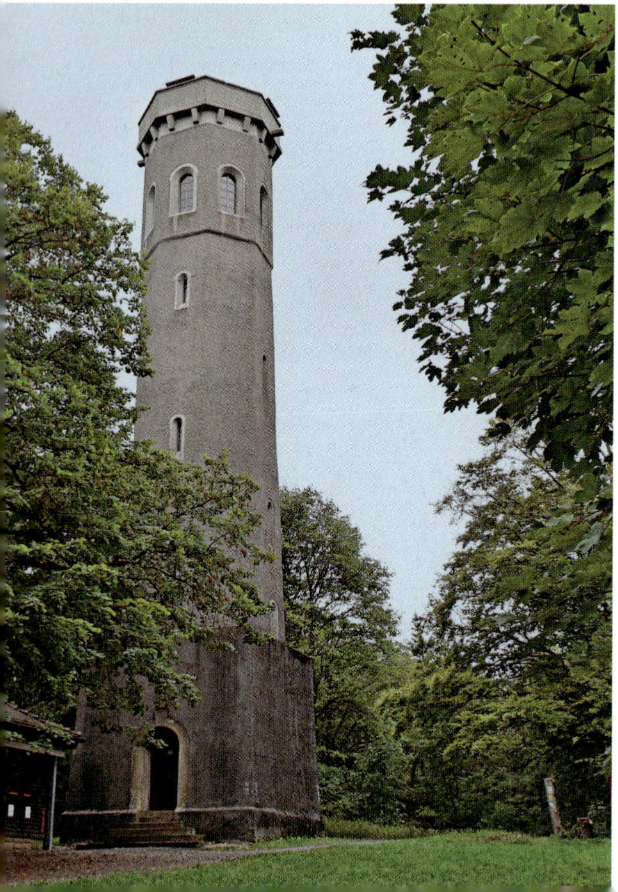

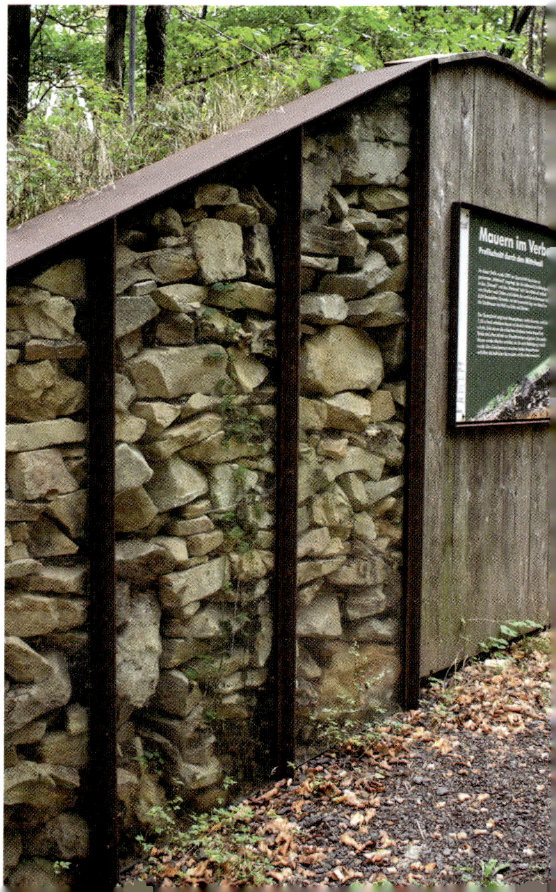

350 Einwohner und gehört zur Verbandsgemeinde Nordpfälzer Land. Wir erreichen bald den Parkplatz, der sich kurz hinter dem Ende der Bebauung befindet.

ZUR KELTISCHEN ACHSNADEL Dort nehmen wir die Markierung grün-gelber Balken bzw. das Symbol für den Pfälzer Höhenweg auf. Der Weg führt uns in den Wald hinein; die Gewissheit, dass wir uns auf dem richtigen Weg befinden, gibt uns der Rettungspunkt 6313-807. Beim nächsten Rettungspunkt 6313-809 führt der Weg in eine Senke, um dann gleich darauf wieder anzusteigen. Wir wandern durch einen schönen Laubwaldbestand und erreichen bald den dritten Rettungspunkt; dieser trägt die Nummer 6313-813. Unser Weg schwenkt jetzt nach Osten; an einem weiteren Rettungspunkt vorbei erreichen wir schließlich die K 34. Nun gehen wir einige Meter nach rechts und erkennen auf der anderen Straßenseite den Anschluss an unseren Weg. Wir achten jetzt nur noch auf die Markierung des Pfälzer Höhenwegs; die Markierung grün-gelber Balken geht nach links vom Hauptweg ab. Ein letzter Rettungspunkt mit der Nummer 6313-816 wird erreicht – dann geht es hinunter nach **E Bastenhaus**.

INFO

TOURENCHARAKTER
Einfache Rundwanderung mit einem Anstieg

AUSGANGS-/ENDPUNKT
Bastenhaus, Wanderparkplatz (461 m)

GPS
49.639722, 7.917277

ANFAHRT
Auto: Auf der A 63 bis zur Ausfahrt Göllheim. Auf der L 397 und der L 394 über Weitersweiler und Dannenfels nach Bastenhaus. Der Wanderparkplatz befindet sich am Kreisel.
Bus & Bahn: Kein Bahnanschluss. Mit dem Bus von Kirchheimbolanden bzw. Rockenhausen Bahnhof nach Bastenhaus

GEHZEITEN
Bastenhaus–Ruppertsecken 1.30 Std.–Bastenhaus 1.35 Std.

EINKEHR
Bastenhaus, Donnersberg

KARTE
NaturNavi Pfälzerwald 2 (Blatt 42-550), 1:25 000

Leicht | 11,1 km | 462 Hm | 3.05 Std.

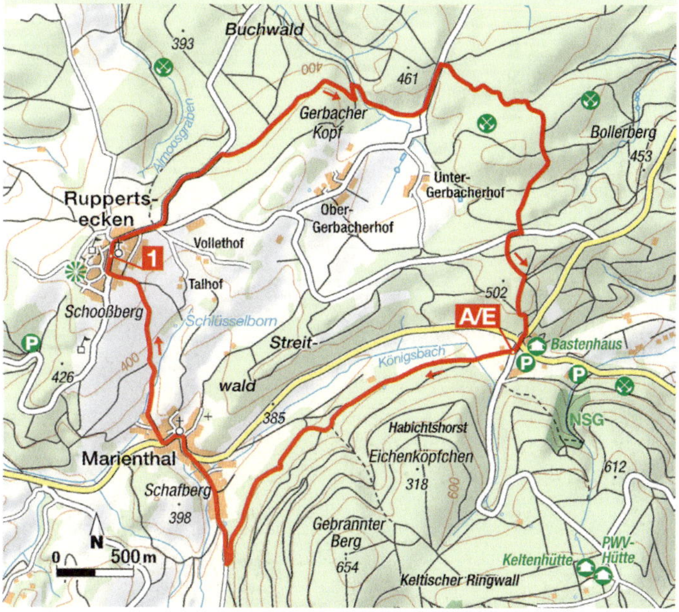

INFORMATION
Donnersberg-Touristik-Verband e. V., Uhlandstraße 2, 67292 Kirchheimbolanden, www.donnersberg-touristik.de

Zellertalbahn und Pfrimm

Der dreibogige Steinbrückentorso

Das Zellertal ist eine Weinbauregion in der nordöstlichen Pfalz, an der Grenze zu Rheinhessen gelegen. Marnheim gilt als der westlichste Zugang zu dieser Region. Mehrere An- und Abstiege kennzeichnen diese Tour; auf den Höhen ergeben sich gute Fernblicke, Richtung Donnersberg und Rheintal. Ausdauer und Orientierungsfähigkeit im Gelände sind bei dieser langen Wanderung gefragt.

4

Der Blick fällt über die weite Landschaft des Alzeyer Hügellands.

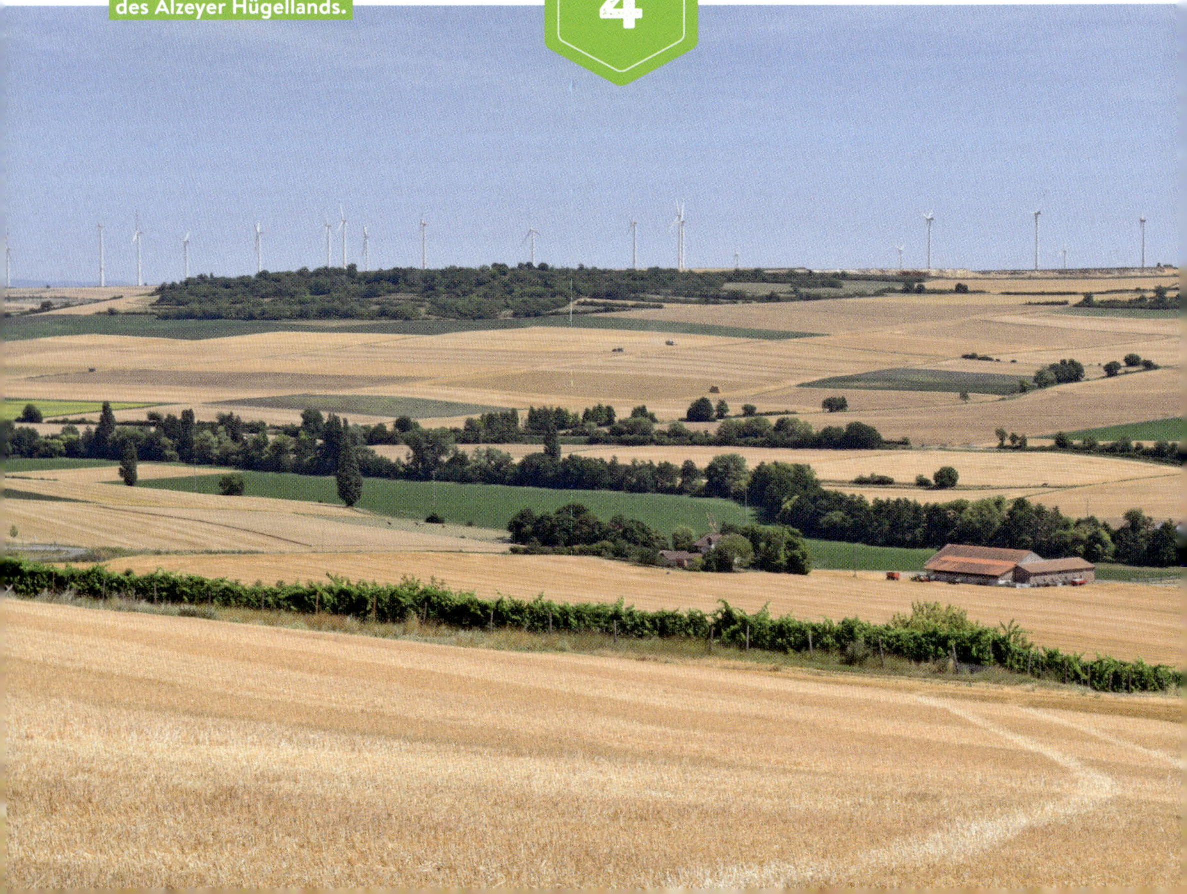

NACH ALBISHEIM In der Ortsmitte von **A Marnheim** finden sich nahe des Marktplatzes Abstellmöglichkeiten für diejenigen, die mit dem Fahrzeug unterwegs sind. Wir beginnen die Tour an der Kreuzung Hauptstraße/Bolander Straße. Der Hauptstraße folgen wir in südwestlicher Richtung; nach knapp 150 Metern biegen wir nach links in die Bahnhofstraße ein. Dieser folgen wir auf einem Kilometer Länge. Wir gehen dann nicht direkt bis zum Bahnhofsgebäude, sondern biegen in Sichtweite dessen in die rechts parallel verlaufende Straße ein. 650 Meter geht es, jetzt bereits außerhalb der Bebauung, durch freies Feld in südwestlicher Richtung. Der Weg biegt dann nach rechts zum Froschauerhof ab. Wir gehen jedoch nach links. Der Weg steigt jetzt an – wir erreichen bald die Bahnlinie. Diese überqueren wir auf einer Brücke. Die Bahntrasse gehört zur Zellertalbahn. Diese wurde im Jahr 1872 eröffnet. Im Jahr 1966 wurde der gesamte Bahnverkehr eingestellt; zwischen 2001 und 2017 wurde ein saisonaler Ausflugsverkehr angeboten. Die Streckenlänge zwischen Monsheim und Langmeil beträgt 27,7 Kilometer; elf Bahnübergänge und 15 Brücken sind verzeichnet. Der Weg steigt jetzt an und führt zu dem Weiler Sandbrunner Häuschen an der L 449.

Weiter ansteigend geht es jetzt zur Marnheimer Höhe. Der Weg führt dann weiter nach Osten bis zum Lindenhof. Hier geht es nach links und nach 300 Metern wieder nach rechts. Der Weg fällt jetzt wieder ab; zur rechten befindet sich ein großer Steinbruch. Dort wird Kalkstein für die Zementherstellung abgebaut. Unten im Tal ist bereits die Ortschaft Albisheim (Pfrimm) zu erkennen. Beim Abstieg passieren wir das Naturschutzgebiet am Saukopf. Es handelt sich dabei um ein Steppenheidebiotop mit seltenen Pflanzenarten wie Orchideen oder den Gelben Windröschen.

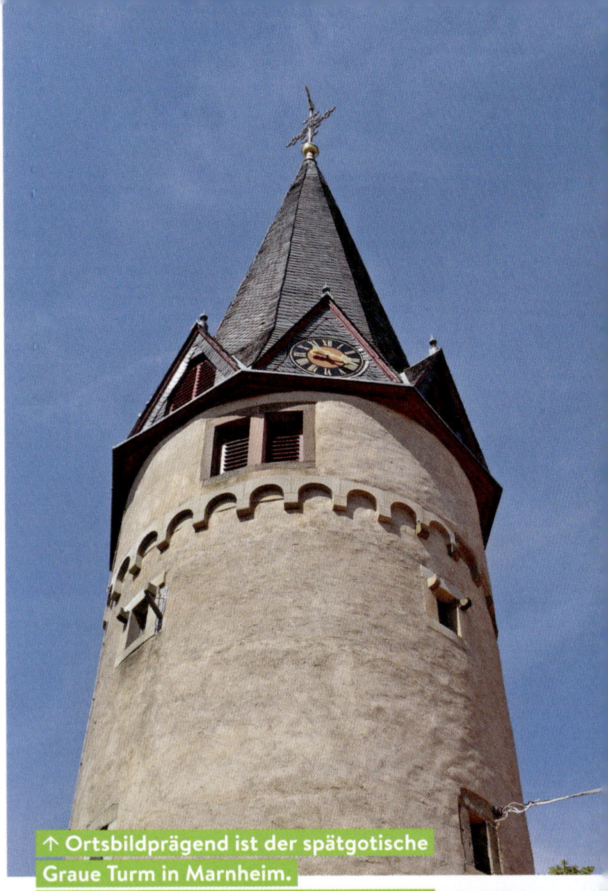

↑ Ortsbildprägend ist der spätgotische Graue Turm in Marnheim.

↓ Dieses kleine Wegkreuz befindet sich oberhalb von Stetten.

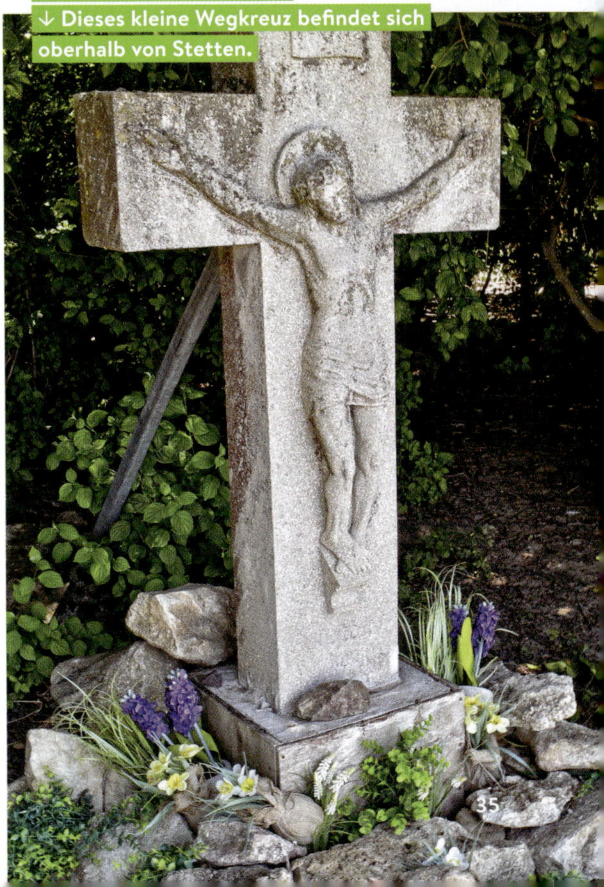

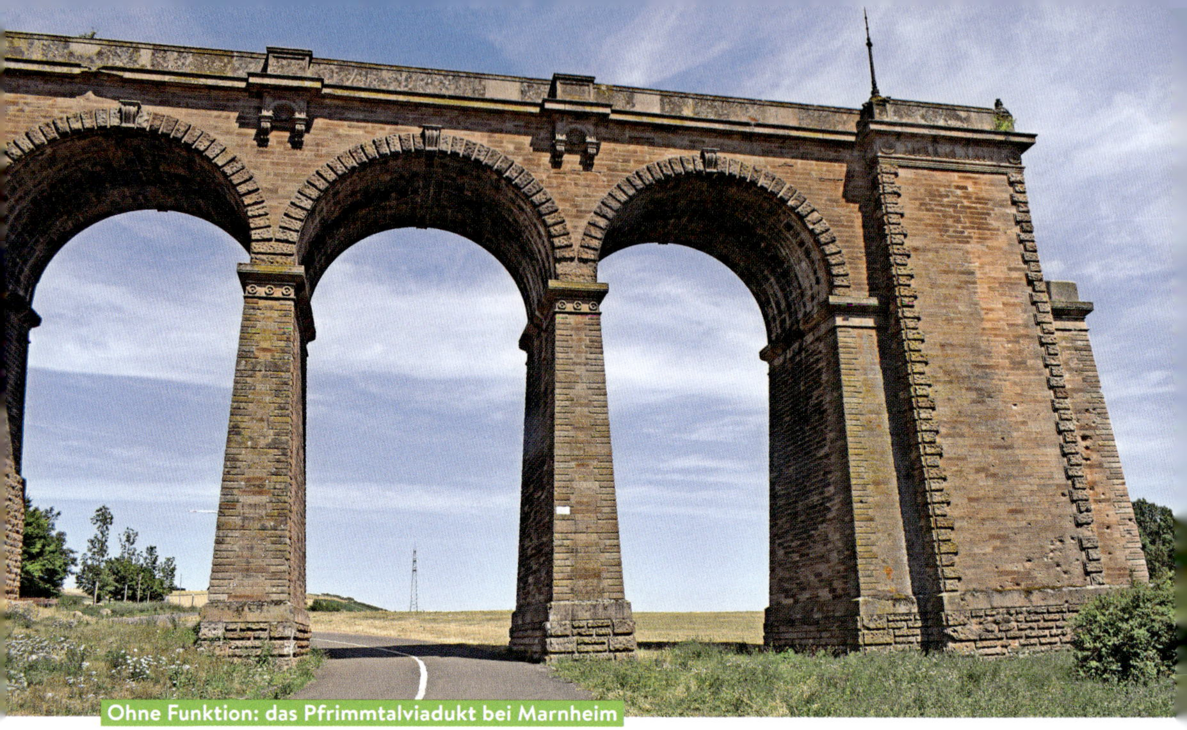

Ohne Funktion: das Pfrimmtalviadukt bei Marnheim

Den Ort 1 **Albisheim (Pfrimm)** betreten wir an der Trasse der Zellertalbahn. Diese führt südlich am Ort vorbei. Die Zellertalbahn wurde in den Jahren 2022 bis 2023 saniert; dazu wurden neue Gleise und Weichen eingebaut. Im Jahr 2024 sollen die Arbeiten fertiggestellt sein. Wir gehen geradeaus in den Ort hinein. Der kleine Fluss Pfrimm wird überquert. Die Pfrimm ist ein linker Nebenfluss des Rheins. Sie entspringt im Pfälzerwald bei Sippersfeld und entwässert bei Worms in den Rhein – ihre Länge beträgt 42,7 Kilometer. Geradeaus gehen wir bis zur Hauptstraße. Wir biegen dort nach rechts ab und gehen geradeaus bis zur Stetter Straße. Dieser folgen wir in nördlicher Richtung.

ZUM PFRIMMTALVIADUKT Unser Weg führt uns unter der B 47 hindurch. Einige Meter weiter, beim Schützenverein Albisheim, geht ein Feldweg nach rechts ab. Hier geht es jetzt wieder bergauf. An einer Wegverzweigung halten wir uns rechts, um an der dritten Möglichkeit wieder den Weg nach links zu nehmen. Wir haben jetzt die Höhen des Osterbergs erreicht. Unser Weg führt nun in nordöstlicher Richtung. Nächstes Etappenziel ist der kleine Ort 2 **Stetten.** Diesen erreichen wir im Gelände Kappesgrund. Eine Bank lädt zum Ausruhen ein; eine der wenigen Möglichkeiten auf dieser Tour im Schatten zu sitzen. Neben der Bank findet sich ein kleines steinernes Wegkreuz. Wir treten in den Ort ein und gehen über die Straße Im Kappesgrund bis in die Ortsmitte. Geradeaus geht es an der Protestantischen Kirche vorbei durch Haupt- und Hohlstraße. Wir erreichen den örtlichen Sportplatz; geradeaus geht es weiter.

Auf dem Weg bergab begleitet uns bald die K 61 in den Ort Gauersheim. Dort folgen wir der Hohlstraße bis zur Hauptstraße. In diese biegen wir nach links ein. Wir folgen ihr bis zur Marnheimer Straße. Hier geht es nach rechts ab. Der Weg führt uns aus dem Ort hinaus; an der folgenden Weggabelung nehmen wir den Weg nach links. Es folgt eine etwa 800 Meter lange Gerade durch landwirtschaftlich geprägtes Gebiet. Der Weg verzweigt sich an einem kleinen mit Bäumen bewachsenen Dreieck wieder; wir folgen dem Weg nach Westen. Über 1,3 Kilometer geht es geradeaus; ab der vorherigen Wegverzweigung biegen wir an der vierten Möglichkeit nach links ab. Der Weg führt jetzt in südöstliche Richtung. Im Gelände Wingertsberg schwenkt der Weg nach Südwesten. Es folgt der Schlussabstieg hinunter zur B 47. Wir überqueren diese Straße mit der gebotenen Vorsicht – unser letztes Etappenziel, der mächtige Brückentorso, befindet sich auf der anderen Seite der Straße. Das **3 Pfrimmtalviadukt** wurde in den Jahren 1872 bis 1874 erbaut; es bildete den Übergang der Donnersbergbahn zur Zellertalbahn. Die Brücke wurde am Ende des Zweiten Weltkriegs von Truppen der Wehrmacht gesprengt. Die Reste des 30 Meter hohen Viadukts stehen heute unter Denkmalschutz. Nach dessen Besichtigung gehen wir über die Hauptstraße zurück zu unserem Ausgangspunkt in der Ortsmitte von **E Marnheim**.

INFO

Schwer | **20,2 km** | **756 Hm** | **5.25 Std.**

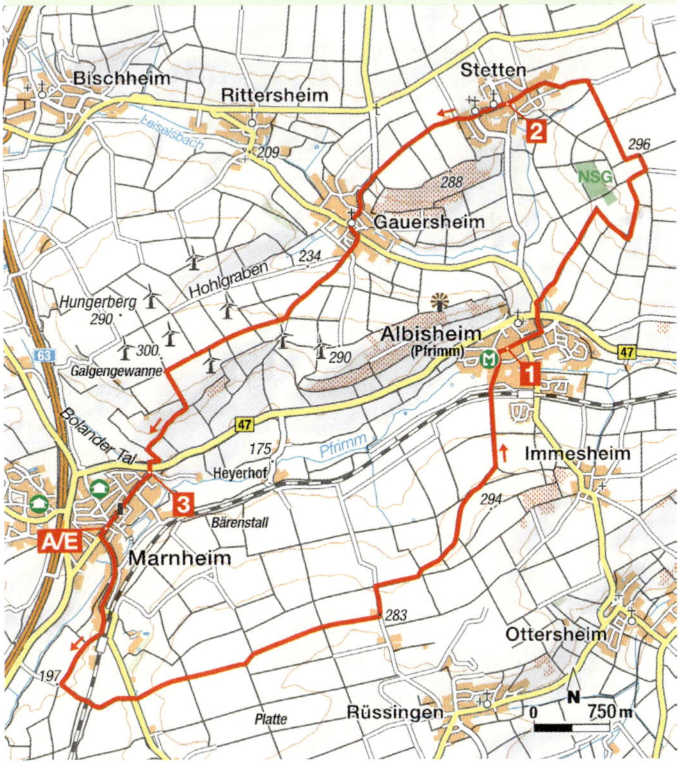

TOURENCHARAKTER
Lange Rundwanderung meist auf befestigten Wegen und fast ausschließlich in offenem Gelände

AUSGANGS-/ENDPUNKT
Marnheim (190 m)

GPS
49.633055, 8.039722

ANFAHRT
Auto: Auf der A 63 bis zur Ausfahrt Göllheim; auf der B 47 bis Marnheim
Bus & Bahn: Mit der Regionalbahn bis Kirchheimbolanden. Weiter mit dem Bus bis Marnheim

GEHZEITEN
Marnheim–Albisheim 2.05 Std.–Stetten 1.30 Std.–Marnheim 1.50 Std.

EINKEHR
Marnheim

KARTE
Landesamt für Vermessung Topographische Karte 6314 Kirchheimbolanden, 1:25 000

INFORMATION
Donnersberg-Touristik-Verband e. V., Uhlandstraße 2, 67292 Kirchheimbolanden, www.donnersberg-touristik.de

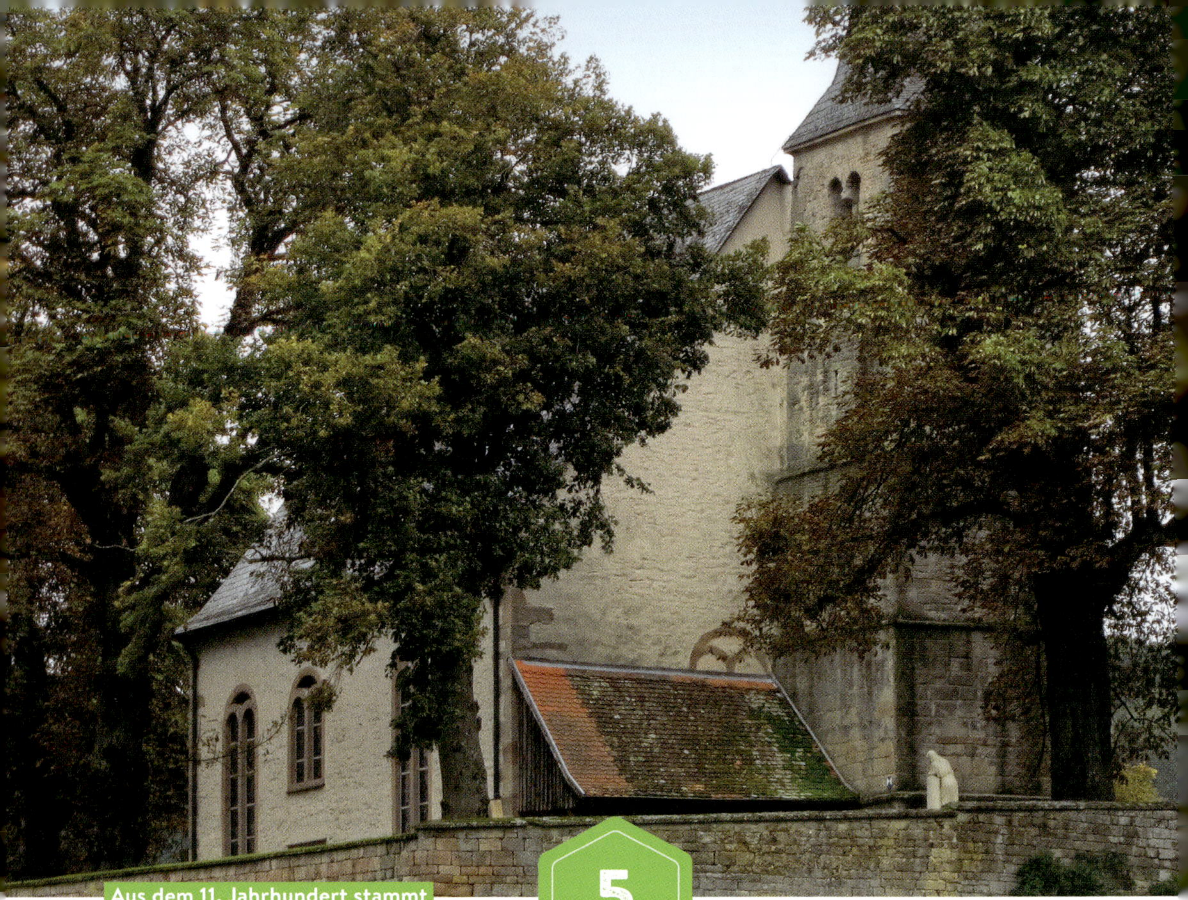

Aus dem 11. Jahrhundert stammt die Flurskapelle von Ulmet.

5

Ausgangspunkt Flurskapelle Ulmet

Grenze bitte nicht überschreiten!

Die historisch wertvolle Flurskapelle in Ulmet ist Ausgangs- und Endpunkt dieser Tour. Nach dem ersten Anstieg gelangen wir an die Ostgrenze des Truppenübungsplatzes Baumholder. Wieder unten am Fluss Glan erwartet uns der zweite steile Anstieg der Tour. Geht es im ersten Teil der Wanderung hauptsächlich durch den Wald, dominiert im zweiten Teil der Tour die freie Landschaft mit guten Fernsichten.

GRENZE AM TRUPPENÜBUNGSPLATZ An der **A Flurskapelle** in Ulmet finden wir ausreichend Stellplätze. Der Begriff »Flurskapelle« bedeutet Feldkirche. Damit wurden Kirchen bezeichnet, die sich außerhalb von Ortschaften befanden. Sie dienten meist mehreren Dörfern als Gotteshaus. Das Jahr 1091 gilt als Errichtungsdatum der Kirche. Sie zählt damit zu den ältesten kirchlichen Gebäuden im Glantal. Nach dem Durchzug marodierender Truppen im Dreißigjährigen Krieg befand sich die Kirche in einem beklagenswerten Zustand. Die Kapelle wurde in späterer Zeit neu errichtet; nur der neuromanische Turm blieb unverändert. Schließlich wurde im 20. Jahrhundert die historische »Stumm-Orgel« restauriert. Die beiden Bronzeglocken der Kirche stammen aus den Jahren 1496 und 1743.

Auf der Meisenheimer Straße gehen wir in den Ort hinein und überqueren auf der Steinbrücke den Fluss Glan. Der Name Glan entstammt dem Keltischen und bedeutet so viel wie »hell« oder »rein«. Auch wenn der Glan noch viele Flussbiegungen aufweist – er wurde im Laufe des 19. Jahrhunderts an vielen Stellen begradigt und befestigt. Ab der Brücke finden wir das Wanderzeichen gelbroter Balken. Wenige Meter weiter sehen wir auf der rechten Seite die Abzweigung in die Bahnhofstraße. Von dieser zweigt wiederum nach rechts die Austraße ab. Diese führt uns aus dem Ort hinaus. Wir erreichen den örtlichen Sportplatz und dann die B 420. Auf der anderen Seite der Straße finden wir gleich unseren Wanderweg; dieser führt uns am Felschbachhof vorbei durch dichten Wald den Berg hinauf.

In Zickzacklinien geht es aufwärts; im oberen Teil flacht der Weg dann ab und eine baumlose Fläche wird erreicht. Seit dem Anstieg befinden wir uns im Naturschutzgebiet Wartekopf. Das Gebiet zeichnet sich durch geologischen Strukturreichtum aus – hartes Vulkangestein wechselt sich mit weicheren Sandsteinen und Schiefern ab. Es finden sich

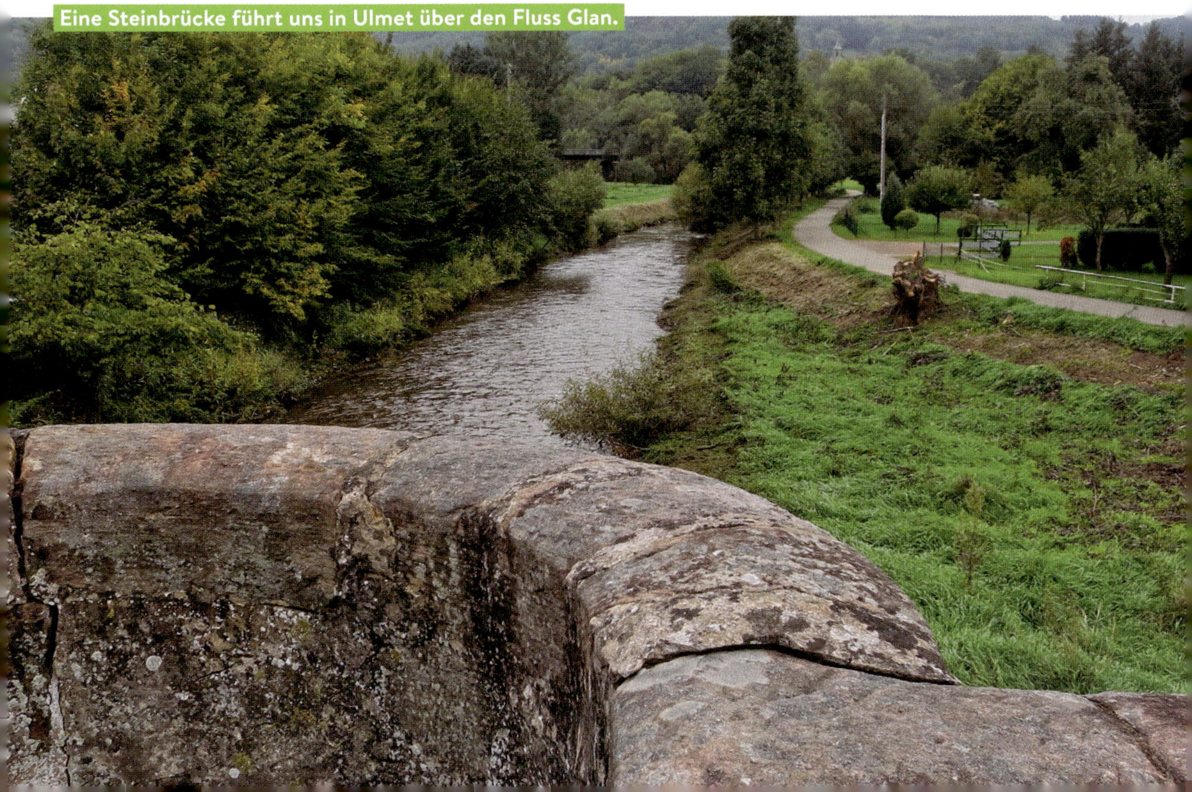
Eine Steinbrücke führt uns in Ulmet über den Fluss Glan.

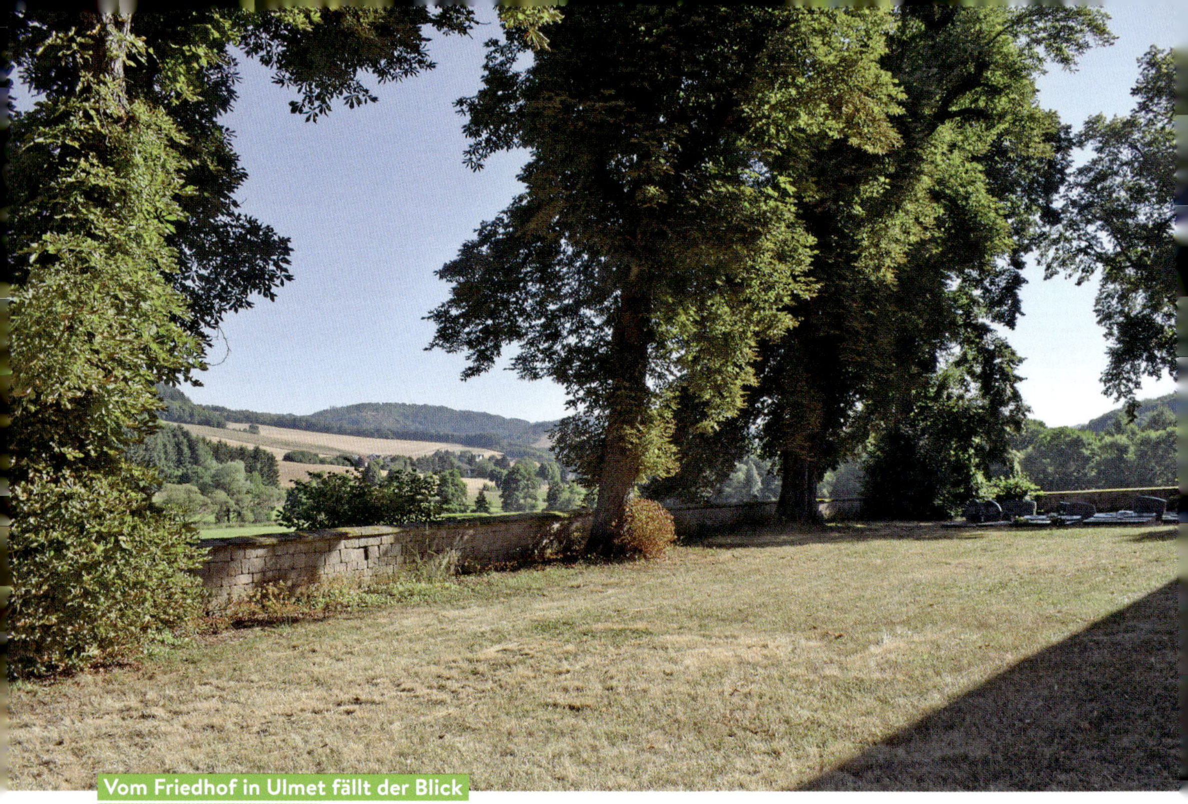

Vom Friedhof in Ulmet fällt der Blick zum Pfälzer Bergland.

zahlreiche Tier- und Pflanzenarten in den vorherrschenden Eichen- und Buchenwäldern. Daneben kommen zahlreiche Fledermausarten vor; auch Schwarz-, Mittel- und Kleinspecht haben hier ihr Revier. In den offenen Wiesenbereichen findet man Dürrwurz und Glockenblume oder die Zwergmispel. Die Wiesen werden dabei von Schafherden offen gehalten. Weiter geht es mit unserer Markierung noch ein Stück aufwärts; dann biegt der Weg nach Süden ab. Wir befinden uns jetzt an der Grenze zum **1 Truppenübungsplatz Baumholder**. Wir wandern jetzt etwa einen Kilometer an dessen Rand entlang. Etwa alle 50 Meter sind Schilder aufgestellt, die davor warnen, den Grenzbereich zu überschreiten. Der Weg fällt jetzt wieder ab – bald erreichen wir die K 22.

Tipp

DRAISINENTOUR

Das Glantal bietet auch eine Abwechslung der ganz anderen Art – eine Draisinentour zwischen Altenglan und Staudenheim. Auf verschiedenen Modellen (Fahrrad-, Konferenz-, Handhebel- und Planwagendraisine) lässt sich die 40 Kilometer lange stillgelegte Bahnstrecke durch das Glantal ganz anders erleben. Einige der Gefährte verfügen über eine Trittunterstützung durch Elektromotor. Weitere Informationen unter www.draisinentour.de.

ZUM BALMOCHKOPF An der Kreisstraße gehen wir ein kurzes Stück nach links, überqueren die Straße und folgen dann der Wegmarkierung »V« für Veldenzweg. Dieser führt uns steil hinab in den Ort Erdesbach. Der kleine Ort mit gerade einmal 150 Einwohnern gehört wie Ulmet zur Verbandsgemeinde Kusel-Altenglan. Wir überqueren die Bundesstraße und gehen auf dem Mühlweg bis zum Glan. Weiter geht es auf dem Mühlweg bis zur Trasse der ehemaligen Eisenbahnstrecke. Diese überquert, biegen wir gleich nach rechts in die Flurstraße ein. Dieser folgen wir bis zum Ende der Bebauung. Der Weg steigt jetzt wieder steil an und führt durch fruchtbares Ackergelände. Im Laufe des Anstiegs sehen wir im Norden unseren Ausgangs- und Endpunkt Ulmet sowie die sanften Hügel des Pfälzer Berglands. Der Wirtschaftsweg biegt dann ab – wir gehen aber geradeaus weiter bis zum Waldrand. Es folgt noch ein kurzer Anstieg – dann ist im Wald der höchste Punkt erreicht. Der **2 Balmochkopf** befindet sich in 338 Metern Höhe.

ZURÜCK NACH ULMET Am Kulminationspunkt fällt der Weg gleich wieder steil ab. Auf einem Naturweg geht es über Wiesen und Felder zu einem asphaltierten Wirtschaftsweg. Hier nehmen wir das Wanderzeichen gelb-roter Balken wieder auf. Oberhalb des Pelschbachtals geht es über den Mühlberg langsam abfallend in nördliche Richtung. Im Schlussabschnitt geht es dann steil hinunter nach Ulmet. Über die Meisenheimer Straße erreichen wir unseren Ausgangspunkt an der **E Flurskapelle** von Ulmet.

INFO

TOURENCHARAKTER
Mittelschwere Rundwanderung mit zwei An- und Abstiegen

AUSGANGS-/ENDPUNKT
Flurskapelle Ulmet (200 m)

GPS
49.590833, 7.451944

ANFAHRT
Auto: Auf der A 62 bis Glan-Münchweiler, dort weiter über die B 423/420 nach Ulmet. Parkmöglichkeiten direkt an der Flurskapelle

Bus & Bahn: Kein Bahnanschluss. Mit dem Bus über Kusel nach Ulmet

GEHZEITEN
Ulmet–Abzweigung K 22 1.20 Std.–Balmochkopf 0.55 Std.–Ulmet 0.40 Std.

EINKEHR
Ulmet

KARTE
Westpfalz Mitte, Wanderkarte des Pfälzerwald-Vereins, 1:25 000

Mittel	10,1 km	690 Hm	2.55 Std.

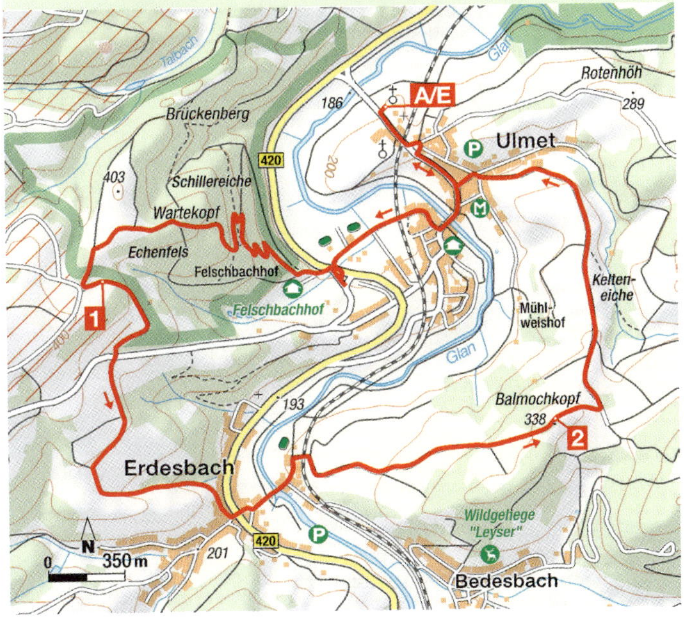

INFORMATION
Verbandsgemeinde Kusel-Altenglan, Schulstraße 3–7, 66885 Altenglan, www.vgka.de/tourismus

Von Olsbrücken nach Otterbach

Rast im Himmelreich

Diese Streckenwanderung führt durch den südlichen Teil der »Alten Welt«. Der Begriff stammt aus dem 19. Jahrhundert und bezeichnet eine Landschaft mit »unbekannten, lieblichen Tälern, mit Stroh bedeckten Häusern und einer Gegend, in der sich viel Brauchtum erhalten hat«. Zwei Pfälzerwald-Verein-Hütten laden unterwegs zur Rast ein.

6

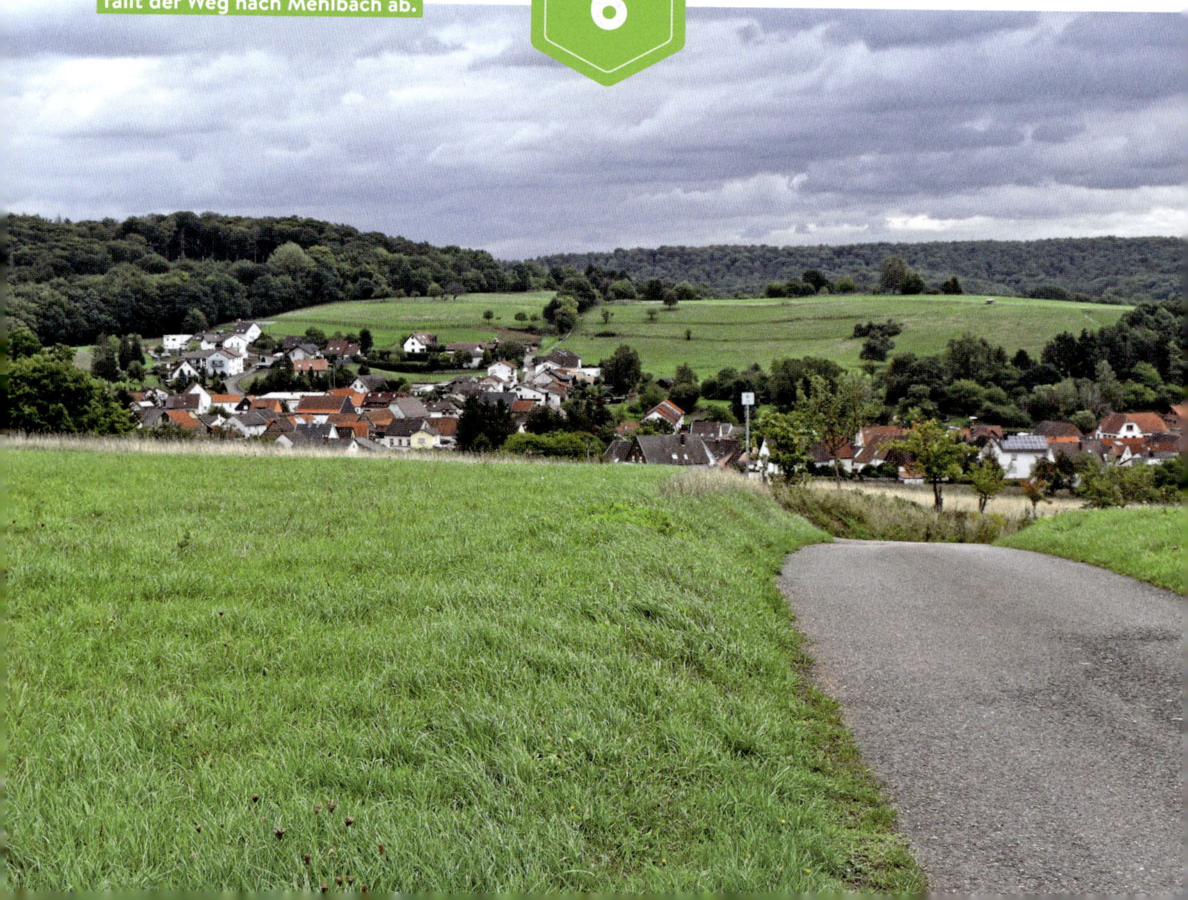

Nach einem kurzen Anstieg fällt der Weg nach Mehlbach ab.

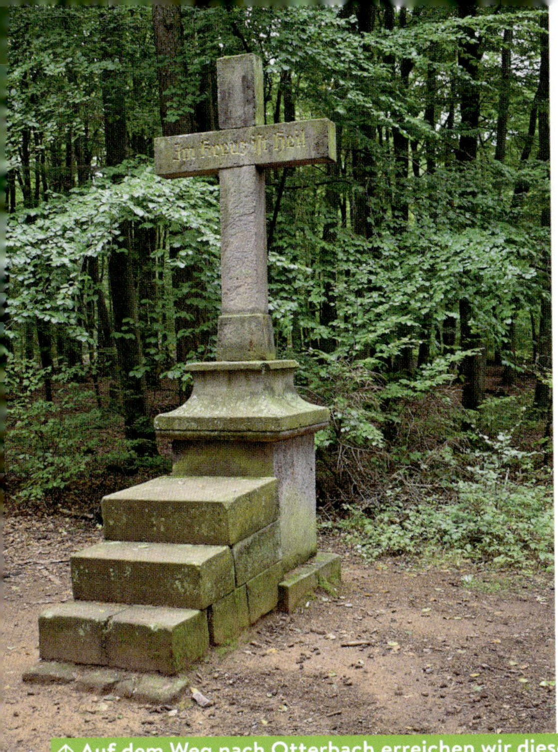

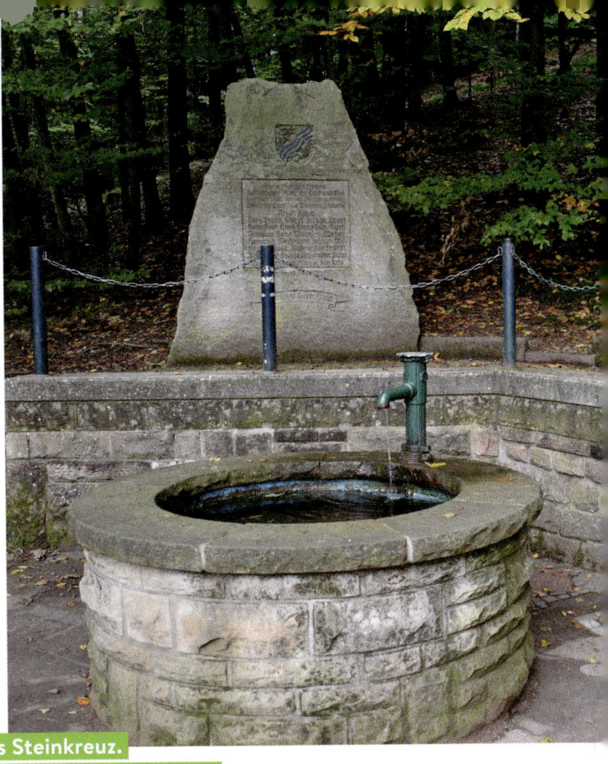

↑ Auf dem Weg nach Otterbach erreichen wir dieses Steinkreuz.

↗ Oberhalb von Mehlbach erreichen wir diesen Brunnen mit Gedenkstein.

NACH MEHLBACH Der **A Bahnhof in Olsbrücken** ist Ausgangspunkt sowohl für Bahnfahrer als auch für alle, die mit dem Pkw unterwegs sind. Diese nehmen dann vom Endpunkt Otterbach die Bahn zurück zum Ausgangspunkt. In Olsbrücken gehen wir vom Haltepunkt auf der Bahnhofstraße bis zur Hauptstraße. Dort biegen wir nach rechts ab und folgen dieser bis zum Ortsausgang. Am letzten Haus der Bebauung geht nach links ein Weg Richtung Friedhof ab. Wir benutzen den Weg, der an der Friedhofsmauer entlangführt. Wegweiser zeigen uns den Weg zum ersten Etappenziel, der Pfälzerwald-Verein Hütte am Oberberg. Sie ist von April bis Oktober jeweils sonntags von 11.00–19.00 Uhr geöffnet. Die Hütte ist schön gelegen; sie ist bewirtschaftet und lädt zur Rast im Innenraum oder im Freien ein. Hinter dem Haus finden wir unseren Weiterweg – dieser führt in östliche Richtung. Bald treten wir aus dem Waldstück hinaus; der weitere Weg führt erst einmal durch freies Gelände. Unsere Wegmarkierung ist der blau-gelbe Balken. Der Weg führt für die nächsten knapp drei Kilometer über einen waldfreien Höhenrücken. Dadurch ergeben sich gute Fernblicke über das Pfälzer Bergland und den Pfälzerwald. An einer Wegkreuzung finden wir eine Informationstafel zur geologischen Geschichte der Umgebung. Dazu erfahren wir, dass dieser Höhenrücken auch unter dem Begriff »Kornkiste« bekannt ist. Diese Gegend war vor 300 Millionen Jahren Teil einer großen Ebene mit Süßwasserseen. Es herrschte damals ein tropisches Klima vor. Etwa 5 Millionen Jahre später setzten starke vulkanische Aktivitäten ein. Infolgedessen wurde die Landschaft durch Lavaströme und Vulkanasche bedeckt. Eine dieser Aschelagen hatte an diesem Standort eine Schichtdicke von 20 Metern. In diesen sogenannten Tufflagen wurden Reste von versteinerten Baumstämmen gefunden. Wir

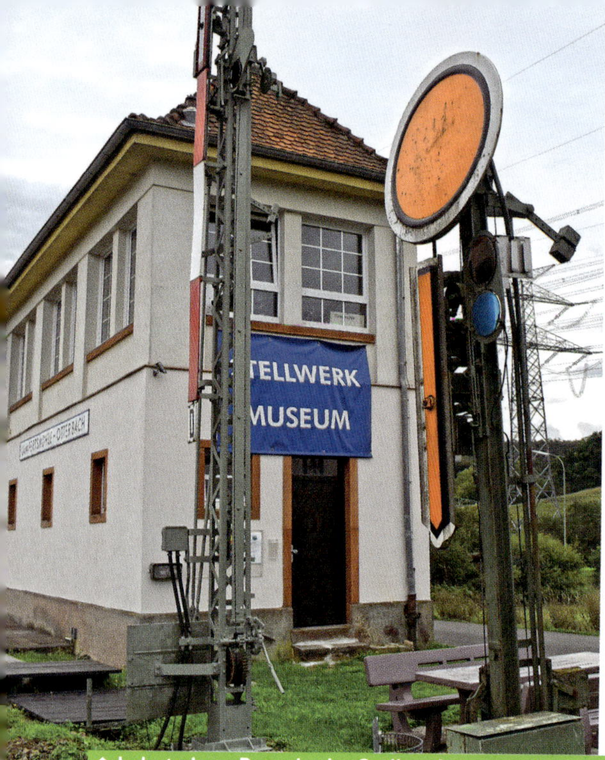

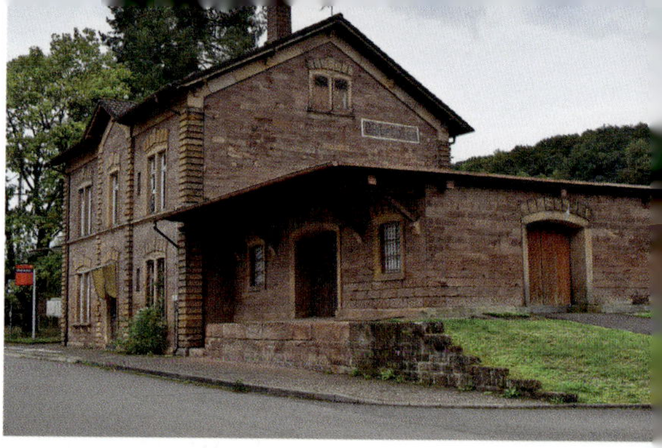

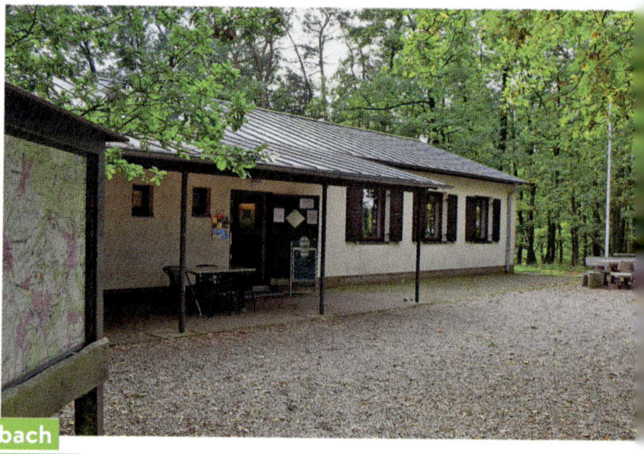

↑ Lohnt einen Besuch: das Stellwerkmuseum in Otterbach
↗ Ausgangspunkt dieser Tour ist der Bahnhof in Olsbrücken.
→ Die zweite Einkehrmöglichkeit besteht im Waldhaus im Himmelreich.

biegen hier nach rechts ab; unser Weg zeigt jetzt nach Süden. Steil geht es hinunter ins Tal des Lauterbachs; dann gleich wieder steil ansteigend zum Eichlingerhof. Wieder ein Stück bergab – dann sehen wir in der nächsten Senke schon das Dorf Mehlbach. Etwa 400 Meter nach dem Eichlingerhof geht nach links ein Feldweg ab; wir folgen ihm und erreichen **1 Mehlbach** auf der Weiherstraße.

Tipp

STELLWERKMUSEUM IN OTTERBACH

Das dortige Stellwerk besteht seit dem Jahr 1911. Um die Jahrtausendwende wurde es außer Betrieb gestellt. Durch die elektronische Zug- und Signalsteuerung waren die mechanischen Stellwerke mit Drahtseilzügen sowie Flügel- und Kippsignalen überflüssig geworden. Die Öffnungszeiten können dem Internetauftritt der Gemeinde Otterbach-Otterberg entnommen werden. Der Eintritt ist frei (www.otterbach-otterberg.de).

ZUM STEINKREUZ Von dort biegen wir nach links in die Hauptstraße ab. Dieser folgen wir bergauf bis zum Ortsausgang. Etwa 100 Meter hinter dem Feuerwehrgebäude der Gemeinde geht ein Weg nach rechts in den Wald ab. Hier geht es weiter bergauf; die Wegmarkierung ist wieder der blau-gelbe Balken. Nach dem Anstieg finden wir eine Abzweigung nach rechts. Dieser folgen wir, auf wiederum abfallendem Gelände, bis zum Grillplatz Mehlbach. Neben dem Brunnen an der Grillhütte befindet sich ein Gedenkstein aus dem Jahr 1954. Vom Scheckersgarten, so der Name der Freizeiteinrichtung, geht es wieder bergauf. Nach 400 Metern biegen wir in den

Weg nach rechts ein; ein weiterer Anstieg bringt uns bis zur Aspenkopfhöhe. Nach weiteren 330 Metern geht es nach links in östlicher Richtung. Hier folgen wir dem Weg, der kaum noch ansteigt, bis zum Waldende. Dort sind die sanften Hügel rund um Schneckenhausen zu erkennen. Es geht jetzt am Waldrand entlang; dann biegt der Weg (beim Rettungspunkt 6412-922) gleich wieder in den Wald ab. Die Wegrichtung zeigt nach Süden. Es folgt eine längere Wegstrecke, bis schließlich ein kleiner Rastplatz an einem Steinkreuz erreicht wird (Rettungspunkt 6412-940).

HINUNTER NACH OTTERBACH Der Weg führt durch den Wald zum **2 Waldhaus im Himmelreich**, einer Hütte des Pfälzerwald-Vereins (Mi–Fr und So ab 11.30 Uhr geöffnet). Von der Hütte gehen wir zu den Parkplätzen; vor den Tennisplätzen geht es nach rechts und dann auf der Kirchtalstraße bis zur Konrad-Adenauer-Straße. Hier wandern wir nach rechts bis zum Kreisel am Ortseingang. Wer das Stellwerkmuseum besichtigen möchte, geht nordwestlich an den Gleisen entlang. Zum **E Bahnhof Lampertsmühle-Otterbach** geht es in südöstlicher Richtung.

INFO

TOURENCHARAKTER
Mittelschwere Streckenwanderung auf befestigten wie unbefestigten Wegen

AUSGANGSPUNKT
Olsbrücken, Bahnhof (207 m)

ENDPUNKT
Otterbach, Bahnhof (219 m)

GPS
49.538333, 7.652777

ANFAHRT
Auto: Auf der A 6 bis Kaiserslautern West, auf der B 270 nach Olsbrücken. Parkplätze am Bahnhof
Bus & Bahn: Mit der Regionalbahn von Kaiserslautern nach Olsbrücken

GEHZEITEN
Olsbrücken–Mehlbach 1.45 Std.–Steinkreuz 1.40 Std.–Otterbach 0:50 Std.

EINKEHR
Olsbrücken, Otterbach

KARTE
Wanderkarte NaturNavi Pfälzerwald 3 (Blatt 41-548), 1:25 000

Mittel | 16,0 km | 685 Hm | 4.15 Std.

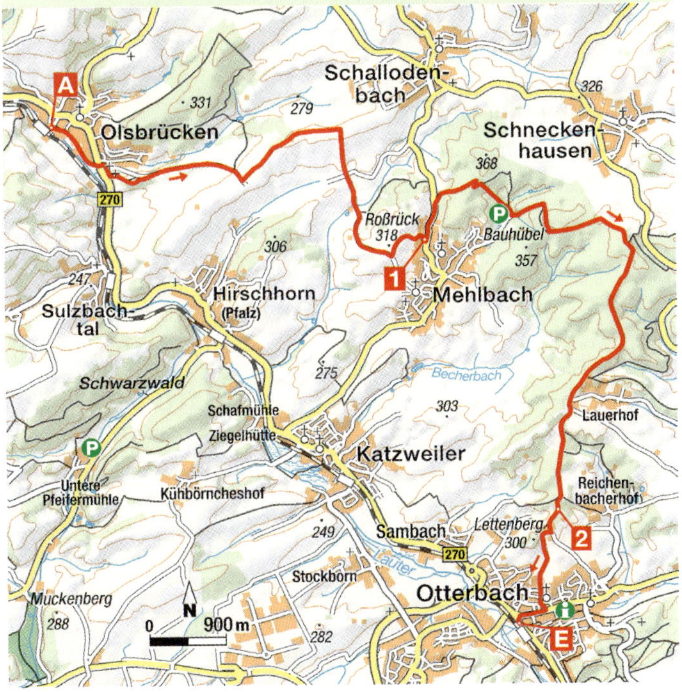

INFORMATION
Tourist-Information Otterberg, Hauptstraße 54, 67697 Otterberg, www.otterbach-otterberg.de

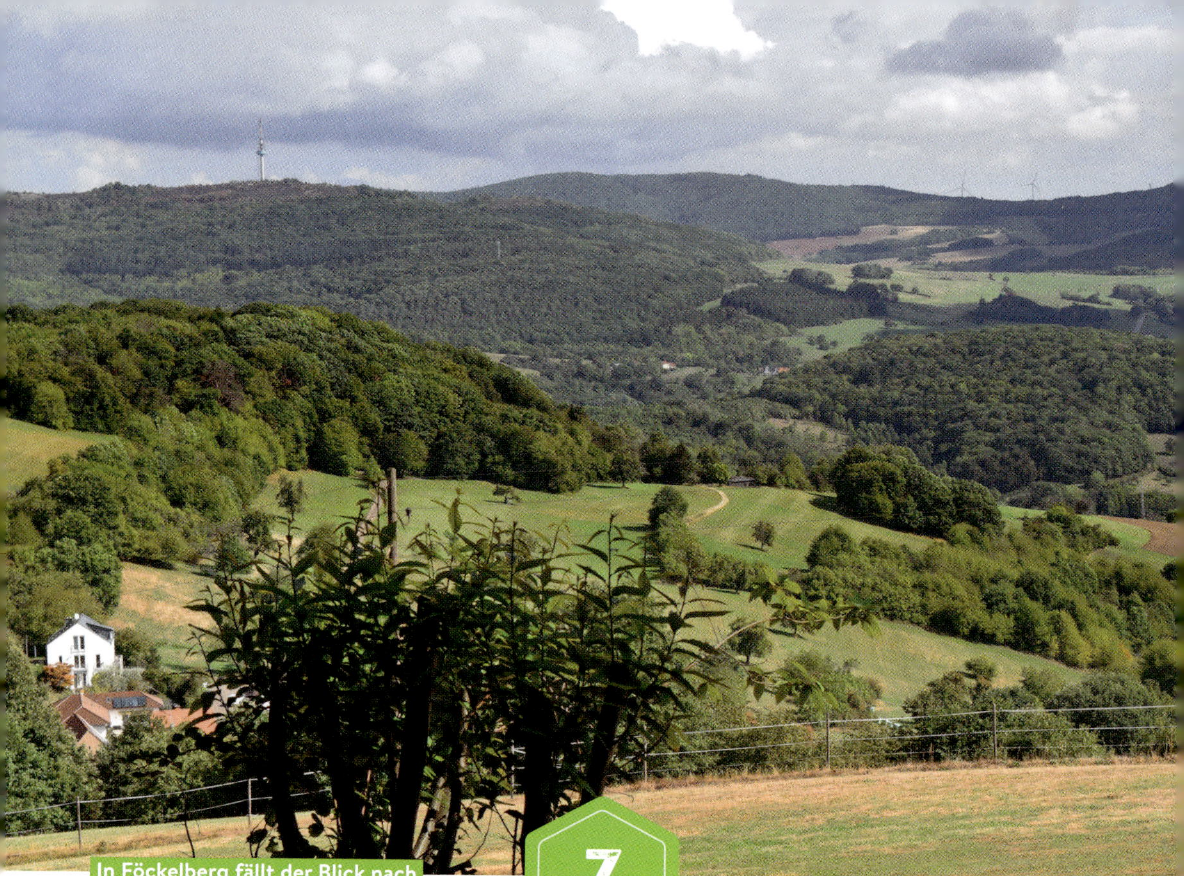

In Föckelberg fällt der Blick nach Nordosten über das Pfälzer Bergland.

7

Über Föckelberg zum Potzbergturm

Adler im Anflug

Der Potzberg ist nicht gerade ein unbekanntes Ziel. Der Wanderweg dorthin allerdings schon. Während die allermeisten Besucher mit dem Auto anfahren, nähern wir uns der Gipfelhöhe auf wunderschönen Wanderwegen, umrunden einen Teil des Bergs am Rand des dortigen Wildgeheges, um dann den Potzbergturm zu erreichen. Unterwegs finden wir Hinweise auf die Bergbauaktivitäten der vergangenen Jahrhunderte.

AUF NACH FÖCKELBERG Am Bahnhof in **A Theisbergstegen** gibt es Parkmöglichkeiten für die Selbstfahrer. Wir gehen die wenigen Meter hinunter zur Kuseler Straße und biegen in diese nach links ein. Die Bahngleise und der Fluss Glan werden überquert. Nun treffen wir auf die Moorstraße, gleichzeitig die B 423. Auch diese wird überquert. Nur wenige Meter zur linken Seite finden wir einen Treppenaufgang. Wir benutzen diesen und finden uns kurze Zeit später 30 Meter über der erwähnten Bundesstraße wieder. Nach links geht es zur Protestantischen Kirche von Theisbergstegen. Die Peterskirche wurde im 11./12. Jahrhundert im romanischen Baustil erbaut. Im Jahr 1393 war sie die Mutterkirche von elf Filialgemeinden, von Bettenhausen bis Staufenbach. Im 15. Jahrhundert schließlich erfolgte der Umbau zu einer gotischen Kirche. Der Glockenturm wurde 1954 neu erbaut. Die Kirche verfügt über einen achteckigen Taufstein und beherbergt eine der ältesten Kirchenglocken in der Westpfalz. Diese stammt aus dem Jahr 1430. Von der Kirche hat man einen schönen Blick hinunter ins Glantal. Auf der gegenüberliegenden Talseite sieht man den Remigiusberg mit der Ruine Michelsburg. Auf der Kirchstraße gehen wir in nördlicher Richtung aus dem Ort hinaus.

Durch landwirtschaftliches Gebiet geht es bis zum Waldrand; dort befindet sich die Buchwaldhütte. Die Hütte gehört dem Pfälzerwald-Verein, Ortsgruppe Theisbergstegen-Godelhausen. Geöffnet ist sie immer sonntags und an Feiertagen jeweils von 13.00–19.00 Uhr. An der Hütte folgen wir der Wegmarkierung Schwarzer Punkt in weißem Kreis. Der Weg steigt bis zum Rettungspunkt 6410-696 weiter stetig an. Danach flacht er langsam ab und führt etwa höhengleich weiter. Beim nächsten

Über dem Ort Theisbergstegen thront die Remigiusburg.

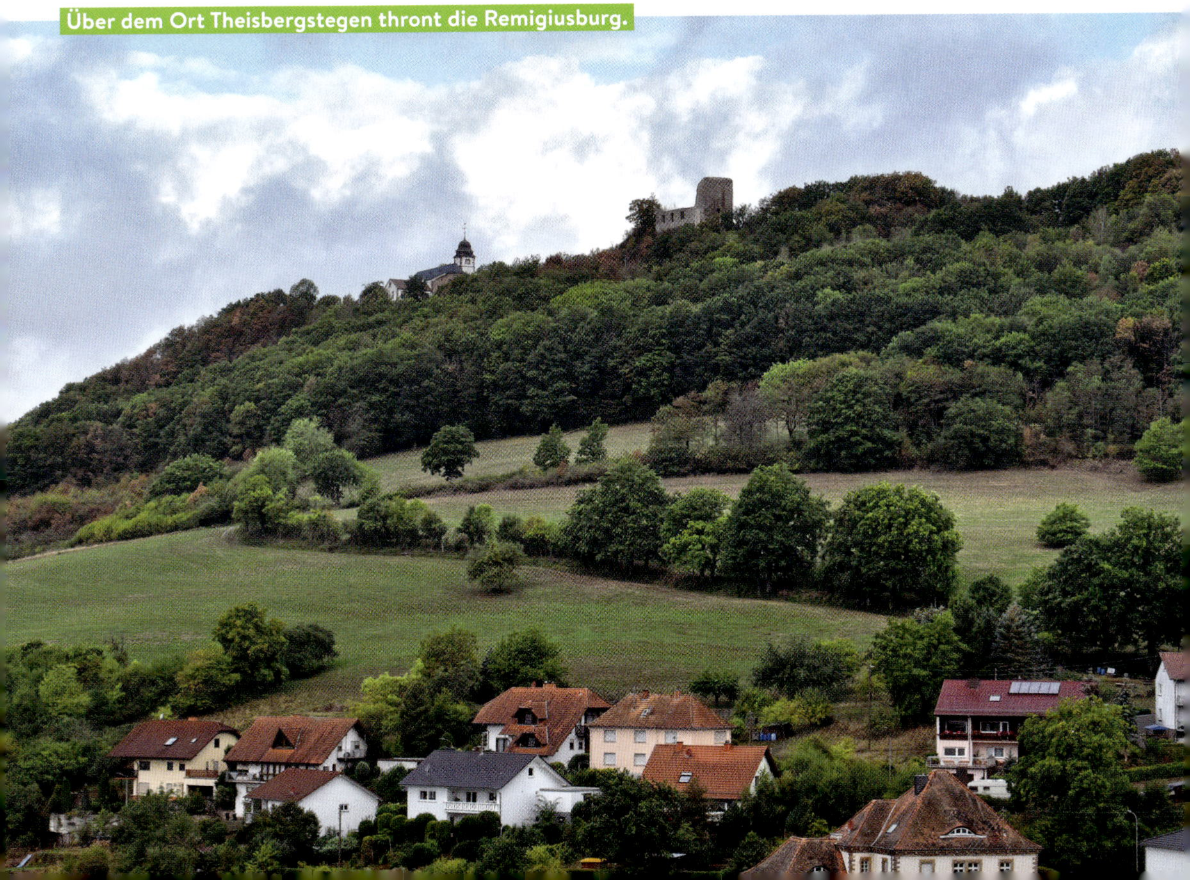

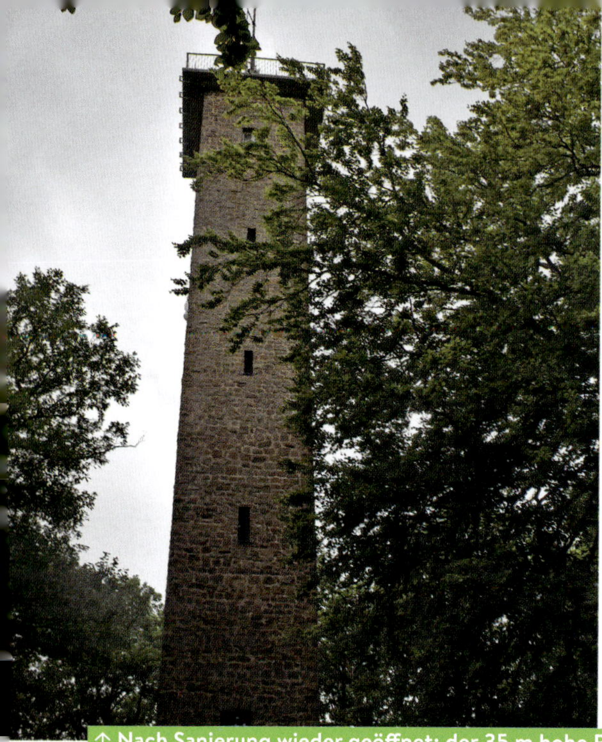

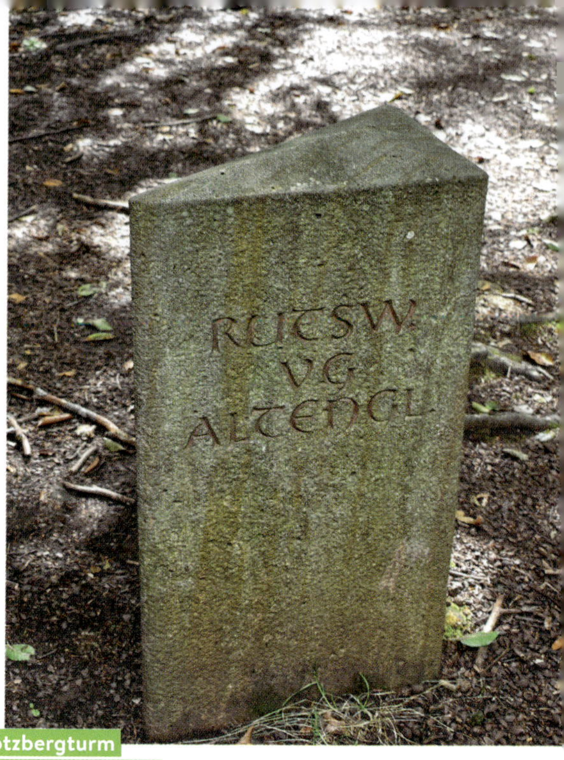

↑ Nach Sanierung wieder geöffnet: der 35 m hohe Potzbergturm
↗ Auf dem Rückweg finden wir den Dreieckstein als Wegmarkierung.

Rettungspunkt 6410-692 erreichen wir in 400 Metern Höhe die Stollenquelle. Der Name lässt sich auf die Bergbauaktivitäten am Potzberg zurückführen. Dort wurde mit Beginn des 18. Jahrhunderts bis Mitte des 19. Jahrhunderts hauptsächlich Quecksilber abgebaut. In der rentabelsten Mine mit Namen Dreikönigszug wurde fast 90 Jahre abgebaut. Der Weg steigt jetzt noch einmal an – dann ist die K 35 erreicht. Diese wird überquert; wir folgen unserer Wegmarkierung bis zum Ortseingang von **1 Föckelberg**.

ENTLANG DES WILDPARKS Föckelberg gehört zur Verbandsgemeinde Kusel-Altenglan. Der Ort zählt etwa 360 Einwohner. Auf der Hauptstraße gehen wir in die Gemeinde hinunter; biegen dann aber gleich nach rechts in die Straße Am Vogelacker ein. Dieser folgen wir bis zum Ende der Bebauung. Dort treffen wir dann auf den Rettungspunkt 6410-694. Oberhalb des Orts sind wir jetzt in südlicher Richtung unterwegs. Zu unserer Rechten befindet sich die Grenze zum Wildpark Potzberg. Unser Weg umrundet den südlichen Teil des Wildparks und führt, auf dem letzten Abschnitt wieder ansteigend, zum **2 Potzbergturm**. Dieser befindet sich in 562 Metern Höhe. Der Turm wurde im Jahr 1952 erbaut, ist 35 Meter hoch und bietet eine sehr gute Fernsicht über das Pfälzer Bergland. Der Vorgängerturm, genannt Moserturm, wurde 1893 eingeweiht. Im Jahr 1951 wurde er abgerissen. Auf dem Potzberggelände steht auch das Potzberghotel; dieses wird derzeit aber nicht betrieben. Direkt daneben befindet sich der Wildpark- und Greifvogelzoo Potzberg. Der Wildpark mit Flugschauen ist von April bis Ende Oktober geöffnet. Bei den Flugschauen kommen Adler, Kondore oder Milane zum Einsatz. Eine bewirtschaftete Hütte im Blockhausstil befindet sich neben dem Eingang zum Park. Im Wildpark werden neben diversen Hirscharten auch Rentiere, Wisente oder Auerochsen gehalten (www.wildpark.potzberg.de).

ZURÜCK NACH THEISBERGSTEGEN Wir gehen ein kurzes Stück zurück und nehmen dann den Weg mit der Markierung rotes Kreuz auf. Beim Rettungspunkt 6410-697 macht der Weg einen Knick nach Süden; bald darauf schwenkt er wieder nach Westen. Er fällt jetzt stetig ab. Nächster Orientierungspunkt ist der Dreieckstein am Potzberg. Der Stein markierte die Grenzen der Gemeinden Geimsbach, Rutsweiler und Theisbergstegen. Bis zum Jahr 1972 verlief hier auch die Kreisgrenze zwischen Kaiserslautern und Kusel. Es geht jetzt nur noch bergab, im letzten Teil dann steil hinunter zur Buchwaldhütte. Auf dem bereits bekannten Weg erreichen wir wieder die Peterskirche und die Ortsmitte von **E Theisbergstegen**.

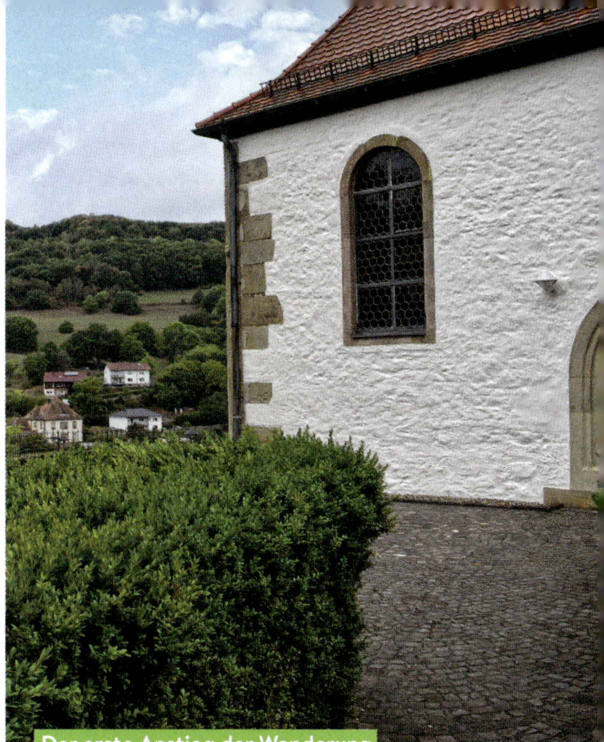

Der erste Anstieg der Wanderung endet bei der Peterskirche.

INFO

TOURENCHARAKTER
Einfache Rundwanderung mit einem Ab- und einem Anstieg

AUSGANGS-/ENDPUNKT
Theisbergstegen, Bahnhof (207 m)

GPS
49.518888, 7.448055

ANFAHRT
Auto: Auf der A 62 bis Glan-Münchweiler, dann auf der B 423 bis Theisbergstegen. Parkplätze am Bahnhof
Bus & Bahn: Mit der Regionalbahn von Kaiserslautern nach Theisbergstegen

GEHZEITEN
Theisbergstegen–Föckelberg 1.20 Std.–Potzbergturm 0.40 Std.–Theisbergstegen 1.00 Std.

EINKEHR
Theisbergstegen, Potzberg

Leicht | 10,4 km | 866 Hm | 3.00 Std.

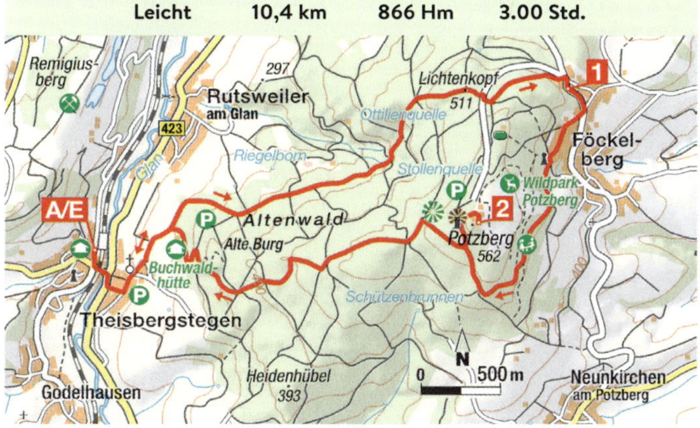

KARTE
Wanderkarte Westpfalz Mitte, Wanderkarte des Pfälzerwald-Vereins, 1:25 000

INFORMATION
Verbandsgemeinde Kusel-Altenglan, Schulstraße 3–7, 66885 Altenglan, www.vgka.de/tourismus

Zum Remigiusberg bei Theisbergstegen

Über die Haschbacher Pflastersteine

Auf der vorher beschriebenen Wanderung hatte man schon einen guten Blick auf den Remigiusberg. Im Rahmen dieser Tour schauen wir uns die Michelsburg und die Probsteikirche aus der Nähe an. Der weitere Verlauf der Tour führt uns in die Hügellandschaft in der Nähe von Kusel. Auf dem Rückweg genießen wir den Blick auf den Remigiusberg sowie auf den dominanten Potzberg.

8

Von der Remigiusburg fällt der Blick auf die Probsteikirche.

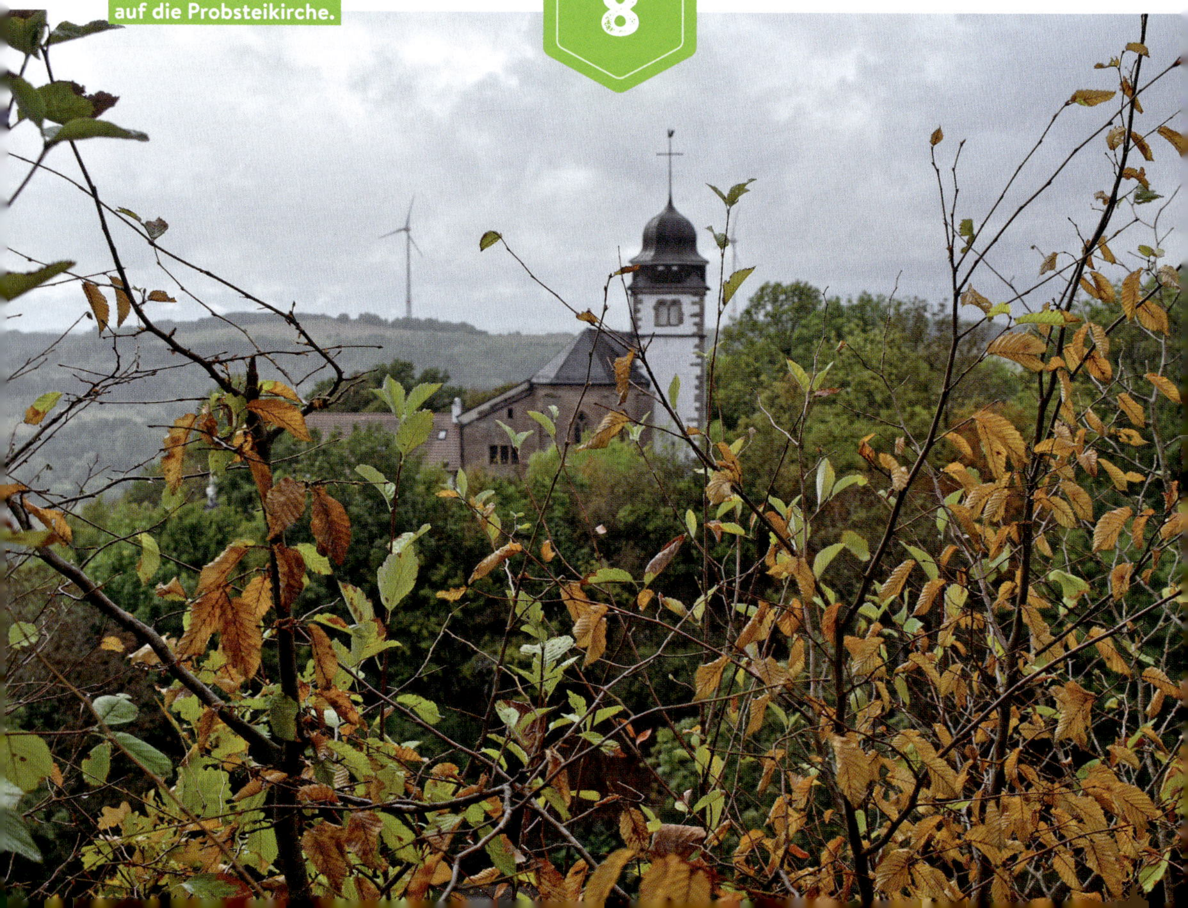

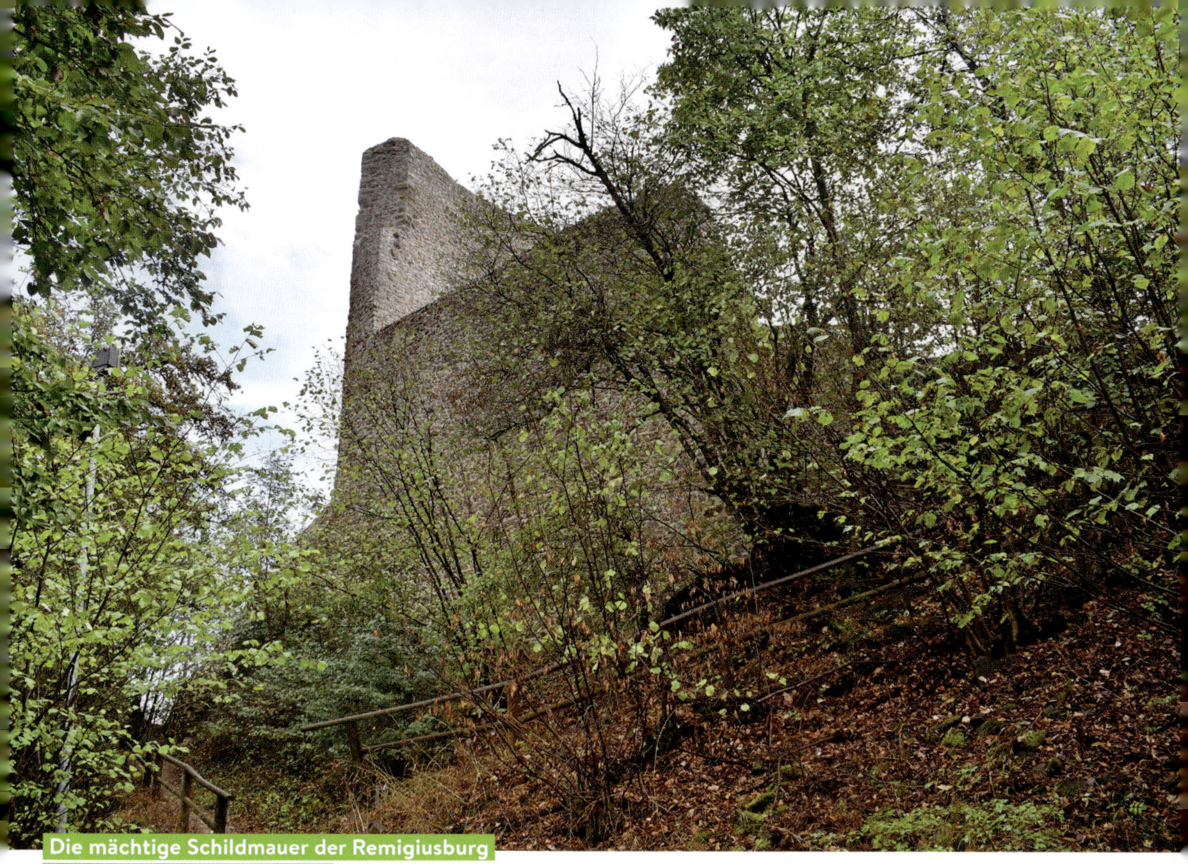

Die mächtige Schildmauer der Remigiusburg überstand die Jahrhunderte.

PROPSTEIKIRCHE UND BURGRUINE Wie bei der vorherigen Tour ist der **A Bahnhof von Theisbergstegen** Ausgangspunkt der Wanderung. Wir gehen die wenigen Schritte bis zu Kuseler Straße; dieses Mal biegen wir aber nach rechts ab. Nach der Kurve zweigt nach rechts der Remigiusbergweg ab. Ab hier geht es bergauf; am Ende der Bebauung biegt der Weg nach Westen ab. Von einem schönen Naturweg sehen wir auf der gegenüberliegenden Talseite den Potzberg sowie die Peterskirche. Nach Südosten fällt der Blick auf die sanft geschwungenen Hügel des Pfälzer Berglands. Es folgt eine weitere Kehre; dann dreht der Weg weiter ansteigend in nördliche Richtung. Nach Eintritt in den Wald folgt kurz darauf eine weitere Spitzkehre. Diese bringt uns zu einem Parkplatz; dieser befindet sich zwischen **1 Michelsburg** und der Probsteikirche. Wir halten uns hier rechts und gehen die wenigen Meter zur Michelsburg hinauf. Die Burg stammt vermutlich aus dem 12. Jahrhundert. Über das Schicksal der Burg in den späteren Jahrhunderten ist wenig bekannt. Vermutlich nahm die Burg im Dreißigjährigen Krieg wie auch im Pfälzischen Erbfolgekrieg Schaden. Heute steht die Burg unter Denkmalschutz. Beeindruckend ist die noch bestehende Schildmauer. Wenige Meter weiter befindet sich der Zugang zur Probsteikirche St. Remigius. Das ehemalige Kloster wurde vermutlich im 11., spätestens jedoch im 12. Jahrhundert gegründet. Im Rahmen der Reformation wurde das Kloster Mitte des 16. Jahrhunderts aufgelöst. Während der Revolutionskriege Ende des 18. Jahrhunderts wurde die Kirche zerstört. Erst ab 1834 konnte die Kirche restauriert werden. Heute genießt man vom Remigiusberg eine gute Aussicht ins Land. Neben

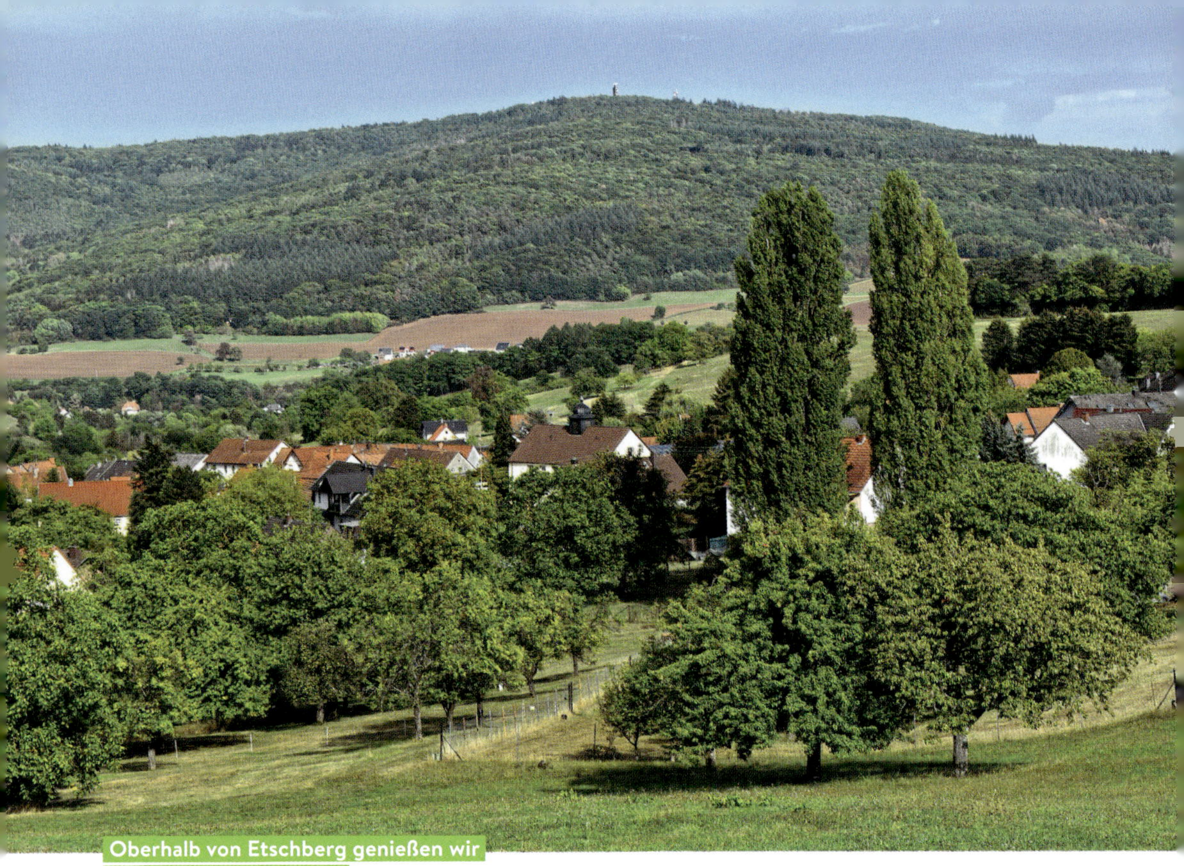

Oberhalb von Etschberg genießen wir den Blick zum Potzberg.

der Kirche befindet sich ein Ausflugslokal. Eine Schautafel gibt Auskunft über die nahen Steinbergwerke. Die Arbeit eines Steinabrichters umfasste die Bearbeitung von sechs bis sieben Tonnen Steine am Tag. Aufgrund der guten Qualität ließen sich die Haschbacher Pflastersteine in ganz Deutschland absetzen.

AUF DEM WEG NACH WESTEN Am Westende der Probsteikirche finden wir einen Weg, der in nördliche Richtung durch den Wald führt. Er fällt steil ab zum Ort Haschbach am Remigiusberg. Mit Beginn der Bebauung befinden wir uns auf der Remigiusbergstraße. Dieser folgen wir bis zur Hauptstraße. In der Ortsmitte an einer Bushaltestelle gehen wir auf der Alten Kuseler Straße wieder bergauf. Nach 350 Metern Wegstrecke befinden wir uns beim Friedhof Haschbach. Wir überqueren die Straße und folgen der dortigen K 69 in nordwestlicher Richtung. Unser Weg führt parallel zu dieser Straße – bald treffen wir auf die L 362. Dieser folgen wir nach rechts. Diese beschreibt einen Bogen, ebenfalls in nordwestlicher Richtung. Am Ende dieses Bogens überqueren wir die Straße; unser Weg führt uns jetzt in den Wald hinein. Der Wanderweg verläuft aber weiterhin parallel zur Landesstraße. Nach einem halben Kilometer Wegstrecke erreichen wir eine Wegkreuzung. Hier biegen wir nach links, also nach Südwesten ab. Unsere Wegmarkierung ist jetzt der grünweiße Balken. Auf einem Höhenrücken haben wir jetzt eine längere Gerade vor uns. Auf zweieinhalb Kilometern Wegstrecke sind wir jetzt ohne wesentliche Höhenunterschiede unterwegs. Unterwegs kommen wir an einem kleinen Waldsee vorbei. Der See droht zu verlanden; seine Oberfläche strahlt in einer bizarren hellgrünen Farbe. Schließlich erreichen wir die **2 Kreisstraße K 17**. Auch diese wird überquert.

ZURÜCK NACH THEISBERGSTEGEN An einem Windrad vorbei geht es zum Sportplatz des SV Schellweiler. Wir passieren das Sportfeld an dessen rechter Seite. Hinter dem Vereinsheim geht nach links ein Weg ab. Dieser Weg ist nicht markiert. Der Feldweg führt uns aber, zuerst wenig, dann stärker abfallend, hinunter zum nächsten Fußballplatz. Dieses Mal sind wir beim VfL Etschberg angekommen. Unser Weg führt uns auf der Hauptstraße in den Ort hinein. Um nicht den großen Bogen der Hauptstraße auslaufen zu müssen, biegen wir in die erste Abzweigung nach links ein. Die Straße Am Kreuz bringt uns wieder zur Hauptstraße. Dieser folgen wir talabwärts. Kurz vor dem Ende der Bebauung geht nach rechts die Kochstraße ab. Dieser folgen wir. Im Laufe des weiter abfallenden Wegs ergeben sich noch einmal schöne Sichten auf den Remigiusberg und die Michelsburg. Auf der anderen Talseite ist der Potzberg mit dem gleichnamigen Turm zu erkennen. Mit dem Erreichen der Wohnbebauung halten wir uns auf dem Etschberger Weg. Dieser führt uns zur Kuseler Straße. Auf dieser erreichen wir wieder unseren Ausgangspunkt am **E Bahnhof Theisbergstegen**.

INFO

TOURENCHARAKTER
Einfache Rundwanderung auf befestigten wie unbefestigten Wegen

AUSGANGS-/ENDPUNKT
Theisbergstegen, Bahnhof (207 m)

GPS
49.518888, 7.448055

ANFAHRT
Auto: Auf der A 62 bis Glan-Münchweiler, dann auf der B 423 bis Theisbergstegen. Parkplätze am Bahnhof
Bus & Bahn: Mit der Regionalbahn von Kaiserslautern nach Theisbergstegen

GEHZEITEN
Theisbergstegen–Haschbach 0.45 Std.–K 17 1.00 Std.–Theisbergstegen 1.15 Std.

EINKEHR
Theisbergstegen

KARTE
Wanderkarte Westpfalz Mitte, Wanderkarte des Pfälzerwald-Vereins, 1:25 000

INFORMATION
Verbandsgemeinde Kusel-Altenglan, Schulstraße 3–7, 66885 Altenglan, www.vgka.de/tourismus

Leicht | 11,2 km | 560 Hm | 3.00 Std.

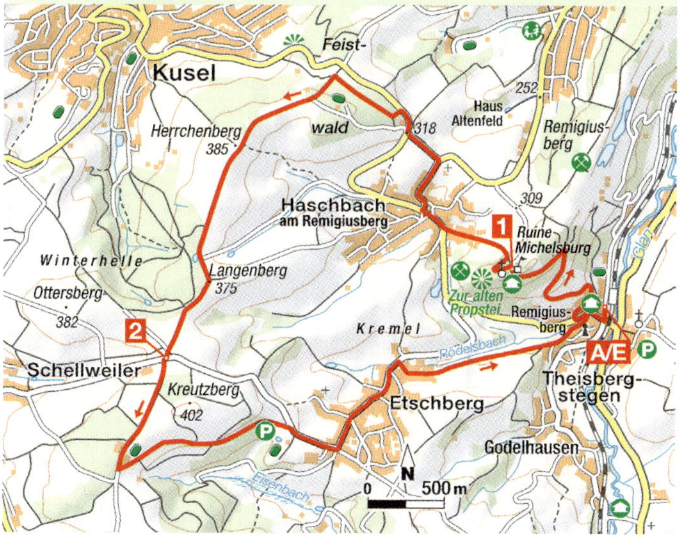

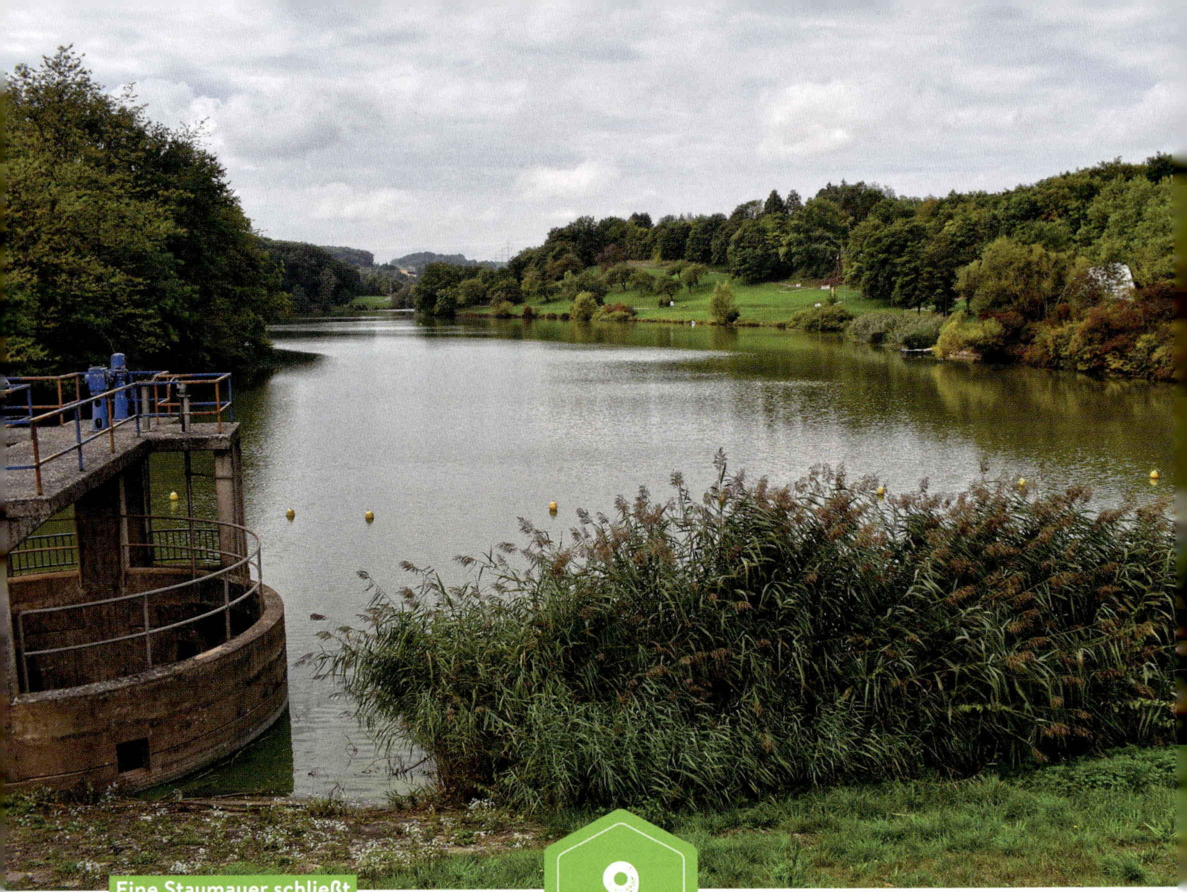

Eine Staumauer schließt den Ohmbachsee nach Osten ab.

9

Zum Ohmbachsee

Hexenhaus im Märchenwald

Ganz im Westen der Pfalz führt uns diese Tour durch wenig bekannte Landschaften. Ein einsam stehendes Naturfreundehaus ist Ausgangspunkt der Tour. An der Hütte Fritz-Claus-Quelle vorbei geht es durch die Täler des Ohmbachs und des Glan. Einzig der Ohmbachsee ist überregional bekannt. Über die ehemalige Trasse der Glantalbahn erreichen wir Nanzdietschweiler. Dort beschließt ein steiler Anstieg diese Wanderung.

ZUM MÄRCHENWALD Unser Ausgangspunkt ist das **A Naturfreundehaus** Am Haselrech in Steinbach am Glan. Es liegt idyllisch im Wald; nur wenige Meter weiter genießt man den guten Rundblick über das südliche Pfälzer Bergland sowie hinter dem Landstuhler Bruch auf die Hügelkette des Westrichs. Das Naturfreundehaus ist samstags, sonntags und feiertags ab 11.00 Uhr geöffnet. Wir folgen dem Weg durch den Kahlenwald in südwestlicher Richtung. Unsere Wegmarkierung ist der weiß-schwarze Balken. Mit nur wenigen Höhenunterschieden geht es bis zur K 8. Wir überqueren diese – weiter geht es durch das Gelände Schnepfenrech bis zu einer Wegverzweigung. Diese ist als Rettungspunkt 6510-948 gekennzeichnet. Dort biegen wir nach links ab. Es geht ein Stück bergab durch offenes Gelände. An der nächsten Wegkreuzung wählen wir den Weg nach rechts. Dieser führt uns zunächst durch landwirtschaftliches Gebiet, dann durch den Wald. Der Wandermarkierung folgend geht es nun durch den Ritterwald. Bald ist das erste Etappenziel, die **1 Wanderhütte an der Fritz-Claus-Quelle**, erreicht. Die Hütte ist bewirtschaftet (Mi, Fr–So und Fei geöffnet). Für Kinder gibt es einen Spielplatz in Form eines Märchenwalds mit Hexenhaus, Schneewittchen-Karussell und Froschkönigsrutsche.

DURCH DAS OHMBACHTAL Von der Hütte gehen wir die wenigen Meter durch den Wald hinunter nach Brücken (Pfalz). Wir erreichen den Ort auf der Grubenstraße. Dieser folgen wir nach rechts; mit der ersten Abzweigung nach links überschreiten wir den Ohmbach. Ein kurzes Stück geht es nach Westen, dann sind wir auf dem Weg, der uns

Erstes Etappenziel ist die Wanderhütte an der Fritz-Claus-Quelle.

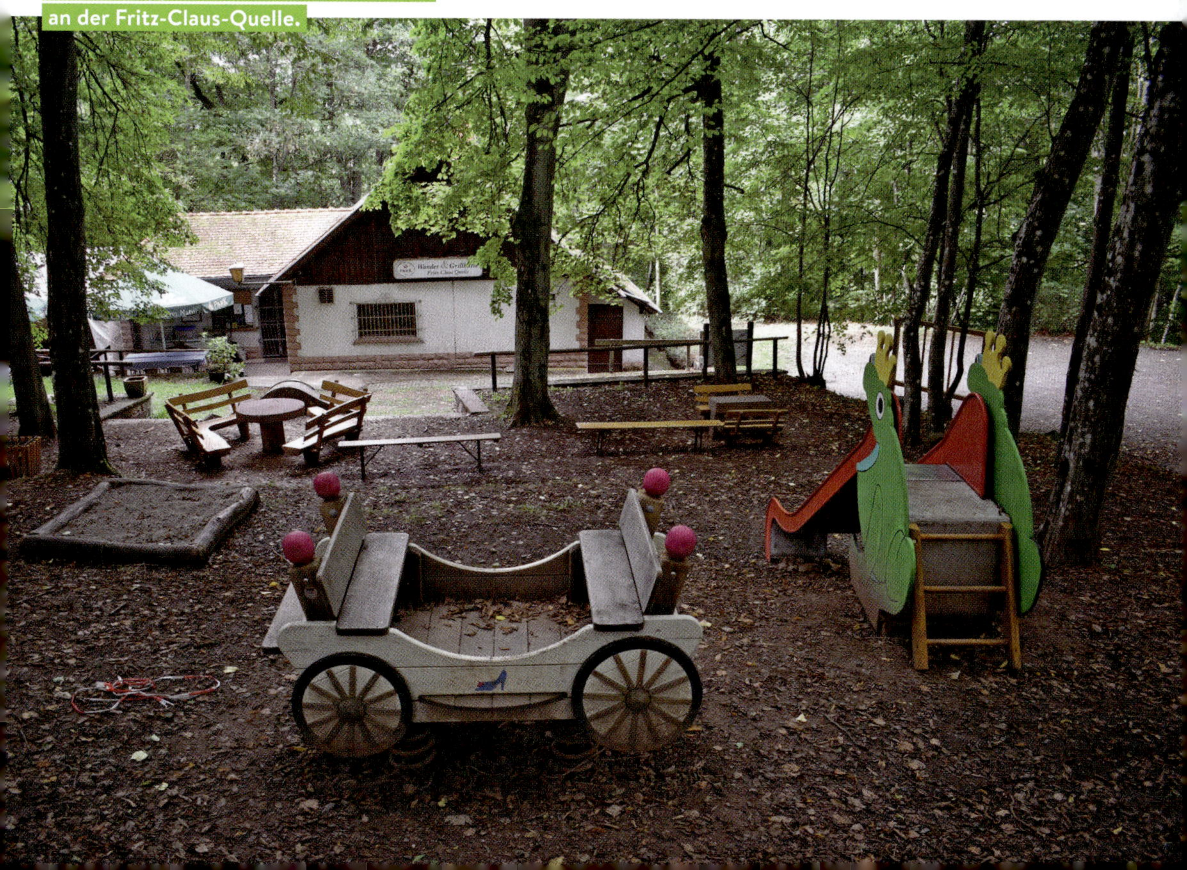

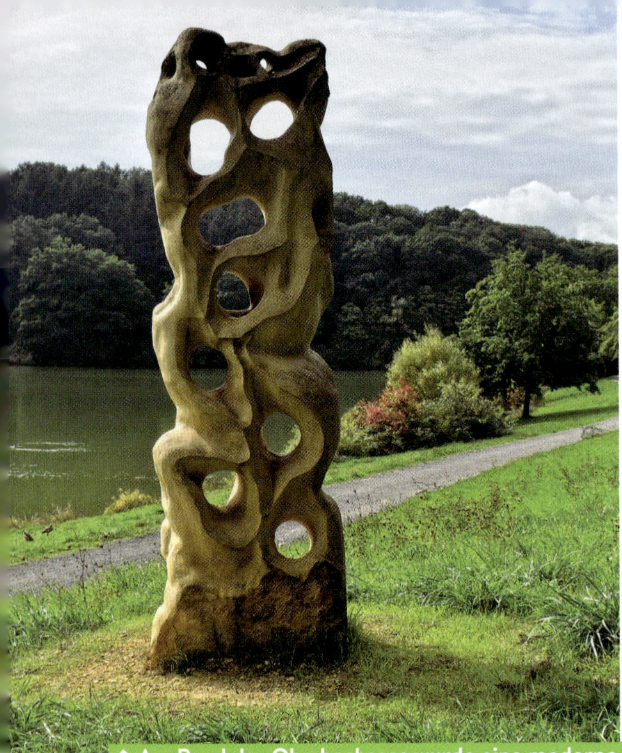

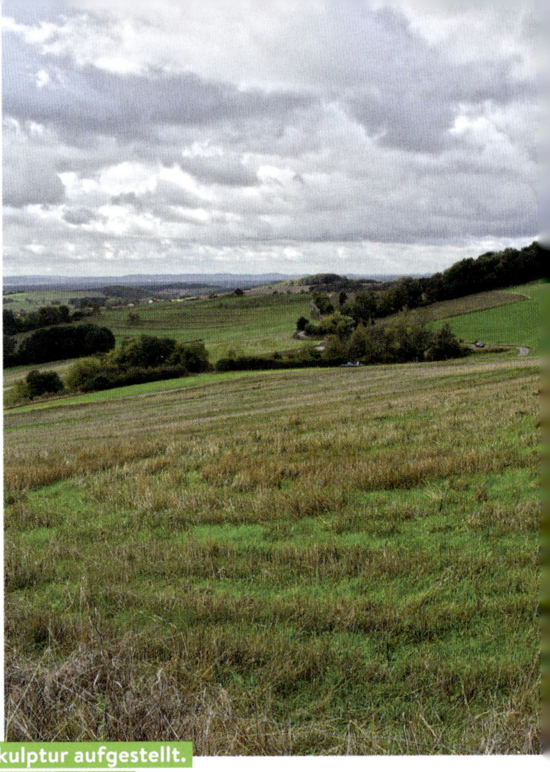

↑ Am Rand des Ohmbachsees wurde eine moderne Skulptur aufgestellt.
↗ Vom Naturfreundehaus reicht die Fernsicht bis zum Pfälzerwald.

entlang des Ohmbachs führt. Durch eine schöne ruhige Landschaft sind wir in südöstlicher Richtung unterwegs. Auf etwa 1,5 Kilometern geht es fast ohne Höhenunterschiede vorwärts. Wir erreichen eine Brücke; dort wechseln wir zur anderen Talseite über. Jetzt fehlt nur noch ein Kilometer Wegstrecke, dann ist der **2 Ohmbachsee** erreicht. Aus Hochwasserschutzgründen wurde der Ohmbach in den 70er-Jahren des letzten Jahrhunderts aufgestaut. Der See misst etwa 1,2 Kilometer in der Länge und wird an der Ostseite durch eine Staumauer begrenzt. Er kann auf Wanderwegen umrundet werden. Am See befindet sich der Campingpark Ohmbachsee mit Stellplätzen für Touristikcamper und Wohnmobile.

AUF DER ALTEN BAHNTRASSE Wir gehen am Nordrand des Sees den steilen Weg zum Ort hinauf. Dort treffen wir auf die Bahnhofstraße und folgen dieser nach Osten. Die Straße biegt nach Süden ab; wir gehen aber nach Norden weiter. Unsere Wegmarkierung ist jetzt der gelbe Punkt. Wir befinden uns gleich außerhalb der Bebauung; auf der rechten Gehseite erscheint der Fluss Glan. Unser Weg führt nicht nur entlang dieses Flusses, sondern auch auf der ehemaligen Bahntrasse der Glantalbahn. Diese strategische Eisenbahnstrecke führte von Bad Münster am Stein (bei Bad Kreuznach) bis nach Homburg im Saarland. Die Streckenlänge beträgt 85 Kilometer auf Normalspur. Erste Streckenabschnitte wurden Mitte des 19. Jahrhunderts erstellt; die letzten Abschnitte erst im Jahr 1904. Nach dem Zweiten Weltkrieg wurden die Strecken in großen Teilen abgebaut. Der einzige Streckenabschnitt, der noch in Betrieb ist, führt von Glan-Münchweiler nach Altenglan. Dieser Abschnitt ist Teil der Strecke von Kaiserslautern nach Kusel. Auf der Teilstrecke von Altenglan nach Staudernheim sind heute Draisinen im Einsatz. Vor Erreichen des Orts Dietschweiler können wir noch ein altes Bahnviadukt sehen. An einem Bauernhof vorbei erreichen wir auf dem Breitenauer Weg den Ort **3 Dietschweiler**. An der Protestantischen Martinskirche gehen wir nach rechts hinunter zum Glan. Dort folgen wir der Gartenstraße in nördlicher Richtung. Bald sind wir schon am örtlichen Sportplatz. Dort gehen wir zur Hauptstraße. Dieser folgen wir bis zum Ortseingang von Nanzdietschweiler. Der nach links abgehende Treppenweg führt uns zur Schulstraße. Dieser folgend erreichen wir wieder die Hauptstraße. Hier biegen wir nach rechts ab und nehmen gleich die nächste Abzweigung in die Straße Am Hübel. Diese geht über in die Von-der-Leyen-Straße. Diese führt uns in südwestlicher Richtung aus dem Ort hinaus. Der Weg steigt jetzt durch landwirtschaftlich genutzte Flächen stark an. In etwa 340 Metern Höhe wird der Waldrand erreicht. Durch den Wald geht es noch einmal bergauf – schließlich erreichen wir das Ende des Anstiegs in 380 Metern Höhe. Wir biegen nach links ab und befinden uns auf der letzten Geraden zurück zu unserem Ausgangspunkt, dem **E Naturfreundehaus**.

INFO

TOURENCHARAKTER

Mittelschwere Rundwanderung im westlichen Pfälzer Bergland

AUSGANGS-/ENDPUNKT

Naturfreundehaus Steinbach am Glan (389 m)

GPS

49.452500, 7.400277

ANFAHRT

Auto: Auf der A 62 bis Glan-Münchweiler, dann auf der B 423 bis Steinbach am Glan. In der Ortsmitte auf der Hohl- und Grubenstraße zum Naturfreundehaus Steinbach am Glan. Parkplätze am NFH

Bus & Bahn: Keine Verbindung zum Naturfreundehaus. Nächste Bahnstation in Glan-Münchweiler

GEHZEITEN

NFH Steinbach–Hütte Fritz-Claus-Quelle 0.50 Std.–Ohmbachsee 1.10 Std.–Dietschweiler 1.20 Std.–NFH Steinbach 1.30 Std.

EINKEHR

NFH Steinbach, Hütte Fritz-Claus-Quelle, Ohmbachsee

Mittel | 17,8 km | 430 Hm | 4.50 Std.

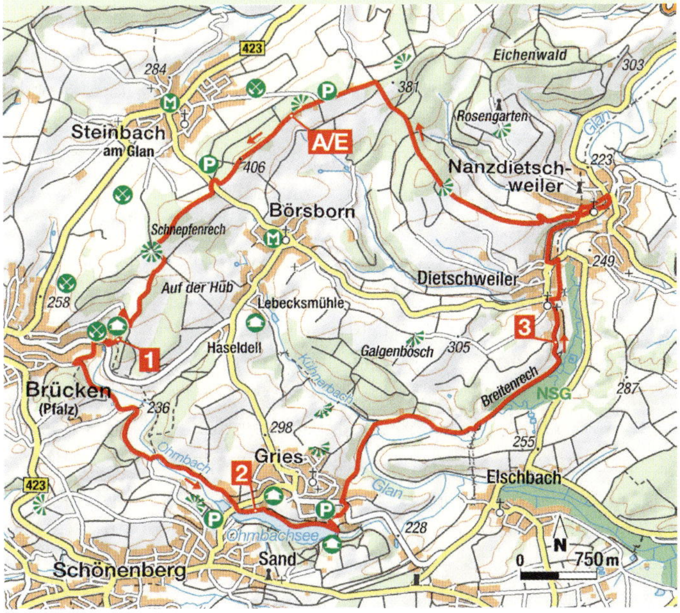

KARTE

Wanderkarte Westpfalz Mitte, Wanderkarte des Pfälzerwald-Vereins, 1:25 000

INFORMATION

Verbandsgemeinde Kusel-Altenglan, Schulstraße 3–7, 66885 Altenglan, www.vgka.de/tourismus

Über Körborn zur Burg Lichtenberg

Musikantenmuseum in alter Burg

Wie so oft im Pfälzer Bergland beginnt die Wanderung mit einem lang gezogenen Anstieg. Auf einer Bergkuppe thront dann die Burg Lichtenberg. Sicherlich ein Besuchermagnet, was sich an den zahlreich abgestellten Fahrzeugen erkennen lässt. Nach Besichtigung der Burg gehen wir auf einem Feldweg Richtung Kusel. Die Wahrscheinlichkeit ist hoch, dass wir auf diesem schönen Weg kaum einer Menschenseele begegnen werden.

10

Sie wird heute vielfältig genutzt: die Burg Lichtenberg.

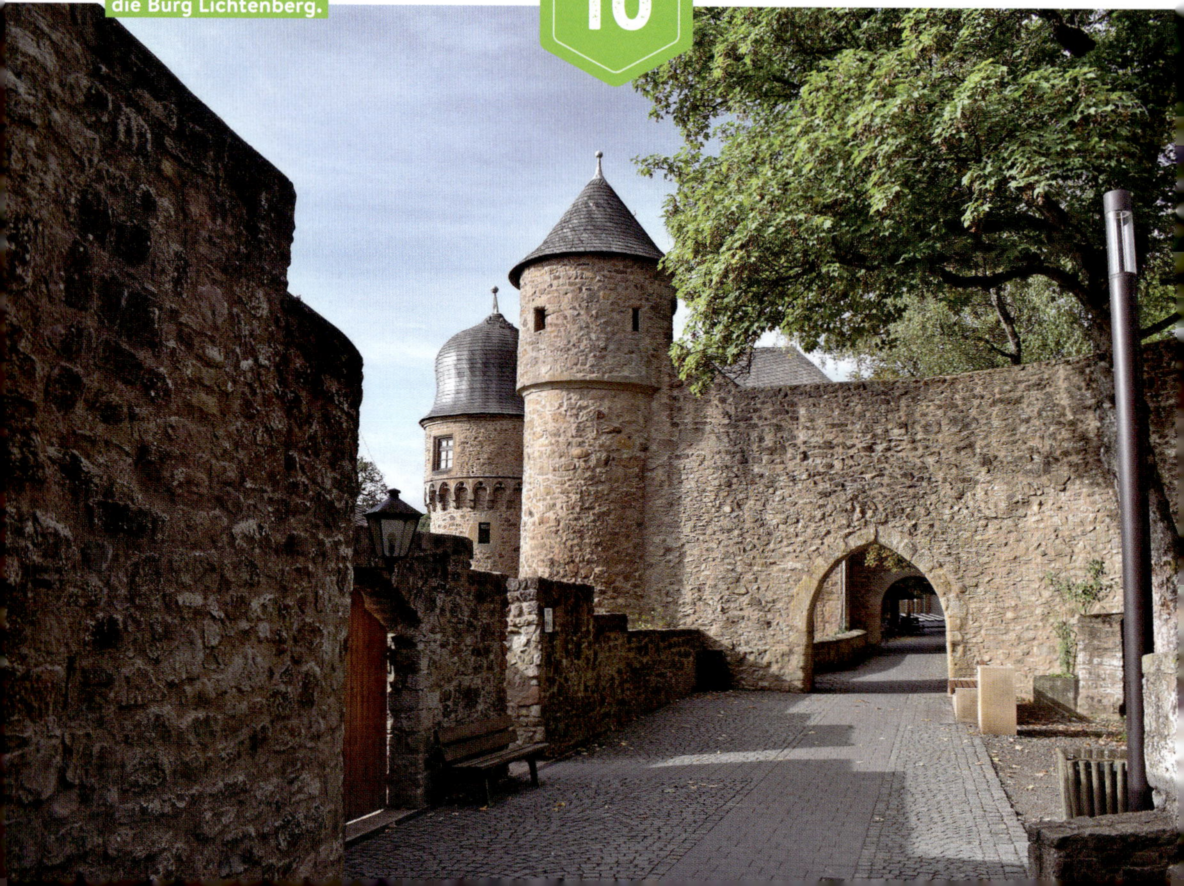

ANSTIEG ZUR BURG Vom **A Bahnhof Kusel** gehen wir den kurzen Verbindungsweg über den Kuselbach zum Parkplatz »Am großen Kreisel«. Wir überqueren die B 420 und finden am nördlichen Ende des Kreisels einen breiten Wanderweg. Dieser führt uns in nordwestlicher Richtung oberhalb der B 420 entlang. Es ist eine lang gezogene Gerade durch den Wald. Schließlich wird die Straße Vogelsang erreicht – der Weg setzt sich über die Parkplätze der örtlichen Krankenkasse fort. Weiter geht es geradeaus – sowohl die Haischbachstraße als auch die Blaubacher Straße werden auf Brücken überquert. Vor der nächsten Brücke geht auf der linken Seite des Wegs ein schmaler Pfad ab. Diesem folgen wir hinunter zum Blockweg. Dort geht es ein Stück bergauf – nach 100 Metern des Wegs geht nach links die Straße Am Mühlbach ab. Nach 150 Metern sind wir schon am Ende der Bebauung angelangt.
Es folgt ein lang gezogener Anstieg durch die bezaubernde Hügellandschaft der westlichen Pfalz. Ein schöner Wanderweg – der Wegrain wechselt von landwirtschaftlich genutzter Fläche mit Buschwerk zu einzelnen Bauminseln. Zurückblickend haben wir einen schönen Blick auf die Stadt Kusel. Bald sehen wir auch schon im Westen das erste Mal den mächtigen Turm der Burg Lichtenberg. Es folgt der Schlussanstieg. Nun folgt der erste Blick auf die Gemeinde Körborn. Wir erreichen jetzt die Mönchhöhe, östlich von Körborn. Unser Weg verzweigt sich – auf dem Hochweg geht es nach rechts; dann führt uns der Weg halbkreisförmig nach links bis zur Kreisstraße. Diese wird überquert – auf dem Römerweg gehen wir durch den Ort **1 Körborn**. Wieder in freier Landschaft erkennen wir bald die Burganlage Lichtenberg. Wir gehen bis zum Alten Friedhof Körborn, auch unter dem Namen Lichtenberger Kirchhof bekannt; danach geht es an den zahlreichen Parkplätzen vorbei hinunter zur **2 Burg Lichtenberg**.

DIE BURG LICHTENBERG Die Burg liegt in knapp 400 Metern Höhe; sie gilt als größte Burganlage in der Pfalz. Erbaut wurde sie vermutlich im 13. Jahrhundert. Sie gehört zu den wenigen Burgen in der Pfalz, die den Dreißigjährigen Krieg und die nachfolgenden Kriegsereignisse unbeschadet überstanden haben. 1681 kam sie in französischen Besitz; Mitte des 18. Jahrhunderts verlor die Burg an Bedeutung. Sie blieb aber weiterhin bewohnt. Im Rahmen der Revolutionskriege wurde die Burg im Jahr 1793 von französischen Soldaten geplündert. Wenige Jahre später fielen

Tipp

AUSWANDERERMUSEUM OBERALBEN

Etwa sechs Kilometer von Kusel entfernt liegt der kleine Ort Oberalben. Er beherbergt das Pfälzer Auswanderermuseum. Das Museum gibt einen guten Überblick über die verschiedenen Auswandererwellen, die sich über drei Jahrhunderte hinzogen. Dabei war die Pfalz, in Bezug auf ihre Bevölkerungszahl, eine der Regionen, die eine sehr hohe Auswandererquote aufzuweisen hatte. Im Museum werden nicht nur die Gründe der Heimatflucht angesprochen, wie Missernten, Landflucht oder Realteilung. Es werden auch die Missstände beleuchtet, denen sich die Auswanderer ausgesetzt sahen – von skrupellosen Agenten bis zu den Zuständen auf den Zwischendecks der Schiffe. Schließlich wird auch auf die wesentlichen Auswandererländer (USA, Brasilien) eingegangen und natürlich werden einige Pfälzer genannt, die es als Komponisten, Fabrikanten oder Militärs in der Neuen Welt geschafft haben. Das Museum ist jeweils am 1. und 3. Sonntag im Monat 14.00–16.00 Uhr geöffnet.

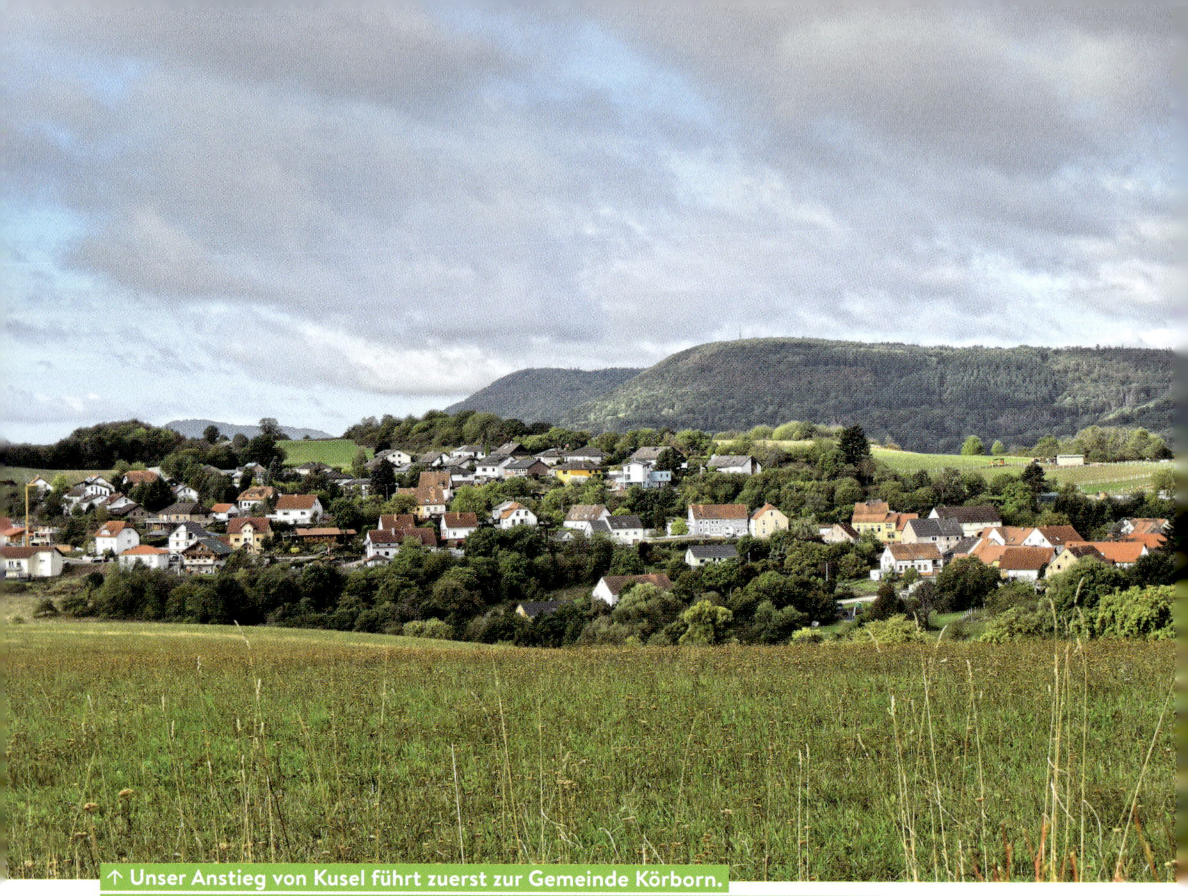

↑ Unser Anstieg von Kusel führt zuerst zur Gemeinde Körborn.

↓ Trotz Zerstörung ist die Burg Lichtenberg immer noch ein Anziehungspunkt.

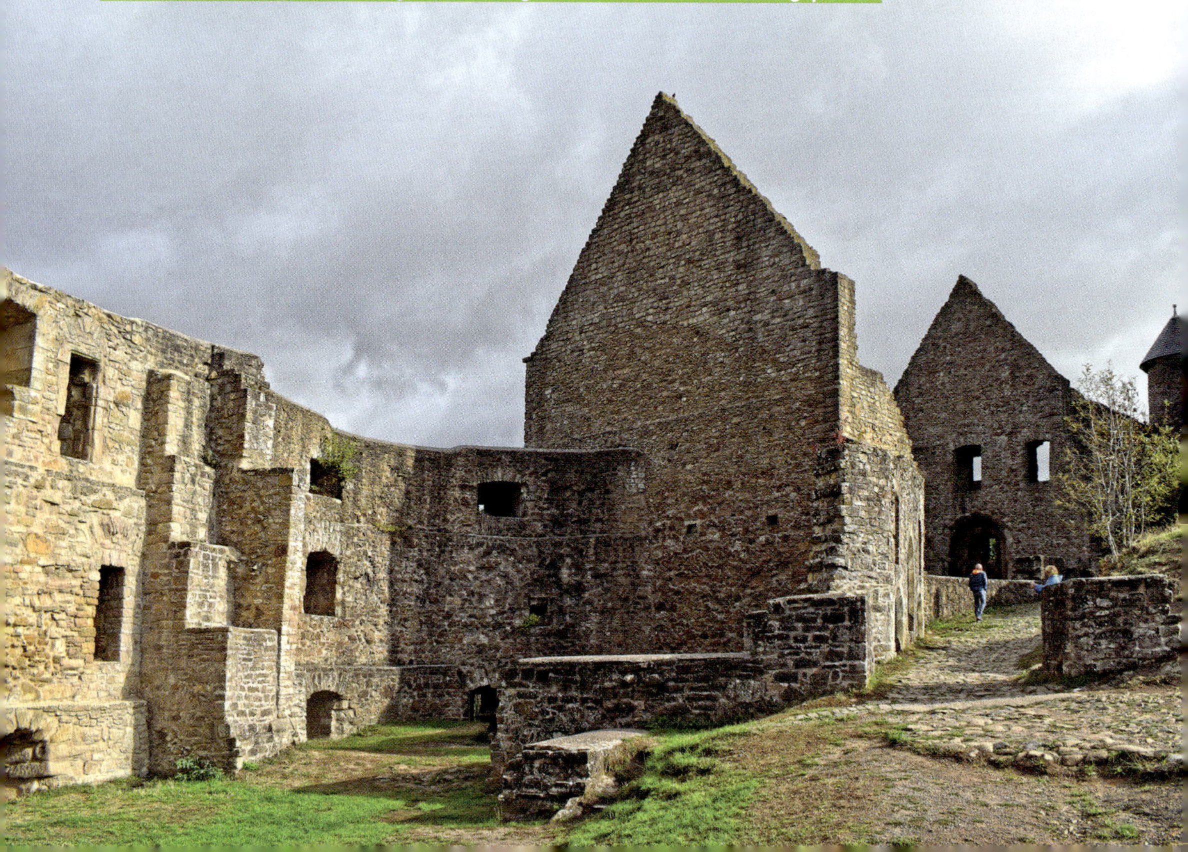

zahlreiche Gebäude einem Großbrand zum Opfer. Dem allgemeinen Verfall wurde erst im Jahr 1895 Einhalt geboten. Die Burg kam unter Denkmalschutz. In den Folgejahren wurde sie instand gesetzt und wiederaufgebaut; auf die historische Bausubstanz wurde dabei nicht immer Rücksicht genommen. Die Burg beherbergt heute neben einer Jugendherberge, das Pfälzer Musikantenland-Museum und das Urmuseum Geoskop. Die Burg ist täglich geöffnet.

ZURÜCK NACH KUSEL Wir gehen ein Stück zurück Richtung Friedhof, biegen aber vorher nach rechts ab (Markierung rotes Kreuz). Der Weg führt zuerst in östlicher Richtung; er fällt dann aber schnell in südöstlicher Richtung ab. Von unserem Aufstiegsweg ist er durch ein tief eingeschnittenes Tal getrennt. Auf einer Holzbank können wir noch einmal die Aussicht auf Kusel und die umgebende Landschaft genießen. Wir erreichen die Stadt Kusel auf dem Burgweg, biegen dann in die Schlosshöhe ein, um dann den Zugang zu unserem verkehrsfreien Wanderweg zu finden. Dieser führt über die Körborner Straße; ab der nächsten Brücke ist er identisch mit dem Herweg. Auf ihm erreichen wir wieder den Kreisverkehr bzw. den dahinterliegenden **E Bahnhof von Kusel**.

INFO

TOURENCHARAKTER
Leichte Rundwanderung im westlichen Pfälzer Bergland

AUSGANGS-/ENDPUNKT
Kusel, Bahnhof (226 m)

GPS
49.538055, 7.409722

ANFAHRT
Auto: Auf der A 62 bis zur Ausfahrt Kusel, B 420 bis zum Kreisverkehr. Dort befindet sich ein großer Parkplatz.
Bus & Bahn: Mit der Regionalbahn von Kaiserslautern nach Kusel

GEHZEITEN
Kusel–Burg Lichtenberg 1.40 Std.–Kusel 1.30 Std.

EINKEHR
Kusel, Burg Lichtenberg

KARTE
Wanderkarte Westpfalz Mitte, Wanderkarte des Pfälzerwald-Vereins, 1:25 000

Leicht | 11,9 km | 380 Hm | 3.10 Std.

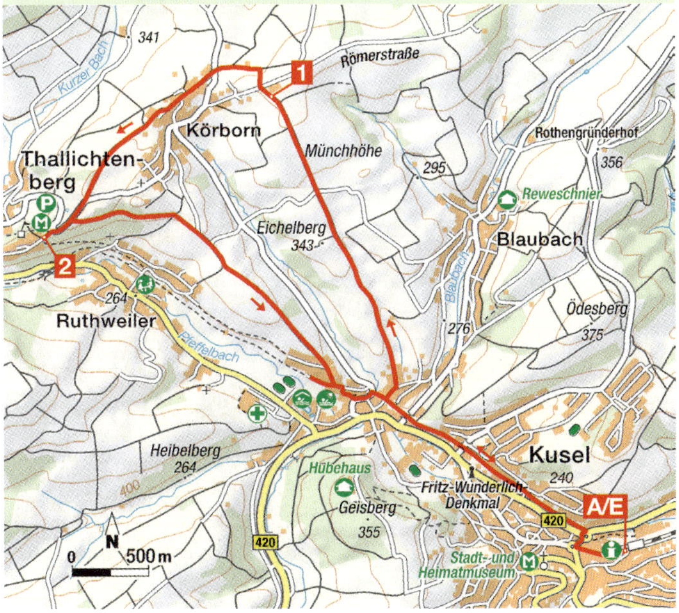

INFORMATION
Kreisverwaltung Kusel, Trierer Straße 49-51, 66869 Kusel, www.landkreis-kusel.de

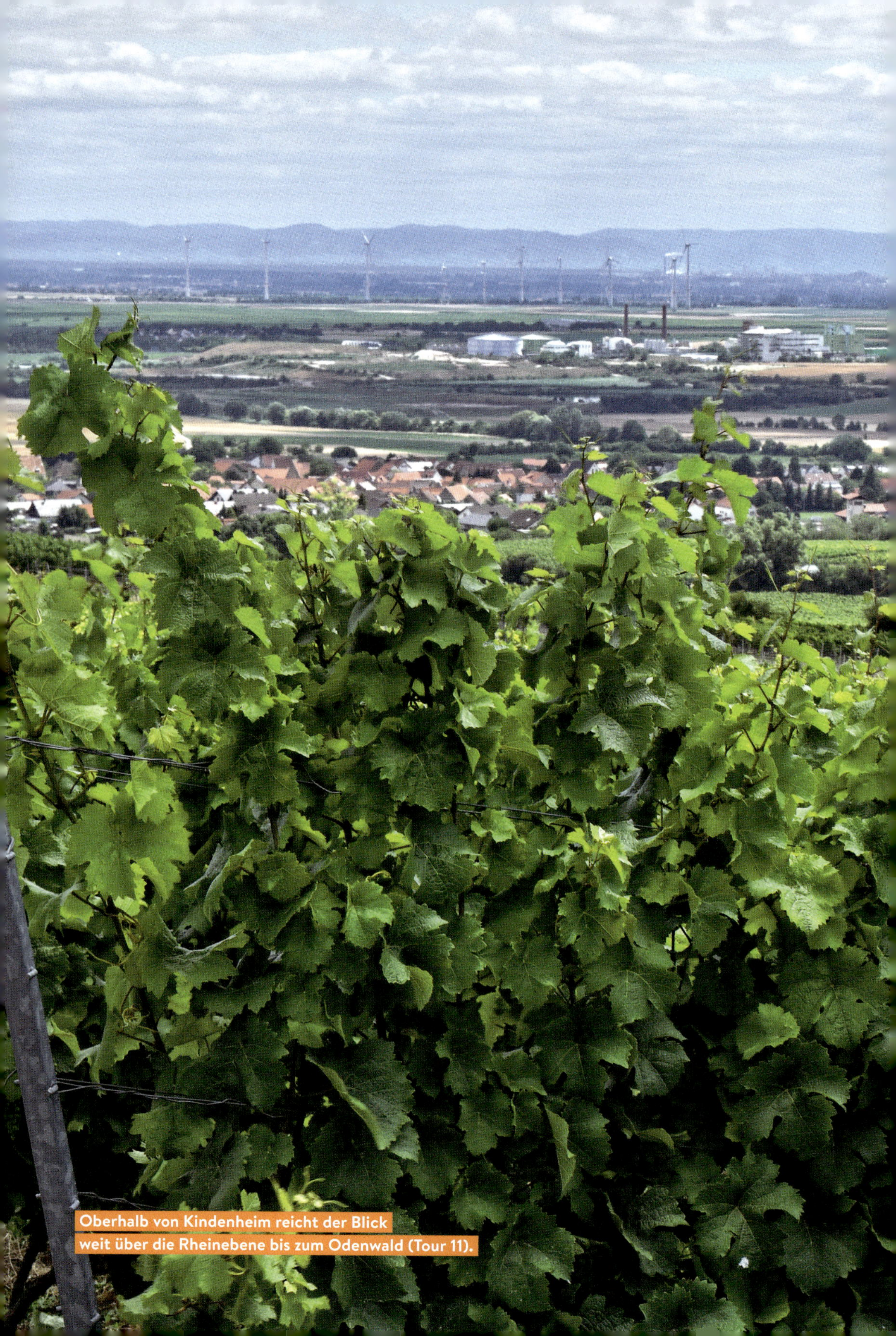

Oberhalb von Kindenheim reicht der Blick weit über die Rheinebene bis zum Odenwald (Tour 11).

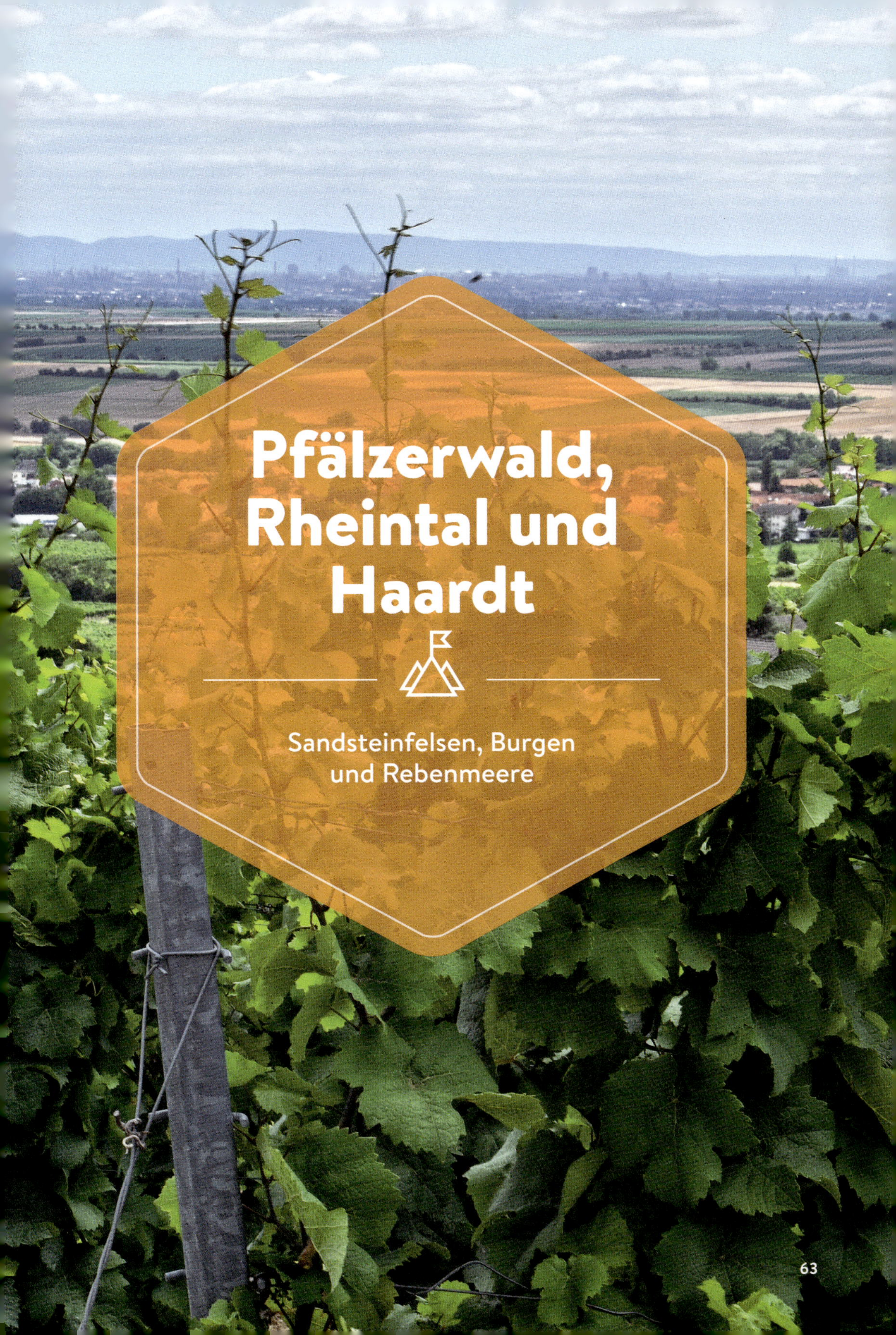

Pfälzerwald, Rheintal und Haardt

Sandsteinfelsen, Burgen und Rebenmeere

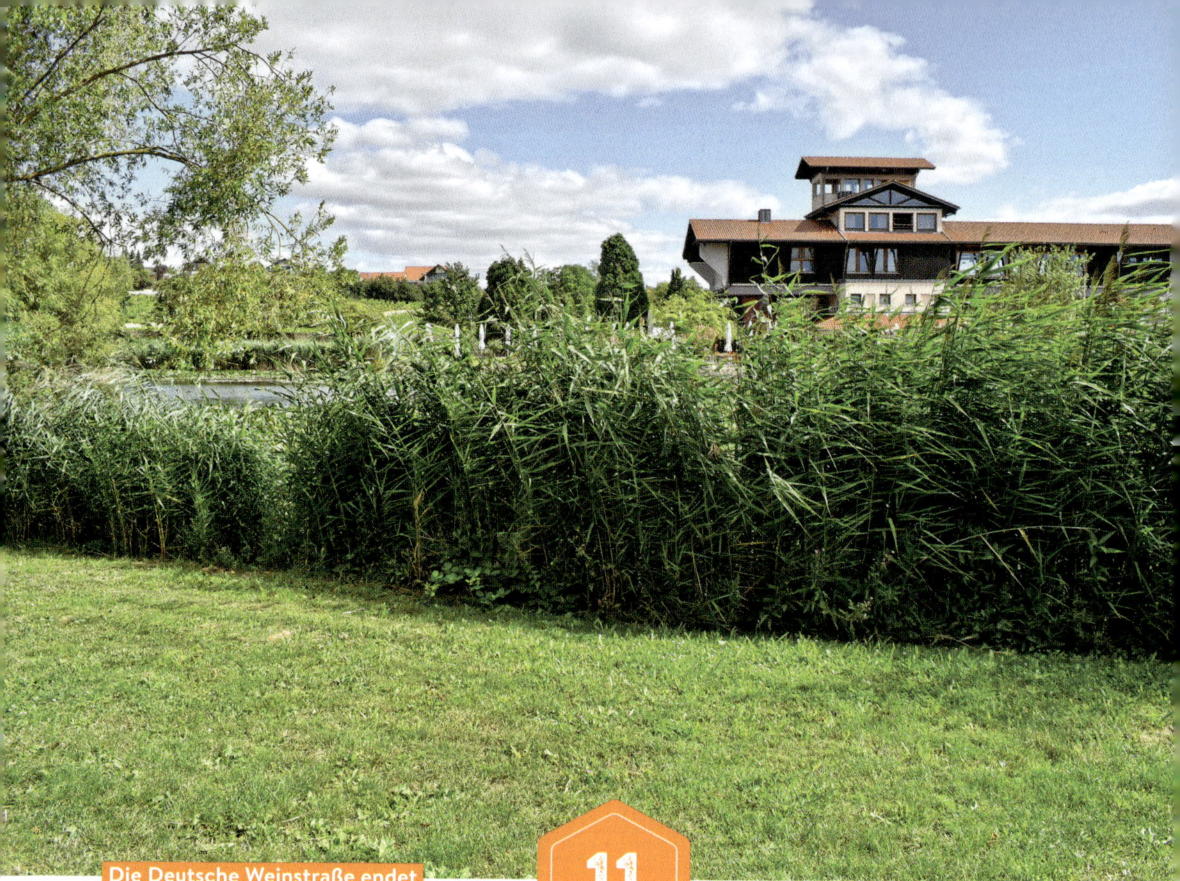

Die Deutsche Weinstraße endet am Weintor in Bockenheim.

11

Am Nordende der Deutschen Weinstraße

SchorleXpress am Patricia-Wingert

Die Deutsche Weinstraße ist weithin bekannt. Weniger bekannt sind die schönen Wanderwege, die vom Nordende dieser Themenstraße ausgehen. An einer alten Kirche vorbei ist das erste Etappenziel ein Aussichtspunkt hoch über dem Rheintal. Gute Fernsicht gibt es dort fast jeden Tag, Wein und kleine Häppchen nur an Wochenenden. Ganz anders stellt sich die weitere Tour dar – über kahle Hochflächen des Alzeyer Hügellands geht es bis zum nördlichsten Punkt der Tour. Die letzten Meter der Wanderung führen dann wieder durch Pfälzer Reblandschaft.

ZUM PATRICIA-WINGERT Ausgangspunkt der Deutschen Weinstraße ist das Weintor in Schweigen-Rechtenbach. 85 Kilometer weiter nördlich markiert das Haus der Deutschen Weinstraße in Bockenheim deren Ende. Neben dem **A Weintor Nord** befindet sich ein kleiner See. Dort beginnen wir unsere Wanderung. Wir nehmen den breiten bergauf führenden Wirtschaftsweg. An einer alten Rebenpresse biegt dieser nach links ab. Höhengleich geht es für etwa 600 Meter oberhalb von Bockenheim an der Weinstraße entlang. Der Weg verzweigt sich – wir nehmen den Wirtschaftsweg, der uns ansteigend in südwestlicher Richtung führt. Bald erreichen wir ein Trullo – ein kleines Rundhaus. Diese wurden in den Weinbergen zum Schutz vor Wetterunbilden gebaut.

Es geht weiter bergauf; wir achten auf den Weg, der nach etwa 100 Metern nach rechts in die Weinberge abzweigt. Diesem folgend erkennen wir nach weiteren 100 Metern unter mächtigen Bäumen die **1 Heiligenkirche**. Sie wird auch St. Peterskirche genannt – sie ist eine der ältesten christlichen Kultstätten in der Pfalz. Bereits um das Jahr 730 soll sich an der Stelle eine kleine Kirche aus Holz befunden haben. Im Laufe der Jahrhunderte wurde sie mehrfach zerstört; zuletzt wurde die Kapelle im Jahr 1984 renoviert. Zum Fest Peter und Paul findet dorthin die jährliche Wallfahrt der Diözese Speyer statt.

Wir gehen das kurze Stück zum Wirtschaftsweg zurück; jetzt nehmen wir die wenigen Meter Anstieg zum Patricia-Wingert in Angriff. Dort ergibt sich ein märchenhafter Rundblick auf die Oberrheinische Tiefebene. Bei gutem Wetter erkennt man darüber hinaus nicht nur den Odenwald, sondern auch die Städte Ludwigshafen, Mannheim und

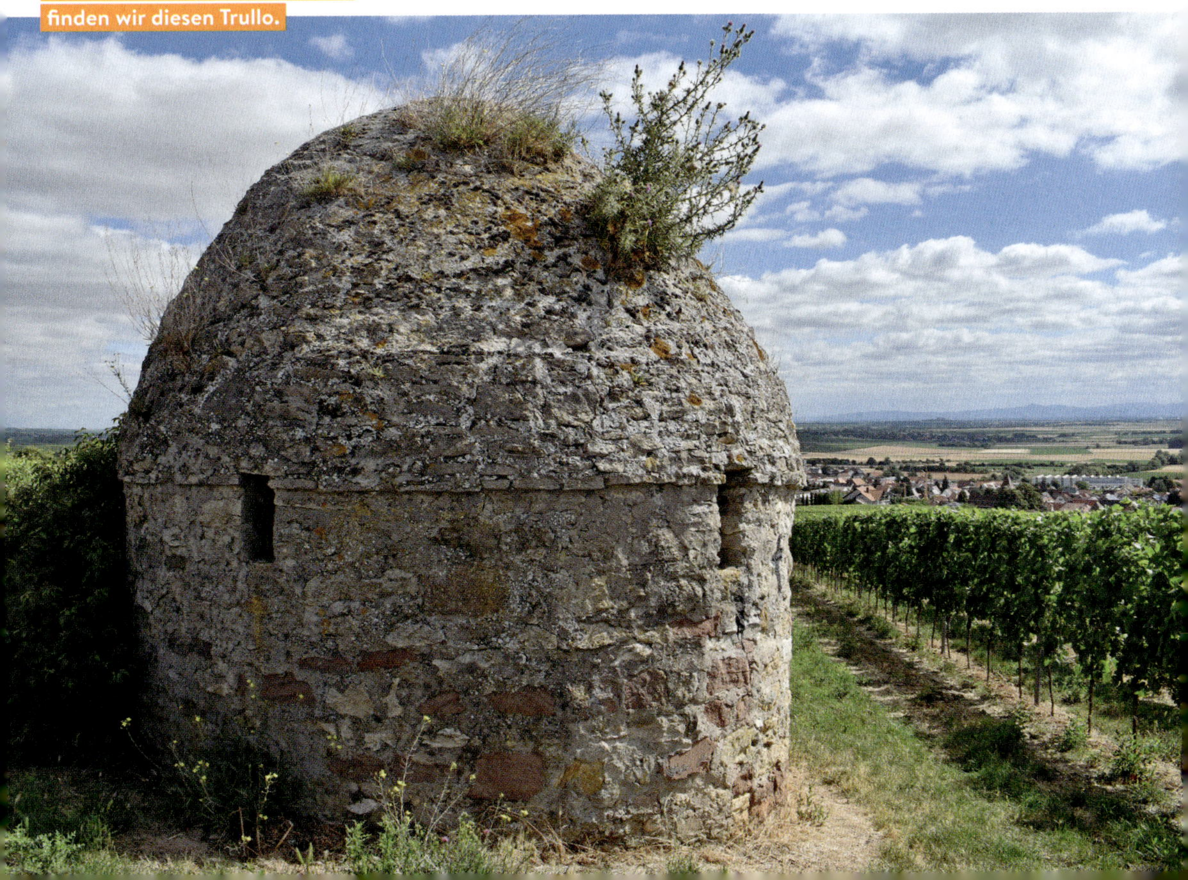

In der Nähe der Heiligenkirche finden wir diesen Trullo.

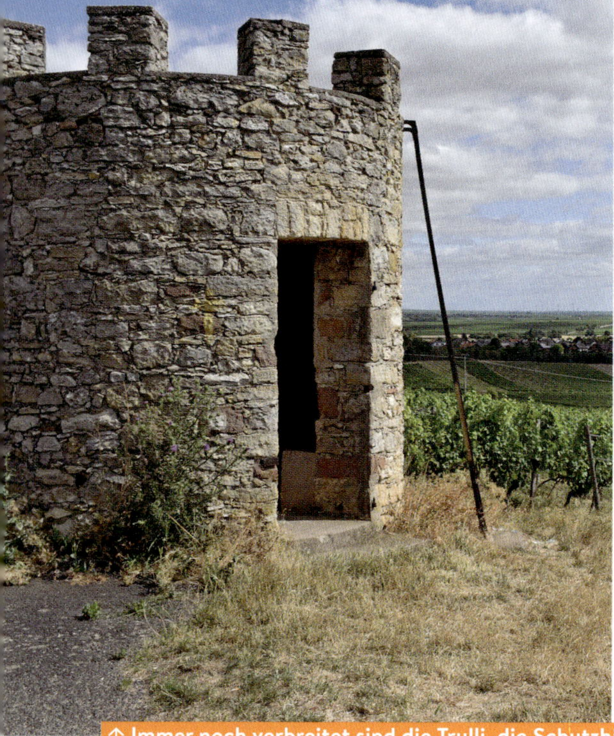

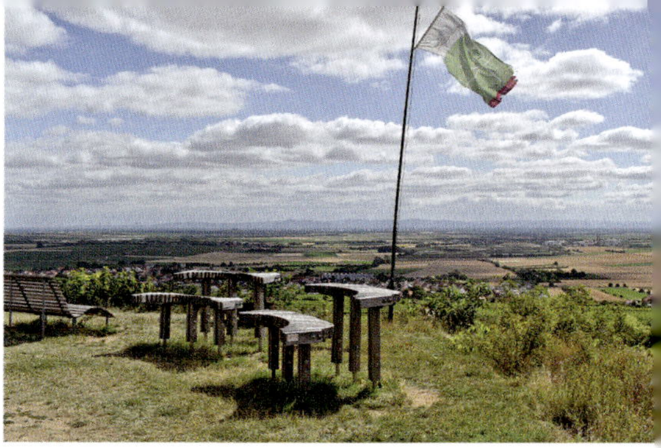

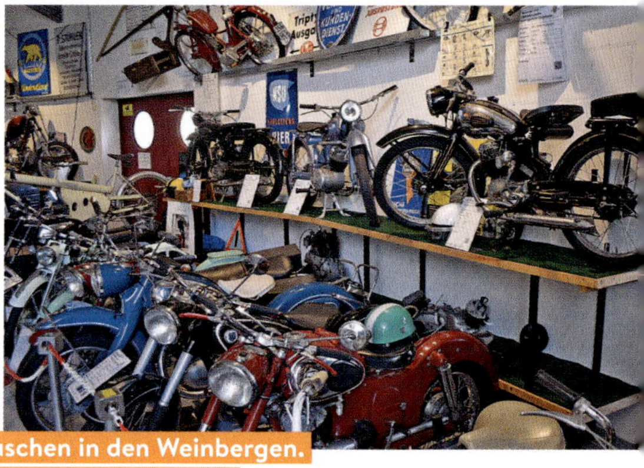

↑ Immer noch verbreitet sind die Trulli, die Schutzhäuschen in den Weinbergen.
↗ Vom Patricia-Wingert genießen wir den Weitblick über die Rheinebene.
→ Klein, aber fein: das Motorrad- und Technikmuseum Leiningerland

Heidelberg. Von Ende März bis Ende Oktober steht an diesem schönen Aussichtspunkt der sogenannte SchorleXpress. Es handelt sich dabei um einen Verkaufswagen. An diesem schenken verschiedene örtliche Winzer Wein und natürlich auch Weinschorle aus. Kleine Appetithäppchen ergänzen das Angebot. Geöffnet ist immer, wenn die Fahne weht. Dies ist normalerweise samstags ab 14.00 Uhr sowie an Sonn- und Feiertagen ab 11.00 Uhr der Fall.

WINDRÄDER AM KAHLENBERG Wir gehen weiter in südwestlicher Richtung. Der Weg steigt noch bis zum Galgenberg an. Dann ändert sich die Landschaft: Wir lassen die Weinberge hinter uns; der Weg führt jetzt durch Ackerflächen. In Laufrichtung sehen wir weit im Westen das Vulkanmassiv Donnersberg. Im Süden sind die Nordausläufer des Pfälzerwalds zu erkennen. Weiter auf unserem Weg erreichen wir bald ein einsam liegendes Gewerbegebiet. Dort befindet sich das kleine, aber feine **2 Motorrad- und Technikmuseum** Leiningerland. Zahlreiche Motorräder der Marken Adler bis Zündapp sind dort ausgestellt (So, Fei 11.00–17.00, Do 18.00–21.00 Uhr geöffnet, www.motorrad-technik-museum.de). Wir stoßen jetzt auf die K 26. Dieser folgen wir ca. 130 Meter in südwestlicher Richtung. Ein Wirtschaftsweg geht nach rechts ab – diesem folgen wir 2,3 Kilometer in nordwestlicher Richtung. Als Nächstes wird die B 450 überquert. Wir befinden uns in der Nähe des Orts Biedesheim. Wir gehen noch ein Stück geradeaus weiter; am Ortsrand treffen wir auf die Monsheimer Straße. Hier biegen wir nach rechts, also in nordöstlicher Richtung, ab. Es folgt eine längere Gerade durch baumlose Landschaft. Nach knapp 2,5 Kilometern verzweigt sich der Weg an einer **3 Wind-**

kraftanlage. Jetzt geht es ein Stück (400 m) in nördlicher Richtung. Der Weg biegt dann wieder nach Nordosten ab. Noch einmal geht es 1,5 km geradeaus. Im Norden sind die Weinanbaugebiete des Zellertals zu erkennen.

ZURÜCK ZUM WEINTOR NORD An einer Wegspinne biegen wir nach Süden ab. Es geht bergab in Richtung des Weinbauorts Kindenheim. Diesen erreichen wir auf der Andingstraße. Wir folgen dieser Straße über die Hauptstraße hinweg bis zum Kinderbach. Weiter geht es auf der Gässelstraße bis zur Raiffeisenstraße. Wer noch einmal den Ausblick vom Patricia-Wingert genießen will, geht nach rechts und dann gleich wieder nach links. Wer direkt zum Endpunkt der Tour gehen will, biegt nach links ab. Der Raiffeisenstraße folgen wir nach Osten aus dem Ort hinaus. Am Ortsende halten wir uns rechts. Jetzt können wir den direkten Weg durch die Weinberge hinunter zum **E Haus der Deutschen Weinstraße** gehen.

INFO

TOURENCHARAKTER
Abwechslungsreiche Rundwanderung durch Weinbaugebiete und Ackerland.
Gute Fernsicht

AUSGANGS-/ENDPUNKT
Haus der Deutschen Weinstraße, Bockenheim (159 m)

GPS
49.608888, 8.181388

ANFAHRT
Auto: Auf der A 6 bis Grünstadt; dann auf der B 271 bis Bockenheim. Parkplätze am Haus der Deutschen Weinstraße
Bus & Bahn: Mit der Regionalbahn über Grünstadt nach Bockenheim-Kindenheim

GEHZEITEN
Bockenheim–Museum 1.15 Std.–Biedesheim 0.40 Std.–Kahlenberg 0.35 Std.–Bockenheim 1.15 Std.

EINKEHR
Bockenheim

KARTE
Naturpark Pfälzerwald /Grünstadt und Stumpfwald mit Leiningerland, 1:25 000

Mittel | 15,4 km | 362 Hm | 3.45 Std.

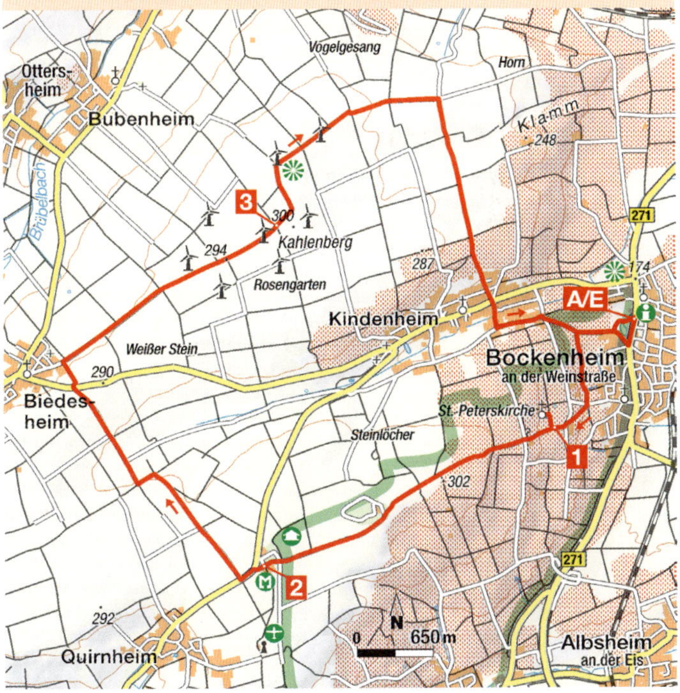

INFORMATION
Tourist Information Leiningerland, Haus der Deutschen Weinstraße, Weinstraße 91b, 67278 Bockenheim, www.bockenheim.de

Rheintalwanderung bei Grünstadt

Feldkreuz mit QR-Code

Der zur Pfalz gehörende Teil der Oberrheinischen Tiefebene ist nicht nur ein bedeutendes Weinanbaugebiet – es ist auch eine der größten landwirtschaftlich genutzten Flächen entlang des Rheins. Diese Flächen werden von langen Geraden durchzogen. Auf diesen gehen wir durch eine bezaubernde Kulturlandschaft. Von welcher Wanderung lässt sich schon behaupten, dass sie eine fünf Kilometer lange Gerade beinhaltet? Auch wenn es eine interessante Tour ist – Schatten wird man auf dieser Wanderung keinen finden.

12

Die Martinskirche überragt mit dem 60 Meter hohen Turm das Zentrum von Grünstadt.

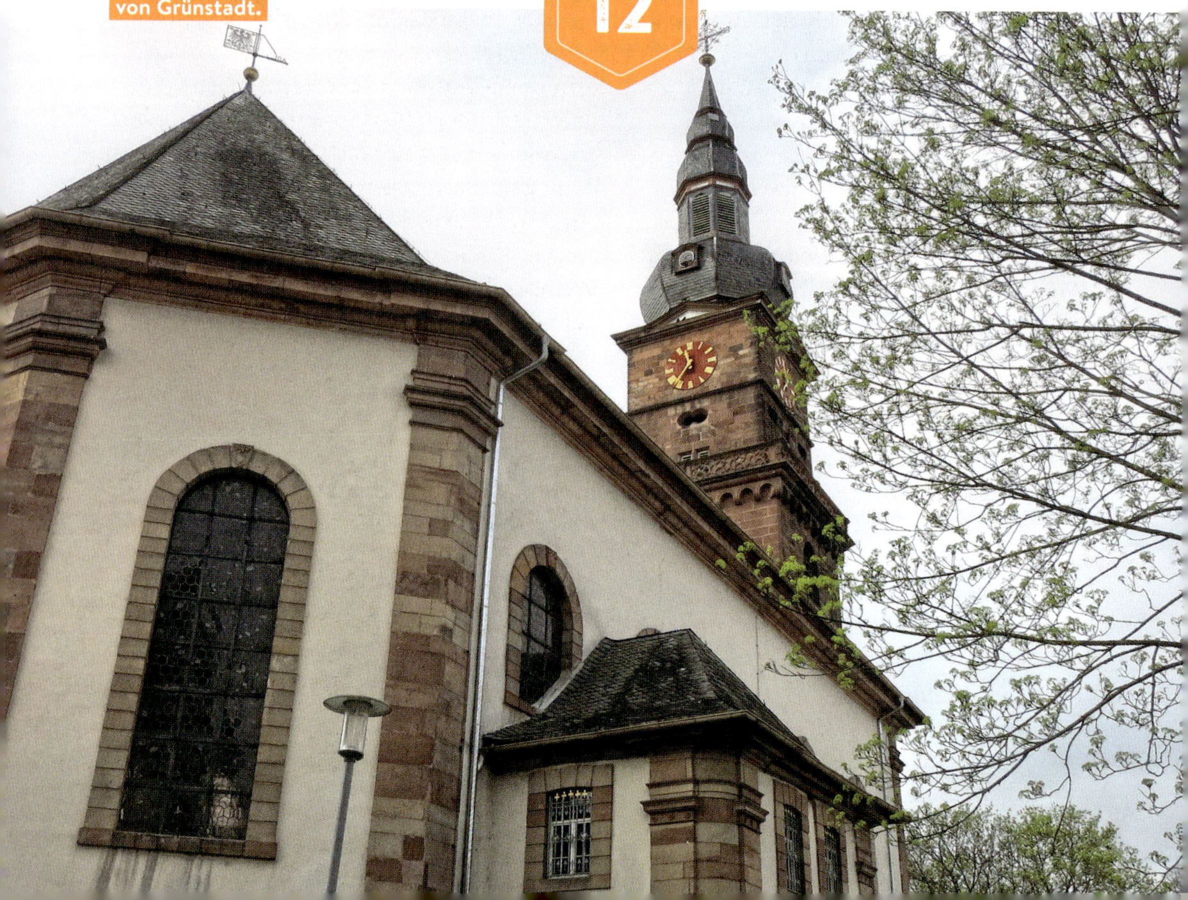

ZWISCHENETAPPE BEI L 455 Grünstadt liegt nördlich von Bad Dürkheim. Mit dieser Stadt ist sie über die sogenannte Pfälzische Nordbahn verbunden. Mit dieser Strecke werden die bedeutenden Pfälzer Weinbaugemeinden Deidesheim, Wachenheim und Freinsheim an das Schienennetz angebunden. Von Grünstadt führt eine Stichbahn durch den nördlichen Pfälzerwald nach Ramsen und Eiswoog.
Der **A Bahnhof in Grünstadt** ist dann auch der Ausgangspunkt unserer Wanderung. Vom Bahnhofsvorplatz gehen wir Richtung Norden. Der Friedrich-Ebert-Straße folgen wir parallel zu den Bahngleisen. Am Ende dieser Straße queren wir die Bahntrasse nach rechts. Jetzt gehen wir auf der Schlachthofstraße aus dem Ort hinaus. Bald erreichen wir die B 271; diese wird auf einer Brücke überquert. Es folgt die erste lange Gerade. Diese misst 1,5 Kilometer. Mit kaum fühlbaren Höhenunterschieden führt uns diese durch landwirtschaftliches Gebiet. Eine Richtungsänderung erfolgt an der K 29. Hier biegen wir nach links ab. Wir folgen der Straße auf 100 Metern Länge in nördliche Richtung. Die Straße wird überquert. Wieder folgt eine lange Gerade – dieses Mal gleich über eine Strecke von drei Kilometern. Der Ackerbau wechselt auf dieser Teiletappe mit Weinbauflächen ab. Wir treffen jetzt auf die L 455, unserem ersten Etappenziel.

WEINHÄUSCHEN AM SCHIRMBERG Wir überqueren die Straße und gehen dieses Mal 100 Meter nach rechts. Wieder folgt ein längerer Streckenabschnitt nach Osten – dieses Mal über 1,3 Kilometer. Eine weitere Wegspinne wird erreicht; jetzt geht es nach rechts, also nach Süden. Nach wenigen Metern erkennen wir unser nächstes Zwischenziel, ein einsam in der Landschaft stehendes **1 Feldkreuz**. Das Kreuz aus Buntsandstein ist auch unter dem Namen »Rotes Feldkreuz« bekannt. Das

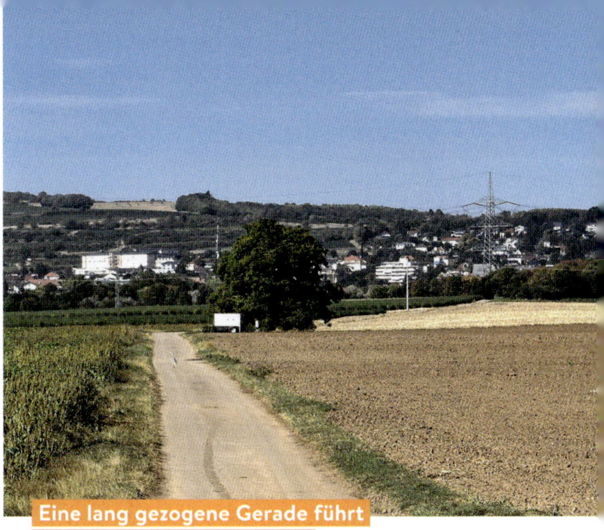

Eine lang gezogene Gerade führt uns zurück nach Grünstadt.

Kreuz wird von zwei Zypressen flankiert; hier finden wir zum ersten Mal auf dieser Tour eine Sitzgelegenheit zur Rast. Schatten bieten diese beiden Bäume allerdings nicht. An den Steinen der Umgrenzung des Kreuzes sind QR-Codes angebracht; auf einer Informationstafel wird erläutert, dass sich hinter jedem Code ein Lied oder Gebet anhören lässt. Nach der gebotenen Rast machen wir uns auf das letzte Teilstück des Hinwegs. Es geht jetzt über den Schirmberg; der Anstieg beträgt jedoch nur wenige Meter. Vom Feldkreuz gehen wir also zuerst in nordöstlicher Richtung, um dann ganz nach Osten abzubiegen. Es folgt eine Strecke ausschließlich durch Weinberge – nach 1,5 Kilometern erreichen wir das Weinberghäuschen bei Heuchelheim. Leider befindet es sich in einem traurigen Zustand – der originäre Zweck des Schutzes der Weinbauern ist aber noch zu erkennen.

AM RAND DES STAHLBERGS Wenige Meter weiter dreht dann der Weg. Es geht jetzt nach Norden – nach 600 Metern folgt ein letztes kurzes Teilstück über 250 Meter nach Osten. Danach folgt eine weitere Teilstrecke in nördlicher Richtung; an deren Ende stoßen wir auf das zweite Weinberghäuschen. Entlang eines Weinbergs führt uns der Weg ca. 700 Meter nach Westen. Jetzt folgt der letzte

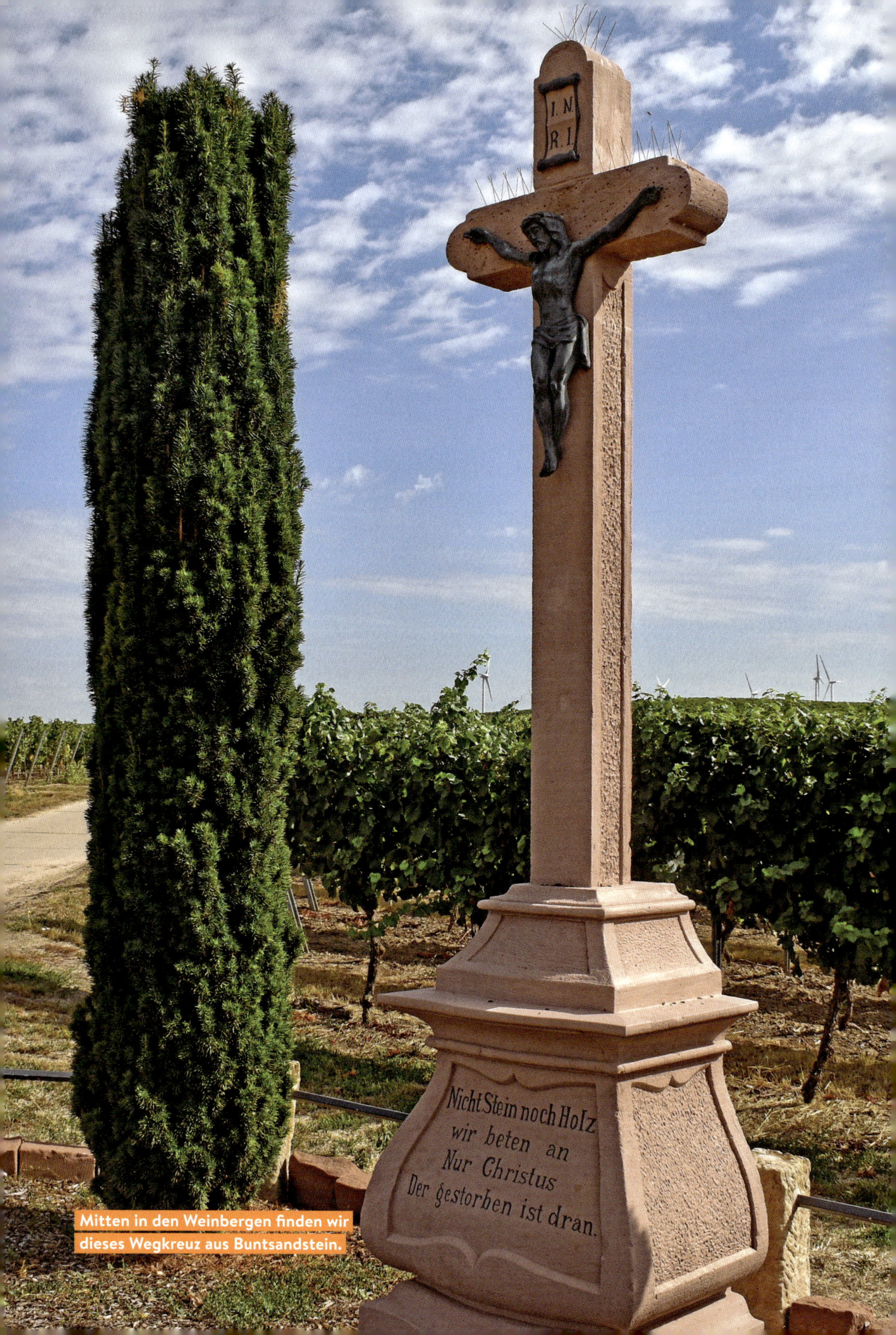

Mitten in den Weinbergen finden wir dieses Wegkreuz aus Buntsandstein.

Teilabschnitt in nördlicher Richtung. Beim Stahlberg schließlich erreichen wir unseren Umkehrpunkt. Ab jetzt geht es ausschließlich in westlicher Richtung. Es folgt eine lange Gerade über nicht weniger als fünf Kilometer Länge. Zuerst in Sichtweite der Windräder auf dem Stahlberg; dann durch abwechslungsreiche Ackerflächen und Weinberge. Wie auf dem Hinweg wird die L455 überschritten. Etwa 500 Meter vor Erreichen der **2 K29** biegen wir nach Süden ab. Nach weiteren 400 Metern schwenkt unser Weg wieder nach Westen. Es folgt die letzte lange Gerade durch landwirtschaftliches Gelände. Dann ist schließlich die B271 erreicht. Diese wird parallel zur Bahntrasse unterquert; anschließend wechseln wir gleich auf die andere Seite der Bahngleise. Auf einem Feldweg geht es an der Bahnstrecke entlang. Wir erreichen bebautes Gelände und überqueren eine weitere Bahntrasse. Diese führt von Eiswoog über Ramsen nach Grünstadt. Auf dem Albisheimer Weg folgen wir dieser Bahntrasse. Schließlich wird die Schlachthofstraße erreicht; auf der bekannten Friedrich-Ebert-Straße erreichen wir wieder den **E Bahnhof von Grünstadt**.

INFO

Schwer | **21,6 km** | **116 Hm** | **5.05 Std.**

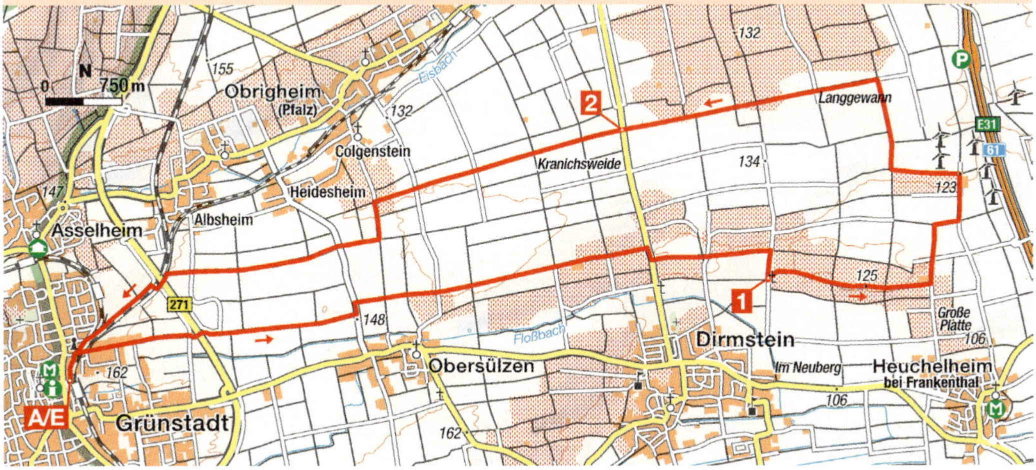

TOURENCHARAKTER
Lange Wanderrunde ohne Wegmarkierungen für erfahrene Wanderer

AUSGANGS-/ENDPUNKT
Grünstadt, Bahnhof (168 m)

GPS
49.564722, 8.166944

ANFAHRT
Auto: Auf der A6 bis Grünstadt; kostenfreie Parkplätze auf der gegenüberliegenden Seite des Bahnhofs (Beschilderung Park & Ride folgen)
Bus & Bahn: Mit der Regionalbahn von Bad Dürkheim nach Grünstadt

GEHZEITEN
Grünstadt–L455 (Süd) 1:30 Std.–L455 (Nord) 2.00 Std.–Grünstadt 1.35 Std.

EINKEHR
Grünstadt

KARTE
Topographische Karte Grünstadt-Ost (Blatt 6415), 1:25 000

INFORMATION
Touristinformation Grünstadt, Hauptstraße 84, 67269 Grünstadt, www.gruenstadt.de

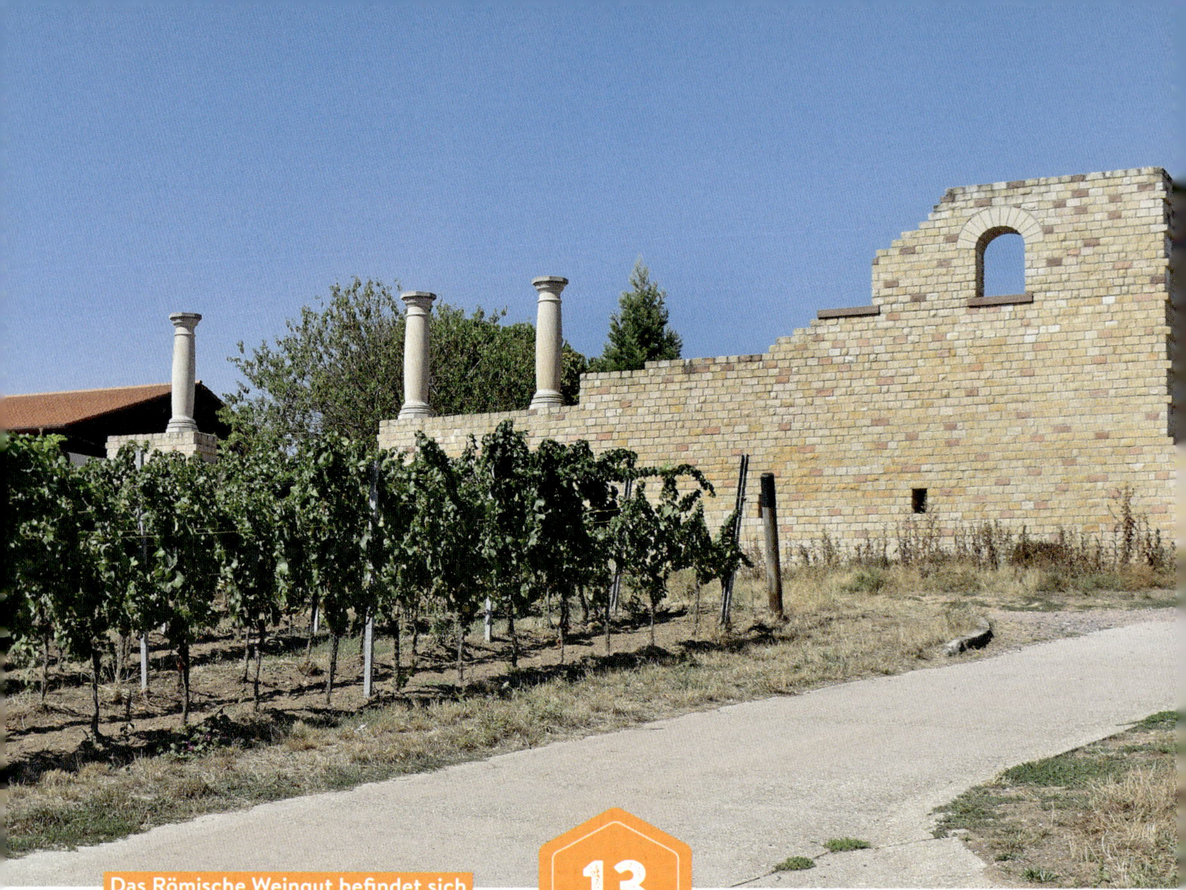

Das Römische Weingut befindet sich am Ortseingang von Kallstadt.

13

Weinrebentour bei Kallstadt

Lachendes Gesicht am Oschelskopf

Die Gegend um Kallstadt und Freinsheim ist eine der wichtigsten Weinbauregionen in der Pfalz. Grund genug, um dort eine abwechslungsreiche Wanderung durch die Weinberge zu machen. Dass den Römern der Weinbau zu verdanken ist, sehen wir an der römischen Kelter auf dem ersten Teil der Wanderung. Einige gute Aussichtspunkte lassen unseren Blick über das schier endlose Rebenmeer schweifen. Die Tour bringt es mit sich, dass wir nur selten Schatten finden werden.

ZUM RÖMISCHEN WEINGUT Vom **A Parkplatz Felsenberg-Berntal** gehen wir auf dem ausgeschilderten Weg die wenigen Meter ins Zentrum von Leistadt. Auf der Hauptstraße, zugleich die L 517, gelangen wir schnell zum schmucken Alten Rathaus der Gemeinde. Weiter auf der Hauptstraße geht es an zahlreichen Weingütern vorbei; am Ortsausgang erreichen wir einen Kreisverkehr. Hier halten wir uns rechts und überqueren dann die dortige L 518. Auf einem Wirtschaftsweg geht es jetzt oberhalb der L 517 entlang. Diese Straße führt hinunter nach Bad Dürkheim. Auf diesem Wegabschnitt ergeben sich gute Fernblicke über das Rheintal, nach Kallstadt und Richtung Freinsheim. Wir gehen hinunter bis zur Straßenkreuzung und überqueren dort die L 517. Ein kurzes Stück geht es noch parallel zu dieser Straße weiter. Nach weiteren knapp 50 Metern finden wir dann einen Weg durch die Weinberge nach Osten. Auf diesem Weg gelangen wir zur ehemaligen römischen Kelter. Die Kelter gehört zum römischen **1 Weingut am Weilberg**. An diesem sonnigen Südhang wurden vor 2000 Jahren die Trauben durch Zertreten zum Keltern vorbereitet. Wir gehen ein Stück weiter nach Osten und über einen kurzen Anstieg hinauf zum Hauptgebäude des Weinguts. Es handelt sich dabei um teilweise rekonstruierte Gebäude des auch für römische Zeiten großen Landguts. Das Anwesen wurde Mitte des 4. Jahrhunderts n. Chr. im Zuge der Germaneneinfälle aufgegeben.

DAS ROMANISCHE GOTTESHAUS Am Rand der Weinberge und parallel zur B 271

Bei Leistadt haben wir einen besonders schönen Blick auf die Rheinebene.

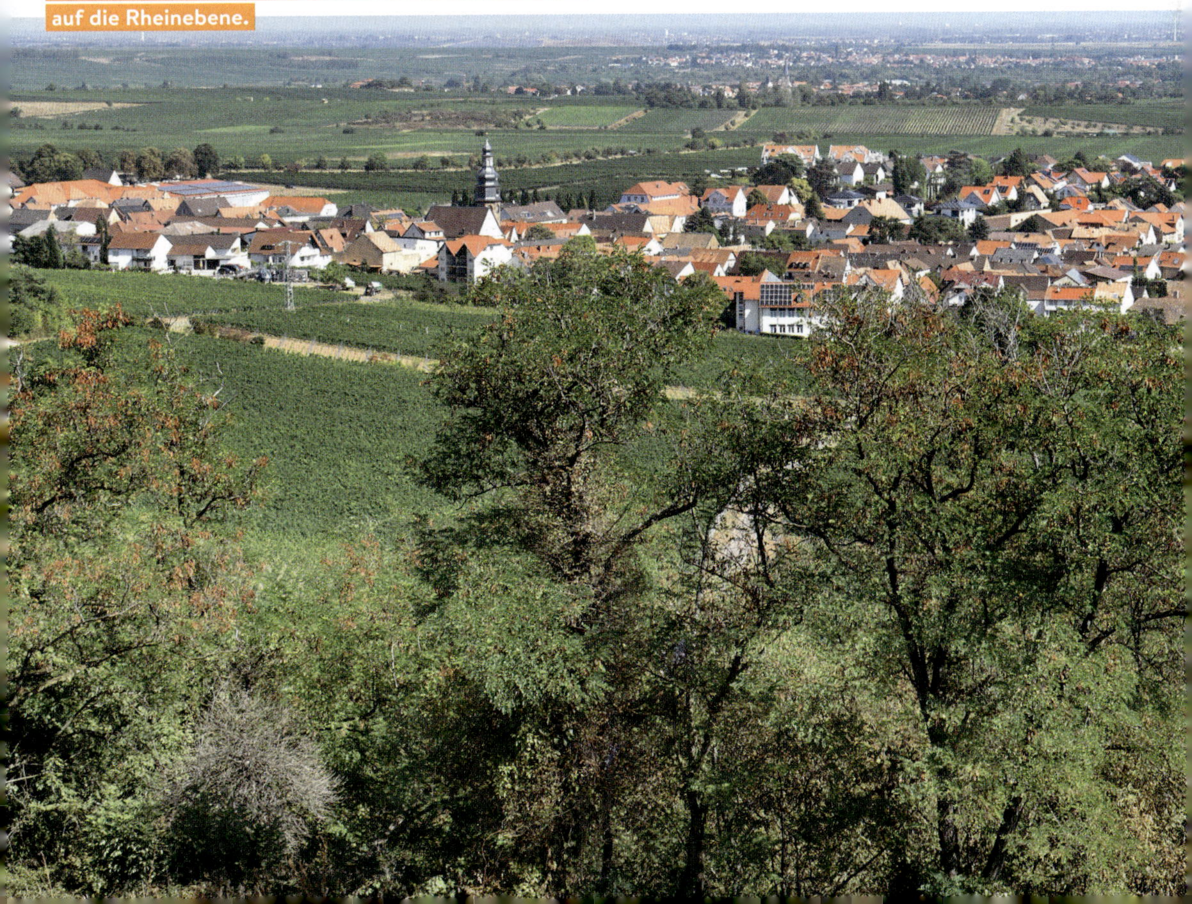

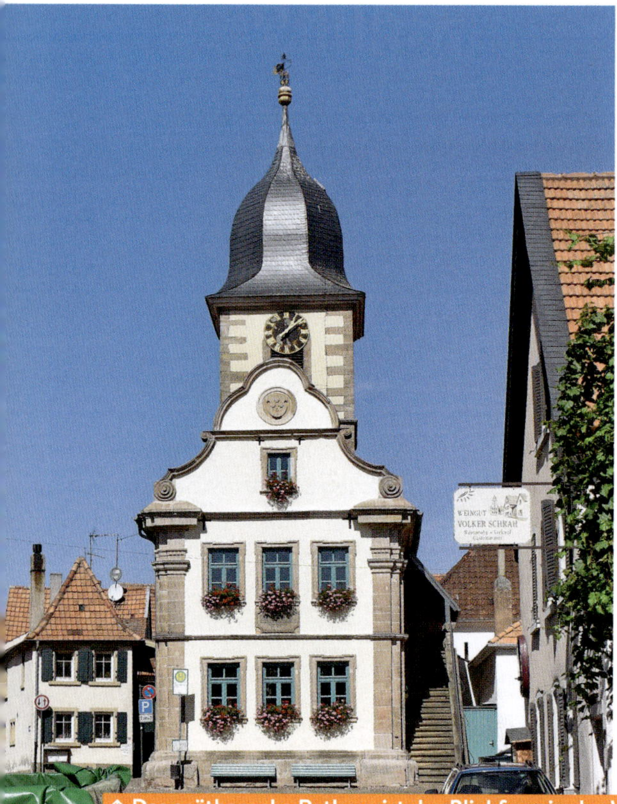

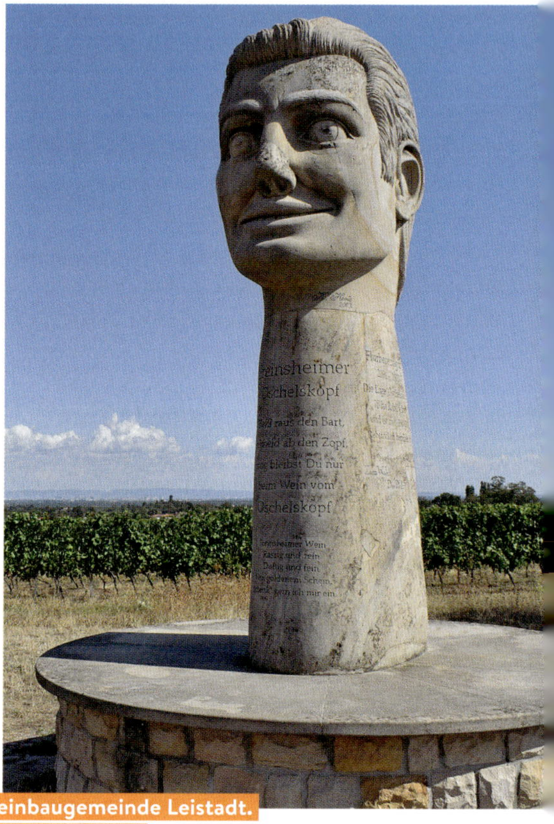

↑ Das spätbarocke Rathaus ist der Blickfang in der Weinbaugemeinde Leistadt.
↗ Über die Weinlage Oschelskopf geht es wieder Richtung Leistadt.

geht es weiter nach Norden. Bald erreichen wir den Ortseingang von Kallstadt. Hier gehen wir allerdings nur bis zum Beginn der Bebauung; dort wechseln wir die Straßenseite und wandern ein kurzes Stück in südlicher Richtung zurück. Ein langer Weg führt uns jetzt durch die Weinberge nach Osten; die L 455 wird überquert; ein noch längeres Teilstück folgt, immer noch geht es durch die Weinberge. Schließlich erreichen wir den kleinen Ort Erpolzheim. Am dortigen Bahnhof biegen wir nach links in die Bahnhofstraße ein. Nachfolgend geht es nach Norden. Allerdings biegt unser Weg schon bald nach Osten ab; an der nächsten Weggabelung zeigt der Weg dann wieder nach Norden. Auch jetzt sind wir ausschließlich in den Weinbergen unterwegs. Nach einem kurzen Anstieg ist der Friedhof des Orts Freinsheim erreicht. Dort befindet sich der 16 Meter hohe quadratische **2 Friedhofsturm**; er war Teil des Gotteshauses Unserer Lieben Frau. Dies wurde Mitte des 13. Jahrhunderts errichtet und 1689 zerstört. Vom Friedhof genießen wir die gute Sicht auf die Rebenlandschaft rund um Freinsheim.

ZUM OSCHELSKOPF Wir gehen die Friedhofsstraße hinunter bis zur Bahntrasse. Nach Überqueren derselben biegen wir nach links ab und folgen den Gleisen. Diese beschreiben einen Halbkreis bis zum Bahnhof des Orts. Dort unterqueren wir die Bahntrasse und gehen auf der Bahnhofstraße aus dem Ort hinaus. Kurz vor Ende der Bebauung erreichen wir den Hahnenweg. Diesem folgen wir einen knappen Kilometer in westlicher Richtung. An einem Wegdreieck biegen wir nach Norden ab; bald schon erreichen wir den **3 Oschelskopf**. Der Name bezeichnet eine Freinsheimer Weinlage und an seiner höchsten Stelle steht eine Skulptur des Bildhauers Kurt Hertz. Neben einem Männerkopf mit lachendem Gesicht sind auf der Skulptur Weinsprüche sowie Anmerkungen zur Flurbereinigung um die Jahrtausendwende zu lesen.

ZURÜCK NACH LEISTADT Unser Weg führt uns jetzt nach Westen. Nach knapp 350 Metern geht nach rechts ein Weg ab. Diesem folgend biegen wir bei der ersten Gelegenheit nach links ab – auf diesem Weg erreichen wir die L 271. Die Straße wird überquert; unser Weg führt jetzt am nördlichen Rand eines Naturschutzgebiets entlang. Die Laufrichtung ist nach Westen. Nach einem halben Kilometer dreht der Weg dann nach Norden. Anschließend führt er südlich der Weinberge und nördlich des Naturschutzgebiets Felsenberg-Berntal entlang. Noch einmal erfolgt ein Knick nach Norden. Nach etwas mehr als 250 Metern erreichen wir einen Wirtschaftsweg – dieser führt uns jetzt nach Westen. Bald ist dann die L 517 erreicht. Ein letztes Mal geht es auf einer Geraden über 300 Meter nach Westen. Dann ist die letzte Abzweigung erreicht. Der Weg fällt jetzt hinunter nach Leistadt ab. Wir erreichen wieder die L 517. Von dort sind es nur noch wenige Meter bis zum **E Parkplatz Felsenberg-Berntal**, unserem Ausgangspunkt.

INFO

TOURENCHARAKTER
Rundwanderung auf der Haardtstufe, dem Übergang vom Rheintal zum Pfälzerwald

AUSGANGS-/ENDPUNKT
Leistadt, Parkplatz Felsenberg-Berntal (214 m)

GPS
49.496111, 8.15666

ANFAHRT
Auto: Auf der A 6 bis Grünstadt, dann auf der B 271 und der B 517 bis Leistadt.
Der Parkplatz Felsenberg-Berntal befindet sich am nördlichen Ortsausgang.
Bus & Bahn: Mit dem Bus von Bad Dürkheim nach Leistadt

GEHZEITEN
Leistadt–Kallstadt 1.00 Std.–Freinsheim 1.15 Std.–Leistadt 1.20 Std.

Mittel | 14,1 km | 320 Hm | 3.35 Std.

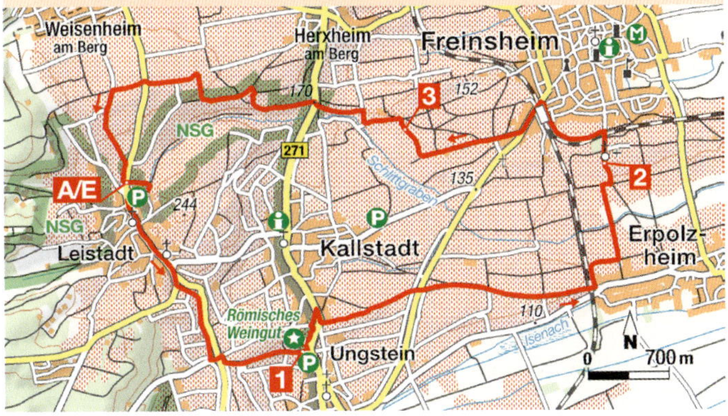

EINKEHR
Leistadt, Kallstadt, Freinsheim

KARTE
NaturNavi Pfälzerwald 4 (Blatt 43-548), 1:25 000, für den östlichen Teil zusätzlich Bad Dürkheim-Ost (6515)

INFORMATION
i-Punkt Kallstadt, Weinstraße 111, 67169 Kallstadt, www.kallstadt-touristik.de

Über das Kaisergärtchen zum Lambertskreuz

Südlich von Kehrdichannichts

Diese Waldwanderung führt uns auf naturbelassenen Wanderwegen zuerst zum Weißen Stein. Über den Hammelsbrunnen geht es dann eine längere Strecke bergauf; das Kaisergärtchen und das Lambertskreuz werden erreicht. Dann geht es nur noch bergab; am Rande eines Freizeitparks entlang erreichen wir über den Weißen Stein wieder den Ausgangspunkt. Speis und Trank bieten unterwegs eine Pfälzerwaldhütte sowie ein Naturfreundehaus.

14

Mit dem Hammelsbrunnen ist das erste Etappenziel dieser Wanderung erreicht.

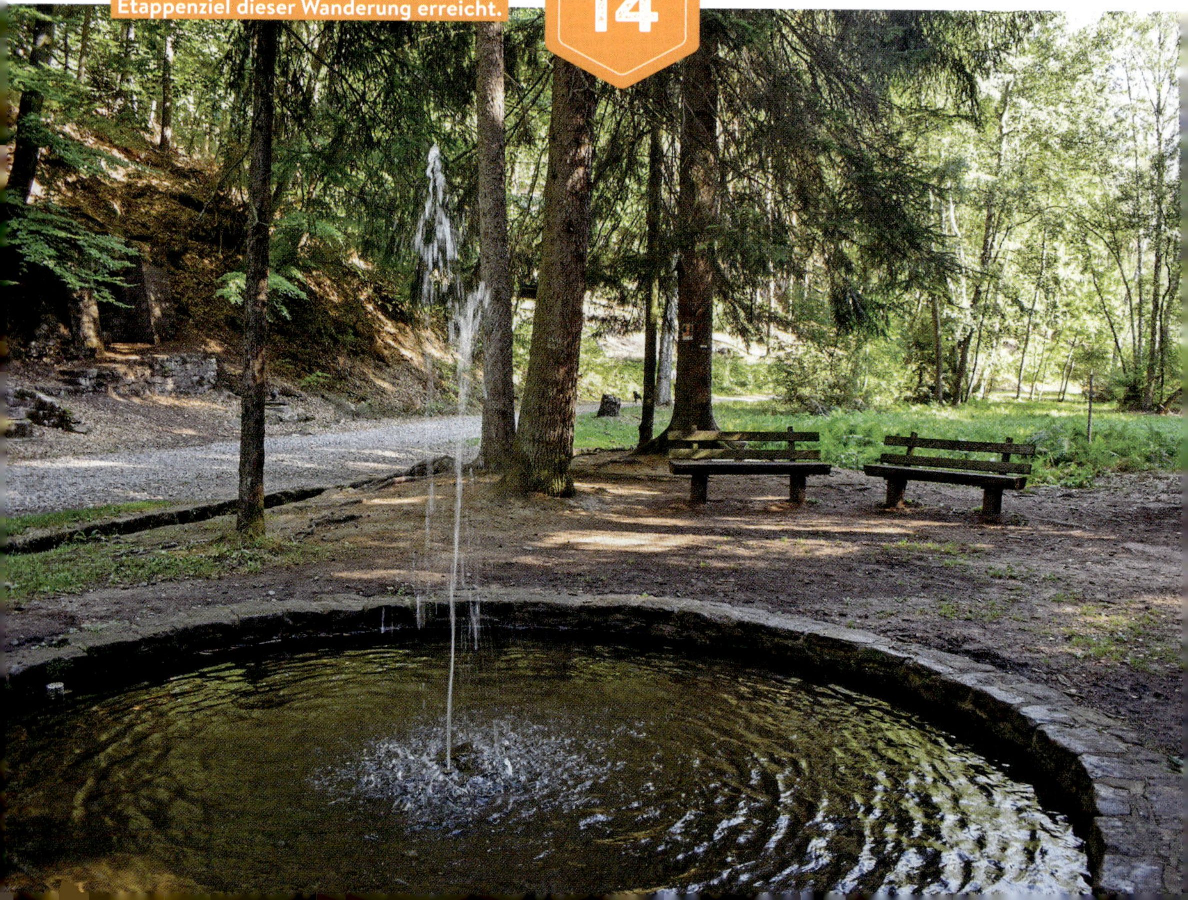

WEISSER STEIN UND HAMMELSBRUNNEN Zwischen den Parkplätzen und dem **A Oppauer Haus Naturfreundehaus** nehmen wir unseren Weg auf. Dieser ist mit dem Buchstaben »N« für Naturfreunde markiert. Durch dichten Waldbestand geht es steil bergauf. Der Naturweg zeigt sich mit Baumwurzeln und kleinen Sandsteinen, am Wegrand finden wir Heidekraut. Unser erstes Etappenziel ist der Weiße Stein (352 m). Verschiedene Wanderwege laufen hier zusammen. Ein weiß gestrichener Buntsandstein gab dem Orientierungspunkt den Namen. Der Ort ist zugleich Rettungspunkt mit der Nummer 6514-704. Wir folgen weiter dem Zeichen der Naturfreunde Richtung Westen (zugleich markiert mit den weißblauen Balken). Wir achten darauf, dass unser weiterer Weg bald nach rechts von dem breiten Forstweg abgeht.
Der nun schmale Weg führt steil hinunter zum **1 Hammelsbrunnen** (243 m). Hier befindet sich ein mit Sandsteinen eingefasster runder Springbrunnen. Bereits im Jahr 1905 erbaut, wurde im Jahr 2014 eine Wasserstrahlpumpe eingebaut. Mit dieser wird die Fontäne angetrieben. Einige Meter vom Brunnen entfernt, entdecken wir eine Gedenktafel für den Ingenieur Philipp Krämer; dieser war Pionier der örtlichen Trinkwasserversorgung. In den Jahren 1889 bis 1892 ließ er eine sieben Kilometer lange Tonrohrleitung aus dem Hammelstal nach Bad Dürkheim verlegen. Der Hammelsbrunnen ist auch als Rettungspunkt 6514-655 ausgewiesen.

ZUM LAMBERTSKREUZ Unser Weg führt uns jetzt in südwestlicher Richtung. Wegmarkierung ist der grün-weiße Balken. Durch das Hammelstal steigt der Weg nur wenig an. An der Becherbrücke befinden wir uns in 298 Metern Höhe (Rettungspunkt 6514-696). Einen stärkeren Anstieg zeichnet

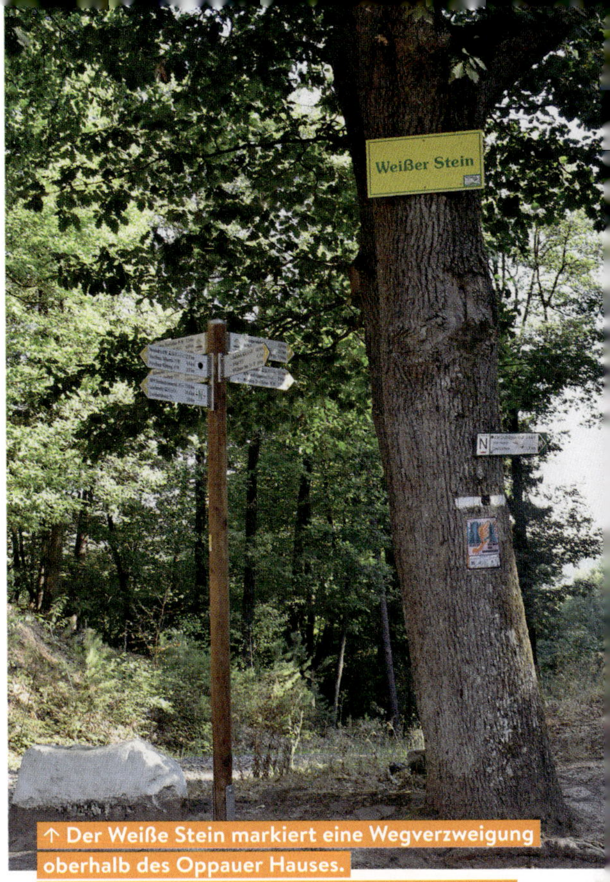

↑ Der Weiße Stein markiert eine Wegverzweigung oberhalb des Oppauer Hauses.
↓ Das Lambertskreuz ist Namensgeber der dort befindlichen Pfälzerwaldhütte.

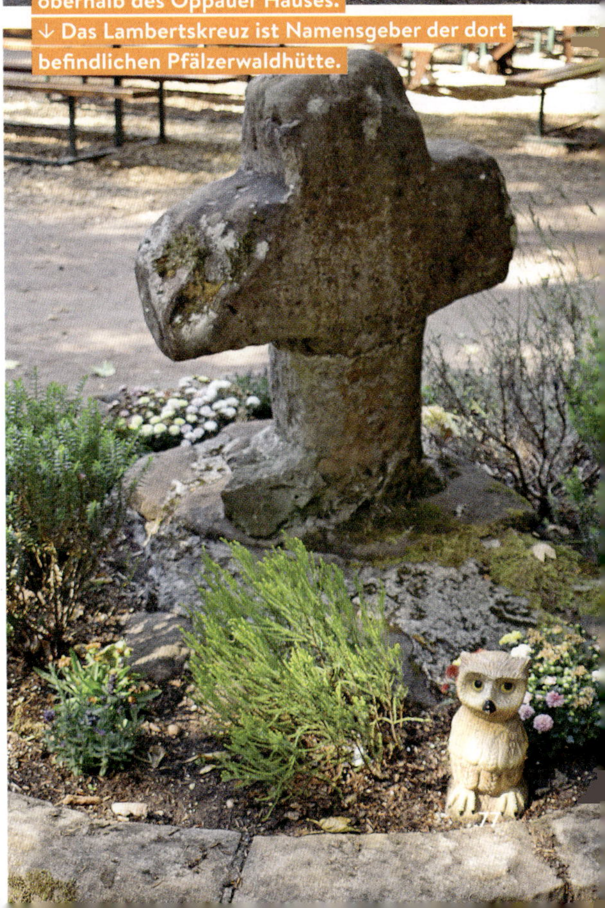

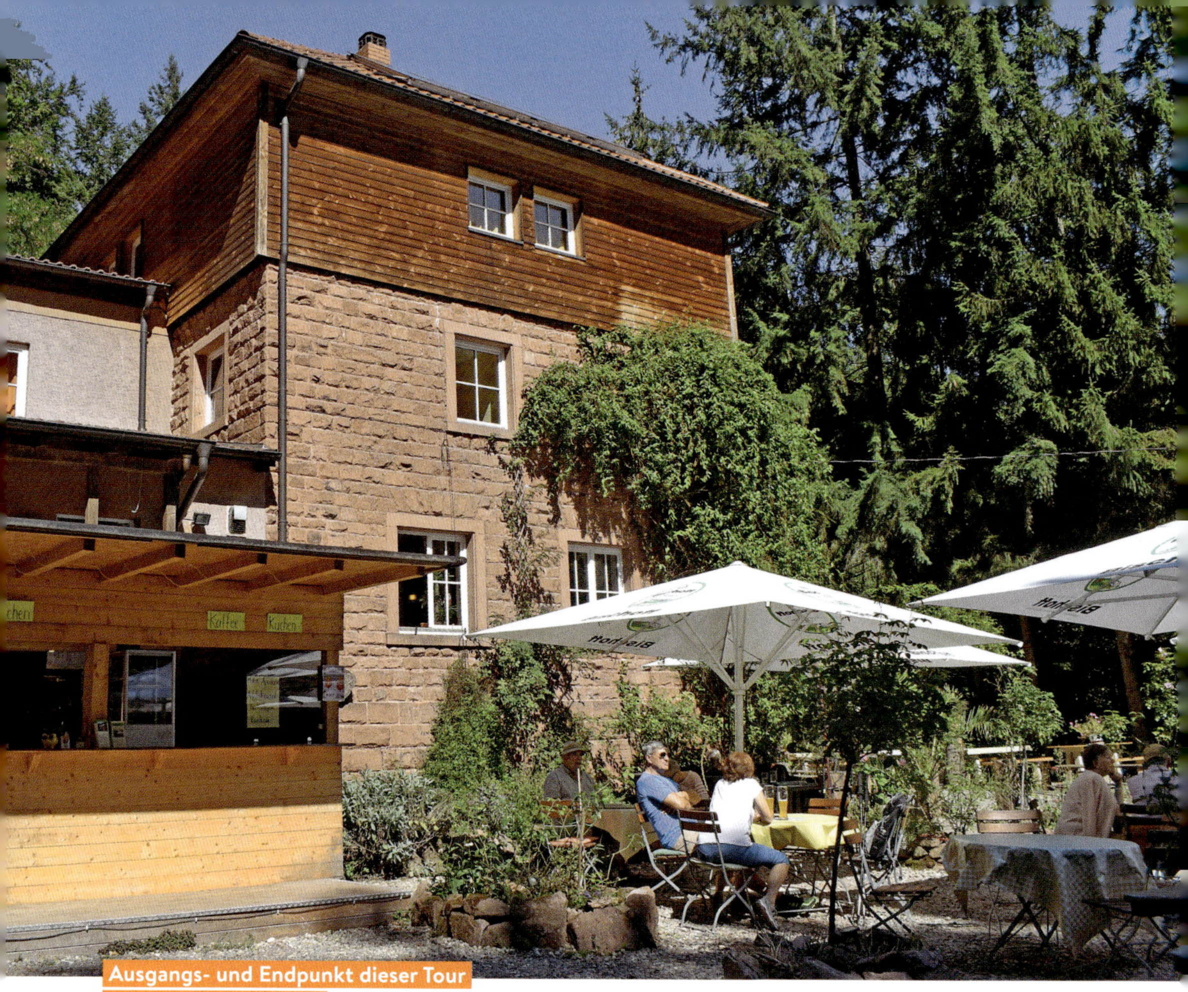

Ausgangs- und Endpunkt dieser Tour ist das Oppauer Haus.

die nächste Wanderetappe aus. Aus dem Hammelstal geht es hinauf zum **2 Kaisergärtchen**. Dort verzweigt sich der Weg. Nach Norden geht es zum Forsthaus Kehrdichannichts. Das Forsthaus war früher ein Jagdschloss. Der etwas seltsame Name wurde schon Mitte des 17. Jahrhunderts verwendet. Ähnliche Namen haben die ebenfalls nicht weit entfernten ehemaligen Jagdschlösschen Schaudichnichtum sowie Murrmirnichtviel. Unser Weg führt uns aber nach Südwesten. Nicht mehr weit ist es zum Umkehrpunkt dieser Wanderung, dem Lambertskreuz.

OBERHALB DES KURPFALZPARKS Das Lambertskreuz ist eines der ältesten Steinkreuze in der Pfalz. Urkundlich wird es erstmals im Jahr 1280 erwähnt. Es trägt den Namen des heiligen Lambertus; dieser wirkte um das Jahr 700 als Bischof von Maastricht. Das Waldhaus Lambertskreuz ist Mi–So von 11.00–18.00 Uhr geöffnet. Es verfügt über einen großen Schankraum, Nebenzimmer, einen großen Biergarten sowie einen Kinderspielplatz (www.lambertskreuz.eu). Beim Waldhaus finden wir unsere nächste Wegmarkierung, den gelben Balken. Dieser führt uns jetzt in nordöstlicher Richtung. Der Weg fällt jetzt dauerhaft ab; wir befinden uns am Nordrand des Kurpfalzparks. (Es gibt von unserem Wanderweg allerdings keinen direkten Zugang zum Park).

Die Ausflugsstätte wurde ursprünglich als Wildpark gegründet; später kamen Freizeiteinrichtungen dazu. Er ist von Anfang April bis Anfang November geöffnet. Der Park wirbt mit Spaß und Aktion, wie Sommerrodelbahn, Tretbooten, Kletteranlage. Daneben gibt es Greifvogelschauen, Rotwildgehege, Forellenteiche und ein Wolfsrevier (www.kurpfalz-park.de). Unser Weg führt in Kurven oberhalb der Parkgrenze entlang; er endet an einer Wegverzweigung am nordöstlichen Ende des Parks (Rettungspunkt 6514-700). An diesem Punkt ändern sich für uns Wegrichtung und -markierung.

ZURÜCK INS PFERCHTAL Wir gehen jetzt nach Norden; unsere Markierung ist der weiße Balken mit dem schwarzen Punkt. Etwa höhengleich wandern wir entlang des Plankenbergs zum schon bekannten Weißen Stein. Von dort gehen wir auf dem ebenfalls bekannten Weg hinunter ins Pferchtal und zum **E Oppauer Haus**. Es ist täglich 11.00–18.00 Uhr geöffnet, Donnerstag ist Ruhetag. Im Naturfreundehaus kann auch übernachtet werden. 29 Betten werden insgesamt angeboten. Im Sommer steht ein großer Biergarten den müden Wandersleuten zur Verfügung.

INFO

TOURENCHARAKTER

Mittelschwere Rundwanderung fast ausschließlich auf Forst- und Waldwegen

AUSGANGS-/ENDPUNKT

Oppauer Haus, Wachenheim (287 m)

GPS

49.428333, 8.118888

ANFAHRT

Auto:
Von Bad Dürkheim oder Neustadt/Weinstraße auf der B 271 bis Wachenheim. Dort weiter auf der K 16 Richtung Kurpfalzpark. Abzweigung zum Oppauer Haus beachten

Bus & Bahn:
Keine Anbindung

GEHZEITEN

Oppauer Haus–Hammelsbrunnen 0.45 Std.–Kaisergärtchen 0.55 Std.–Lambertskreuzhütte 0.30 Std.–Oppauer Haus 1.55 Std.

EINKEHR

Oppauer Haus, Waldhaus Lambertskreuz

Mittel	13,9 km	648 Hm	4.05 Std.

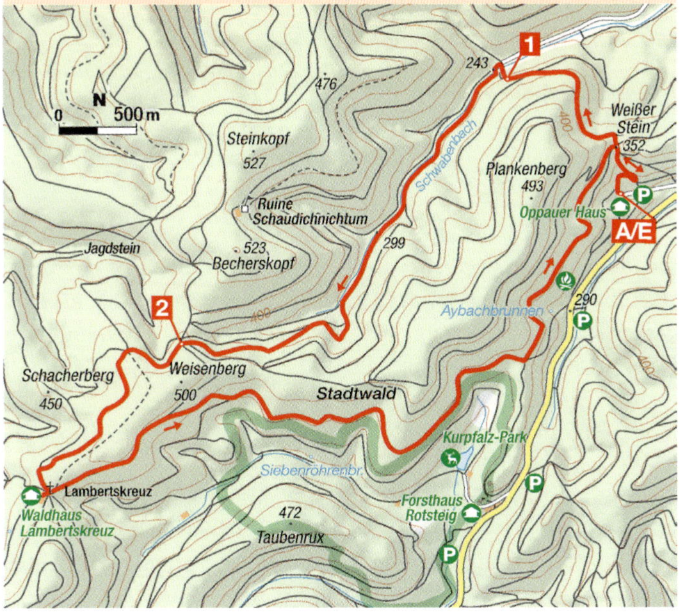

KARTE

NaturNavi Pfälzerwald 4 (Blatt 43-548), 1:25 000

INFORMATION

Tourist-Information Wachenheim, Weinstraße 15, 67157 Wachenheim, www.wachenheim.de

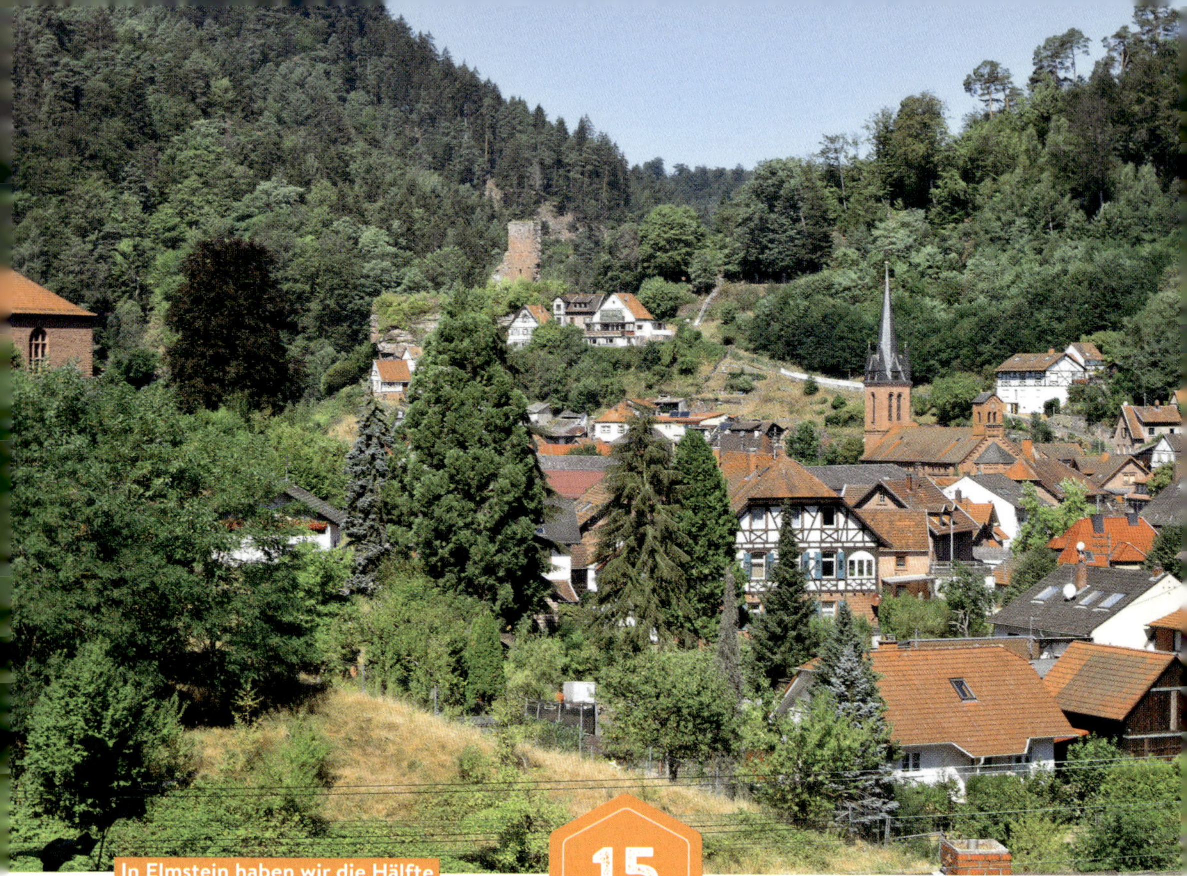

In Elmstein haben wir die Hälfte der Wanderung hinter uns gebracht.

15

Von der Wolfsschlucht-hütte zum Harzofen

Rast bei Treffnix

Eine Museumsbahn fährt durch das liebliche Tal des Speyerbachs. Eine Station liegt in Breitenbach. Von dort führt unser Weg zur Wolfsschluchthütte und danach zum Naturfreundehaus Harzofen. Von Elmstein wiederum gelangen wir auf einer langen Schleife zum Helmbach und zum Speyerbach. Zurück in Breitensein lädt im dortigen Forsthaus eine Waldgaststätte zur Einkehr ein.

NACH SCHWABENBACH Wer es ganz romantisch haben möchte, reist mit dem Kuckuckbähnel an. Dieser Zug, fünf historische Waggons von einer Dampflokomotive gezogen, fährt von Neustadt an der Weinstraße über Lambrecht nach Elmstein. Genaue Fahrpläne mit Fahrpreisen finden sich unter www.eisenbahnmuseum-neustadt.de.

Die beiden **A Wanderparkplätze** und der Bahnhalt des Museumszugs liegen nah beieinander. Wir überqueren sowohl die Gleise als auch die L 499. Am dortigen Wanderparkplatz führt unser Weg zunächst auf der rechten Seite des Breitenbachs bergaufwärts. (Auf der linken Seite des Bachs geht ein steiler Weg hinauf zur Burgruine Breitenstein. Die Burg wurde Mitte des 13. Jahrhunderts erbaut. Außer der Schildmauer und einigen Mauerresten ist nicht mehr viel zu erkennen. Wer diesen Abstecher macht, muss auf demselben Weg wieder hinunter ins Tal zum Ausgangspunkt der eigentlichen Wanderung). Dort ist unsere Wegmarkierung der grün-weiße Balken. Auf einer kleinen Brücke wechseln wir bald auf die linke Seite (in Laufrichtung) des Bachs. Es lässt sich zwar auch auf der rechten Seite weitergehen; auf dem Weg zur Linken kommt man aber besser voran. Wir folgen dem Bach durch schönen Waldbestand weiter bergauf. Der Weg führt uns zum Rettungspunkt 6613-858. Dort folgen wir dem Breitenbach in nordwestlicher Richtung.

Es geht weiter bergan; bald ist dann auch die **1 Wolfsschluchthütte** erreicht. Diese Hütte gehört zur Ortsgruppe Esthal des Pfälzerwald-Vereins (Mi, Sa, So, Fei 11.00–19.00 Uhr). Die schön eingerichtete Hütte verfügt über einen großen Außenbereich. An der Hütte biegen wir nach links, also nach Westen, ab. Es folgt ein kurzer Anstieg mit der neuen Wegmarkierung gelb-roter Balken. Am Forsthaus Wolfsgrube vorbei erreichen wir den kleinen Ort Schwabenbach. Der Ort gehört zur Gemeinde Elmstein. Nach den Verheerungen durch den Dreißigjährigen Krieg sowie durch den Pfälzischen Erbfolgekrieg im 17. Jahrhundert war die Gegend um Elmstein praktisch entvölkert. Man versuchte daher, Bewohner aus anderen Gegenden des Reichs anzusiedeln. Darunter sollen dann auch Schwaben gewesen sein; deswegen wird der Name des Orts auf diesen Umstand zurückgeführt.

ZUM TREFFNIX Wir folgen jetzt der Markierung »N« – diese führt uns zum **2 Naturfreundehaus** im Elmsteiner Stadtteil Harzofen (Mi–So 10.00–16.00 Uhr geöffnet). Es verfügt über einen großen Gastraum sowie einen schönen Außenbereich. Wenige Meter vom Haus entfernt geht es mit der Markierung »N« weiter nach Elmstein. Am Friedhof gelangen wir in den Ort. Auf der Hauptstraße gehen wir bis zur Neuen Forststraße. Dort biegen wir links ab. Nach wenigen Metern wird die Bahnhofstraße erreicht. Dieser folgen wir ein kurzes Stück; unser Weg führt auf der ansteigenden Iggelbacher Straße weiter. Schnell gelangen wir in den Wald. Unsere Markierung ist nun der blaue Balken. Nächste Zwischenetappe und Rastpunkt ist der Ritterstein Treffnix (Rettungspunkt 6613-873). Dieser Ritterstein bezieht sich auf einen ehemaligen Schießstand

Das Forsthaus Breitenstein beherbergt heute eine Waldgaststätte.

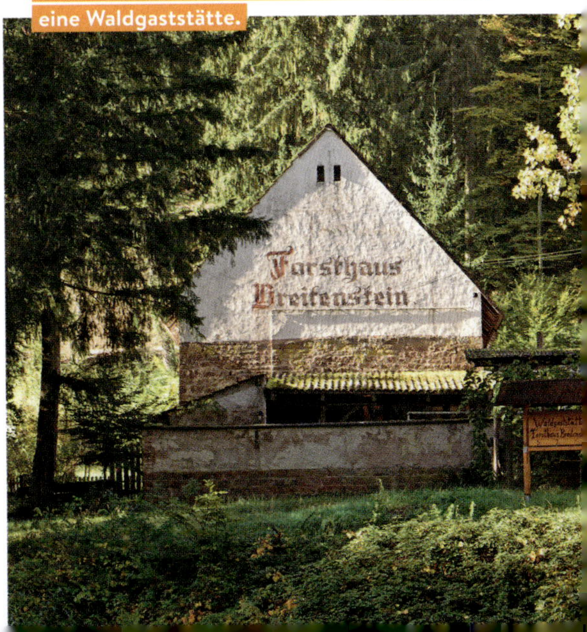

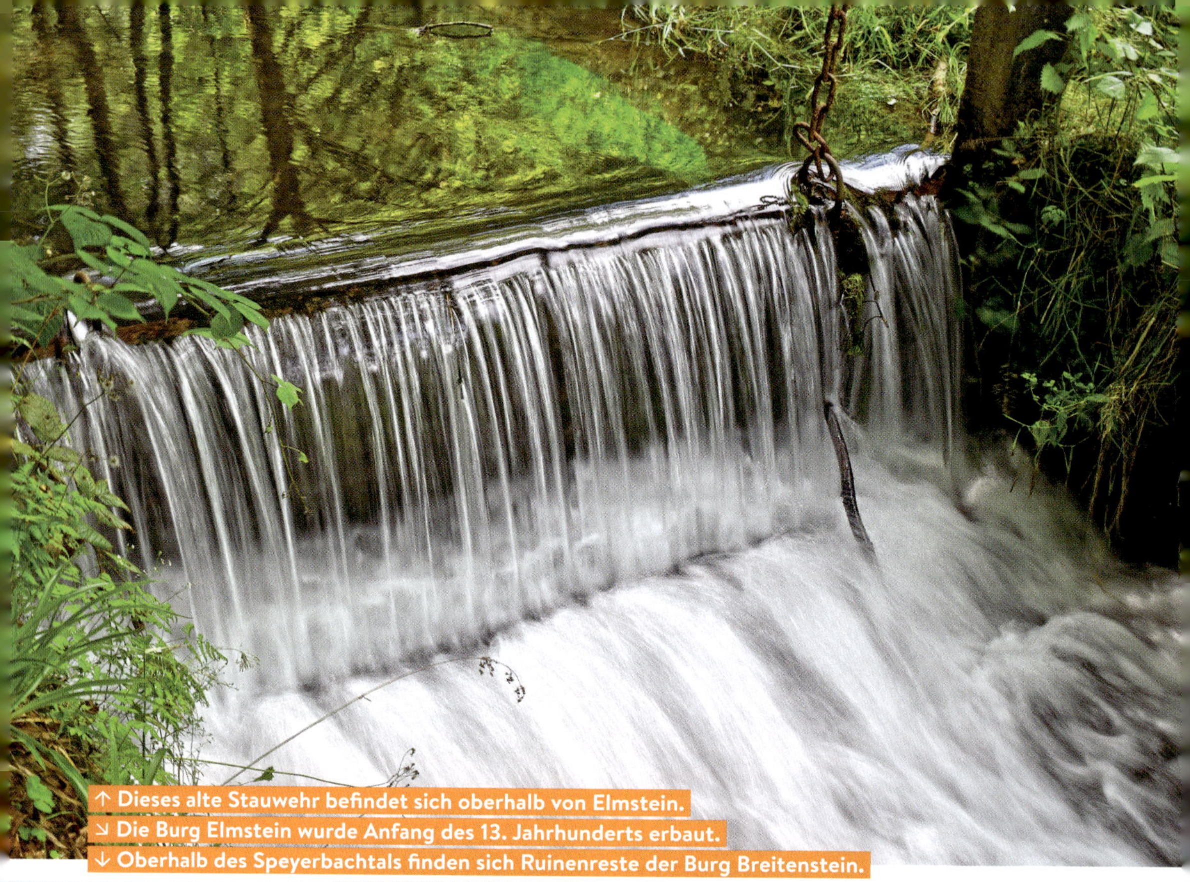

↑ Dieses alte Stauwehr befindet sich oberhalb von Elmstein.
↘ Die Burg Elmstein wurde Anfang des 13. Jahrhunderts erbaut.
↓ Oberhalb des Speyerbachtals finden sich Ruinenreste der Burg Breitenstein.

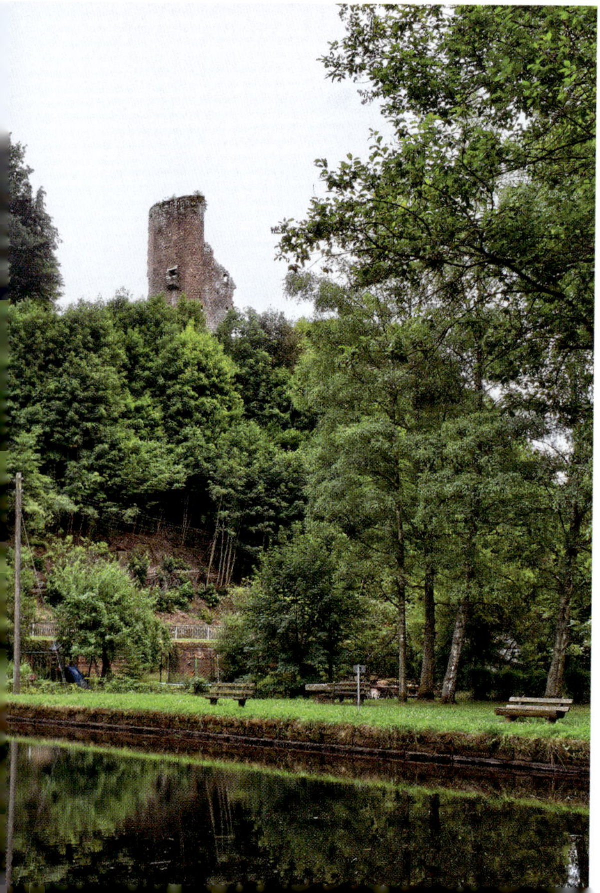

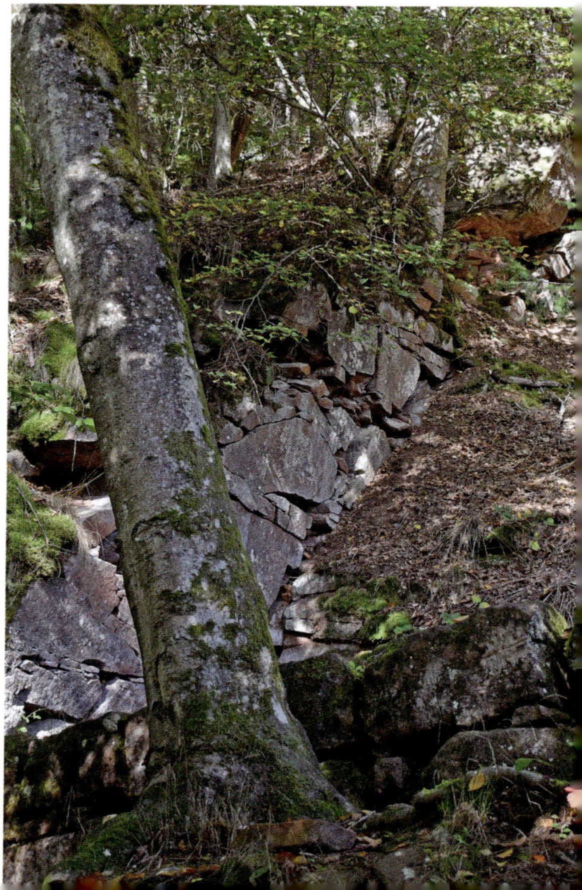

von Jägern und Förstern; der Volksmund formte für diesen Ort den Begriff »Treffnix«.

HELMBACH UND SPEYERBACH Ab hier folgen wir der Wegmarkierung gelb-weißer Balken. Weiter geht es durch den Wald, der Weg fällt langsam ab und nähert sich dem Tal des Helmbachs an. Nachdem wir seit Elmstein ausschließlich in südöstlicher Richtung unterwegs waren, biegt der Weg jetzt nach Nordosten ab. Oberhalb des **3 Helmbachweihers** schließt sich jetzt die Teiletappe nach Helmbach an. Dort führt ein steiler Weg hinunter zur Bahntrasse; diese wird unterquert. Dann folgen wir ein kurzes Stück der L 499. Diese und die Bahntrasse werden gleich wieder überquert. Nach wenigen Metern geht dann nach links unser Wanderweg weiter. Oberhalb des Speyerbachs führt er uns in östlicher Richtung. Das Ende unserer Tour erreichen wir am **E Forsthaus Breitenstein**. Im Forsthaus befindet sich heute eine Waldgaststätte (www.forsthausbreitenstein.de).

INFO

Mittel | **17,3 km** | **820 Hm** | **5.05 Std.**

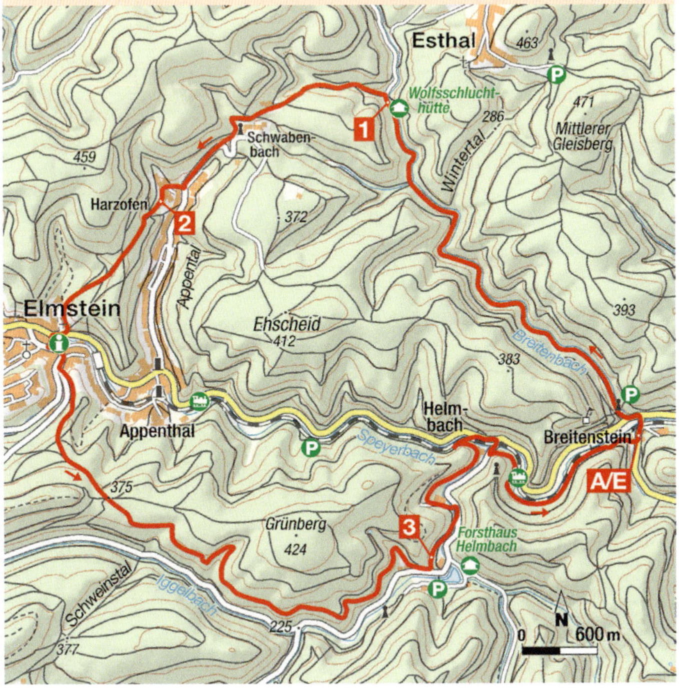

TOURENCHARAKTER
Mittelschwere Rundwanderung fast ausschließlich durch dichten Pfälzerwald

AUSGANGS-/ENDPUNKT
Breitenstein, Parkplatz Ruine Breitenstein (195 m)

GPS
49.345000, 8.000833

ANFAHRT
Auto:
Von Neustadt/Weinstraße auf der B 39 bis Lambrecht.
Am Ortsausgang Lambrecht dann auf der L 499 bis Breitenstein. Wanderparkplatz auf der rechten Seite der Straße oder direkt am Forsthaus Breitenstein
Bus & Bahn:
Mit dem Bus von Lambrecht nach Breitenstein oder mit dem Museumszug von Neustadt/Weinstraße

GEHZEITEN
Breitenstein–NFH Harzofen 1.50 Std.–Treffnix 1.00 Std.–Breitenstein 2.15 Std.

EINKEHR
Breitenstein, Wolfsschluchthütte, NFH Harzofen, Elmstein

KARTE
NaturNavi Pfälzerwald 6 (Blatt 43-546), 1:25 000

INFORMATION
Touristinformation Elmstein, Bahnhofstraße 60, 67471 Elmstein, www.vg-lambrecht.de

Über den Fresswasen zum Feuerplatz

Hütte an der Geldmünzquelle

Von einem einsamen hochgelegenen Forsthaus führt uns der erste Abschnitt mit wenigen Höhenunterschieden durch bezaubernden Laub- und Nadelwald an kleinen Schutzhütten und alten Rittersteinen vorbei. Auf dem zweiten Teil der Wanderung kommen dann starke An- und Abstiege hinzu. Zwei Hütten des Pfälzerwald-Vereins bieten den müden Wandersleuten Hüttenkultur und Pfälzer Spezialitäten an.

16

Breite Forstwege wechseln sich mit schmaleren Wanderwegen ab.

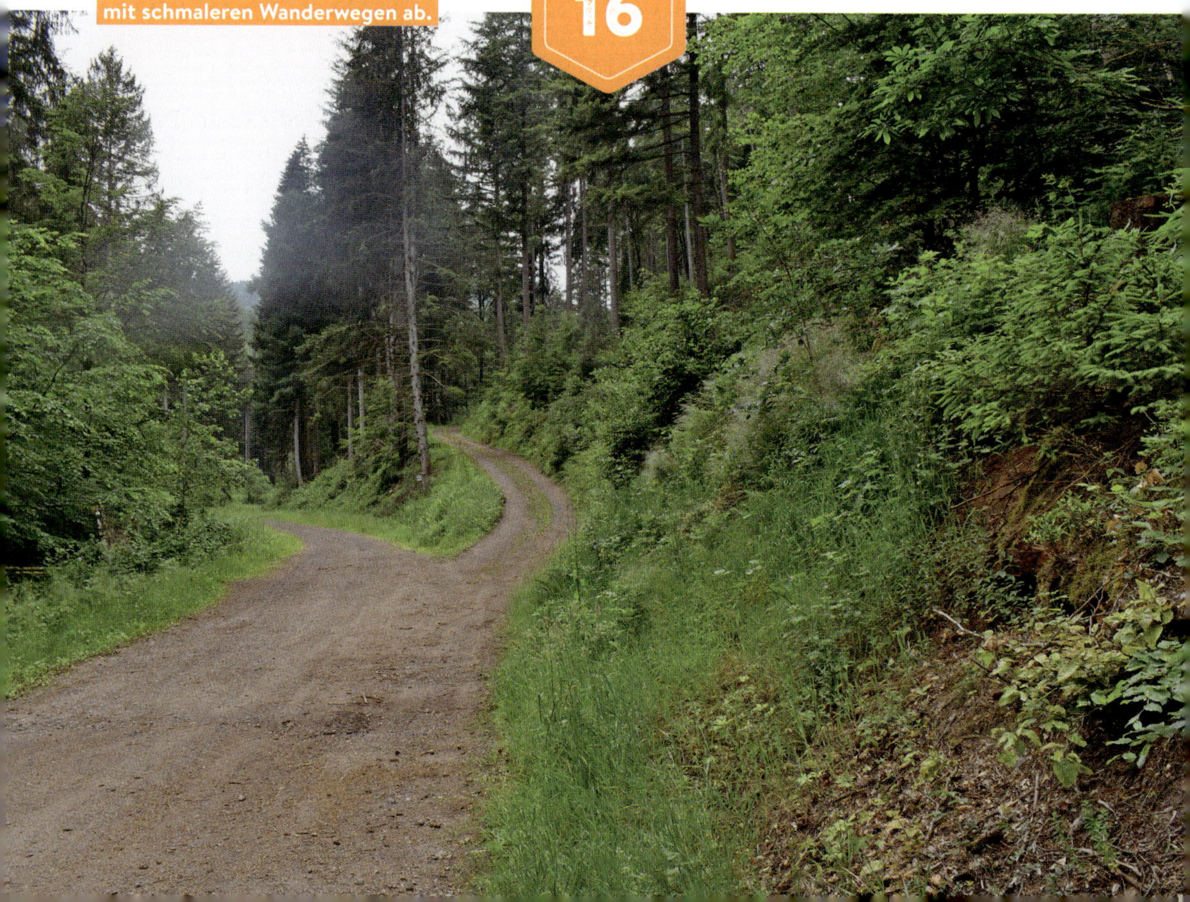

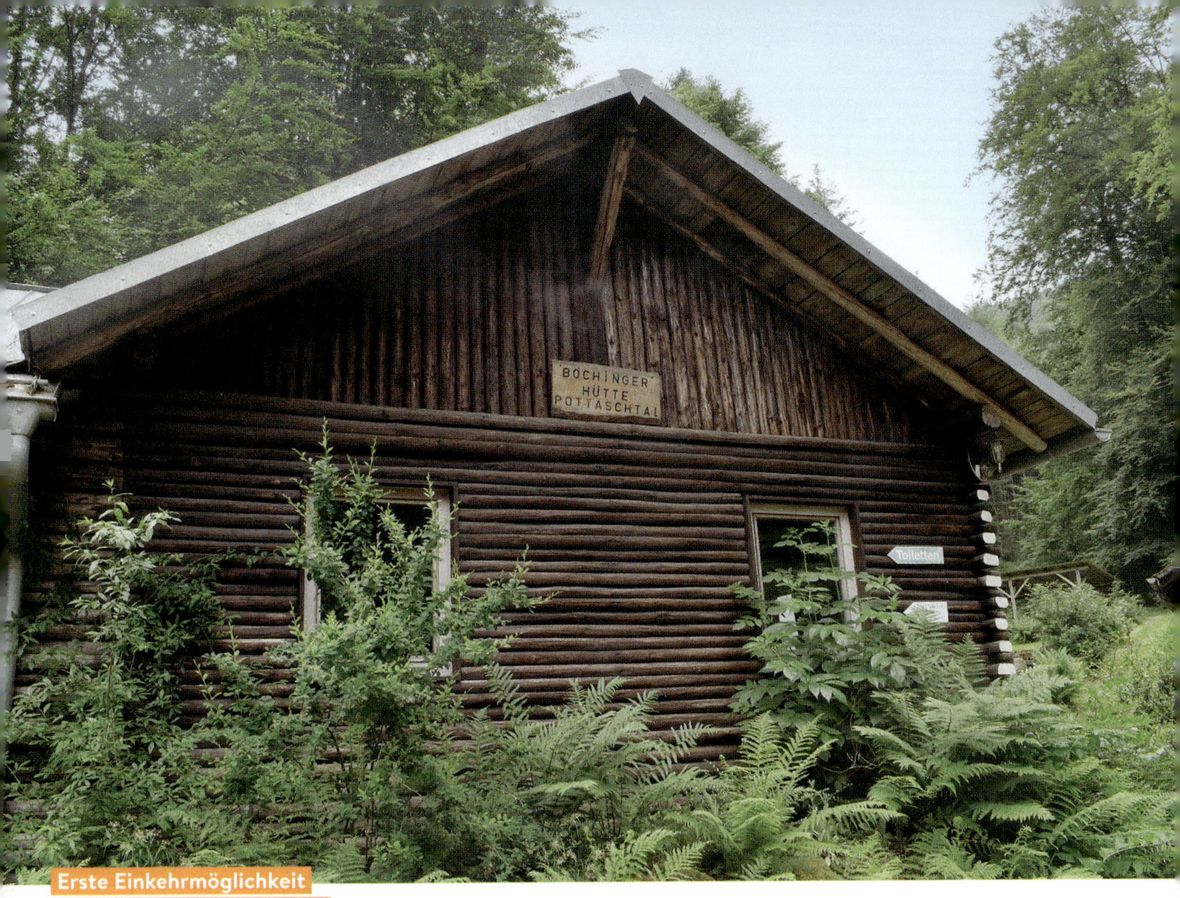

Erste Einkehrmöglichkeit ist an der Pottaschtalhütte.

RITTERSTEIN AM FEUERPLATZ Wir beginnen unsere Wanderung am ehemaligen **A Forsthaus Taubensuhl**. Heute ist für dieses riesige Waldgebiet von Taubensuhl bis zum Weingebiet im Norden und Herxheim im Rheintal das Forstamt Haardt zuständig; es nimmt für sich in Anspruch, das größte Gemeinde-Forstamt in Rheinland-Pfalz zu sein. Auf etwa 60 000 Hektar Fläche wachsen überwiegend Kiefern, Buchen und Eichen. Die Edelkastanie hat hier eine ihrer größten Vorkommen in Deutschland. Hinter dem ehemaligen Forsthaus befindet sich ein großer Wanderparkplatz. Vom Parkplatz gehen wir ein Stück zurück; am Forsthaus vorbei sehen wir einen Weg, der linker Hand in den Wald führt. Die Markierung ist ein rotes Kreuz. Etwa höhengleich geht es die ersten zwei Kilometer auf einem Waldpfad entlang. Erstes Etappenziel ist der Fresswasen. Es ist durch einen Ritterstein gekennzeichnet. Namensgeber des Rittersteins war die Tatsache, dass an dieser Stelle Fuhrleute in alter Zeit ihre Tiere tränken und weiden ließen. Dort befindet sich auch die Nußdorfer Hütte. Diese ist allerdings nicht bewirtschaftet. Rittersteine sind übrigens über den ganzen Pfälzerwald verbreitet. Diese Sandsteinblöcke mit Inschriften sind zum einen Orientierungspunkte für Wanderer; zum anderen geben sie Hinweise auf geschichtliche Ereignisse, auf ehemalige Siedlungen oder haben Bezug zur wirtschaftlichen Nutzung des Walds. Die Idee stammte von Regierungsdirektor von Ritter. Er war im Jahr 1903 Gründungsvorsitzender des Pfälzerwald-Vereins. Die Steinblöcke wurden nach ihm benannt; die meisten tragen das Kürzel

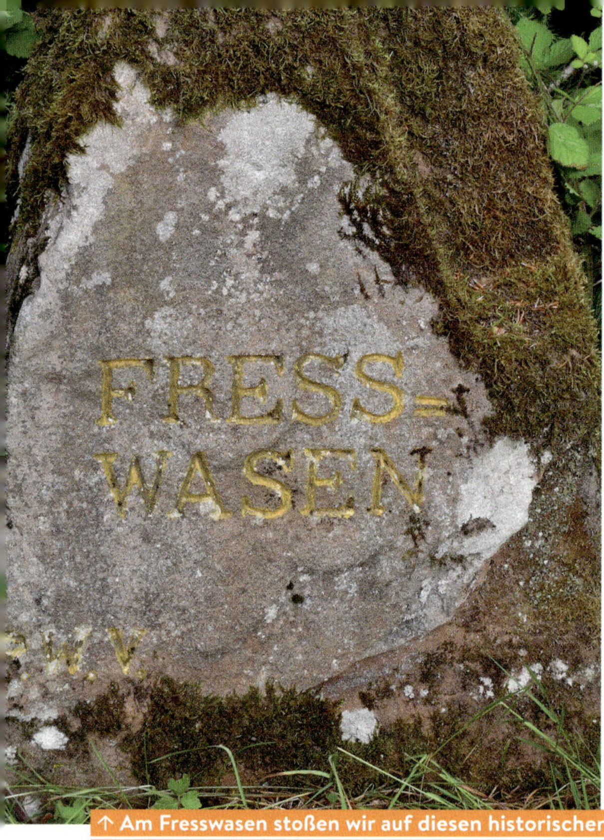

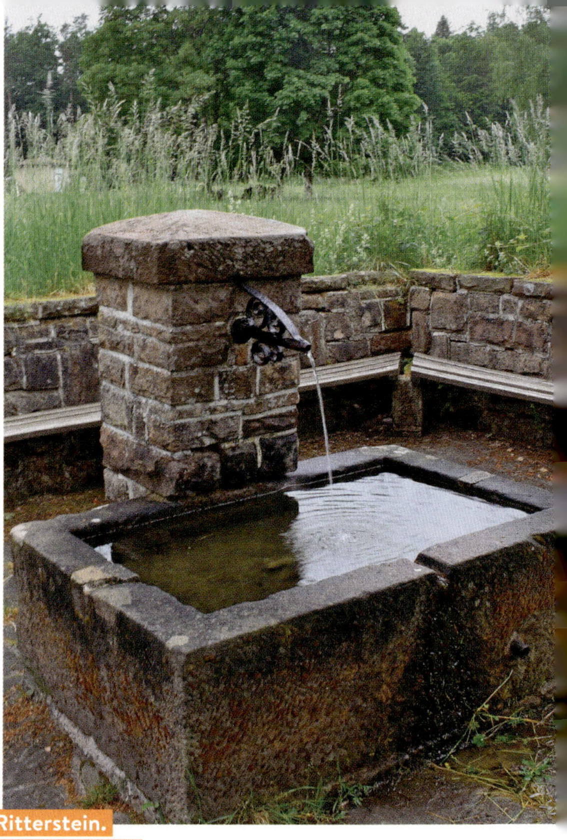

↑ Am Fresswasen stoßen wir auf diesen historischen Ritterstein.
↗ Ein kleiner Brunnen findet sich am Ausgangspunkt in Taubensuhl.

pwv (für Pfälzerwald-Verein). Über den ganzen Pfälzerwald verstreut gibt es etwas mehr als 300 Rittersteine. Weiter geht es ohne größere Höhenunterschiede auf einer ehemaligen Hochstraße. Als nächstes wird die Kirschbaumhütte erreicht – es handelt sich um eine einfache Schutzhütte mit Holzbänken als Sitzgelegenheit. Weiter führt der Weg nach Osten. Bald schon erreichen wir mit dem **1 Feuerplatz** einen alten Orientierungspunkt für Waldarbeiter. Auch dieser Platz ist durch einen Ritterstein markiert.

HINUNTER INS POTTASCHTAL Nach 7,3 Kilometern Wanderung in Richtung Osten wird die Wegspinne am Pfaffenkopf erreicht. Hier ändern sich Laufrichtung und Wegmarkierung. Ab sofort geht es nach Süden; unsere Wegmarkierung ist der grünblaue Balken. Der Weg steigt noch einmal kurz an; dann fällt er aber an Langentalkopf und Schinddollkopf vorbei ab. Wir erreichen den Orientierungspunkt beim Nonnenkopf. Dieser ist auch als Rettungspunkt 6713-190 markiert. Hier teilt sich der Weg – unser neues Wanderzeichen ist der rote Punkt. Bald geht es in Zickzacklinien hinunter zur Böchinger Hütte. Diese befindet sich im Pottaschtal. Die Hütte ist deswegen auch unter dem Namen **2 Pottaschtalhütte** bekannt (So 11.00–18.00 Uhr geöffnet).

IM GODRAMSTEINER WALD Von der Hütte geht es weiter bergab bis zum Ende des Pottaschtals. Der Weg führt dabei entlang des Katzenbachs. Am Zusammenfluss von Katzen- und Dörrenbach ist dann die Talsohle auf dieser Wanderung erreicht. Jetzt geht es wieder bergan. Das Wanderzeichen ist weiterhin der rote Punkt. Wir sind im

Godramsteiner Wald unterwegs. Bald ist eine Kuppe in 452 Metern Höhe erreicht. Noch einmal geht es bergab. Wir überqueren die nach Taubensuhl führende L 505. Dann geht es steil hinunter zur **3 Siebeldinger Hütte**. Sie gehört zur Ortsgruppe Siebeldingen-Birkweiler des Pfälzerwald-Vereins. Diese Hütte ist auch unter dem Namen Geldmünzhütte bekannt (So, Fei 10.00–18.00 Uhr geöffnet). In der Nähe der Hütte befindet sich die Geldmünzquelle.

ZURÜCK NACH TAUBENSUHL Von der Hütte gehen wir ein kurzes Stück des Wegs zurück. Hinter der Hütte finden wir den nach links, also nach Westen, abgehenden Weg. Mit dem Wegzeichen gelber Balken steigt der Weg wieder an. Bald befinden wir uns oberhalb der Hütte; der Weg schwenkt nach Süden, umrundet einen Höhenrücken und führt anschließend wieder nach Norden. Es folgt noch einmal ein langer Anstieg. Schließlich wird dann die L 505 erreicht. Das **E Forsthaus Taubensuhl** ist am Ende einer Geraden schon zu erkennen. Die letzten Meter gehen wir auf einer asphaltierten Straße zurück zu unserem Ausgangspunkt.

INFO

TOURENCHARAKTER
Lange Rundwanderung durch das Herz des Pfälzerwalds

AUSGANGS-/ENDPUNKT
Taubensuhl (517 m)

GPS
49.284444, 7.914166

ANFAHRT
Auto: Auf der B 10 von Landau Richtung Annweiler am Trifels; vor Annweiler auf die Wegweiser Richtung Eußerthal achten. In Eußerthal weiter auf der L 505 nach Taubensuhl. Parkplätze hinter dem ehemaligen Forsthaus
Bus & Bahn: Keine Anbindung

GEHZEITEN
Taubensuhl–Feuerplatz 1.40 Std.–Böchinger Hütte 1.10 Std.–Siebeldinger Hütte 1.20 Std.–Taubensuhl 1.20 Std.

EINKEHR
Böchinger Hütte, Siebeldinger Hütte

KARTE
NaturNavi Pfälzerwald 6 (Blatt 43-546), 1:25 000

Schwer | 19,1 km | 1190 Hm | 5.30 Std.

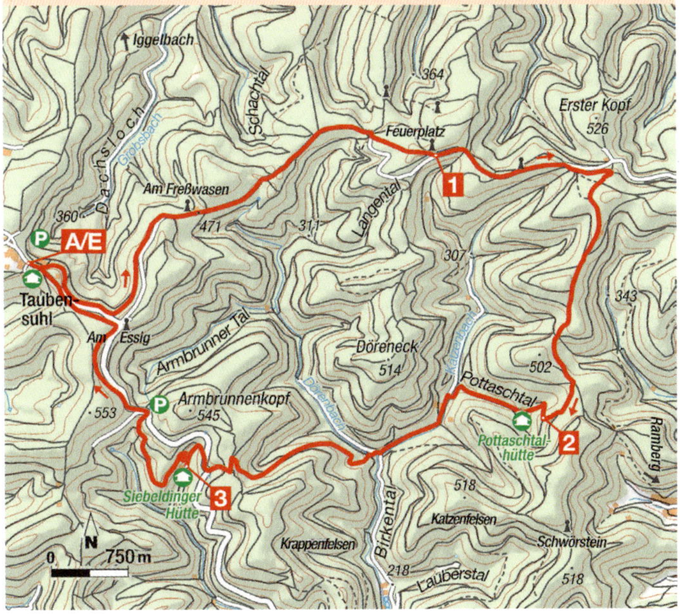

INFORMATION
Verbandsgemeinde Annweiler am Trifels, Meßplatz 1, 76855 Annweiler, www.vg-annweiler.de

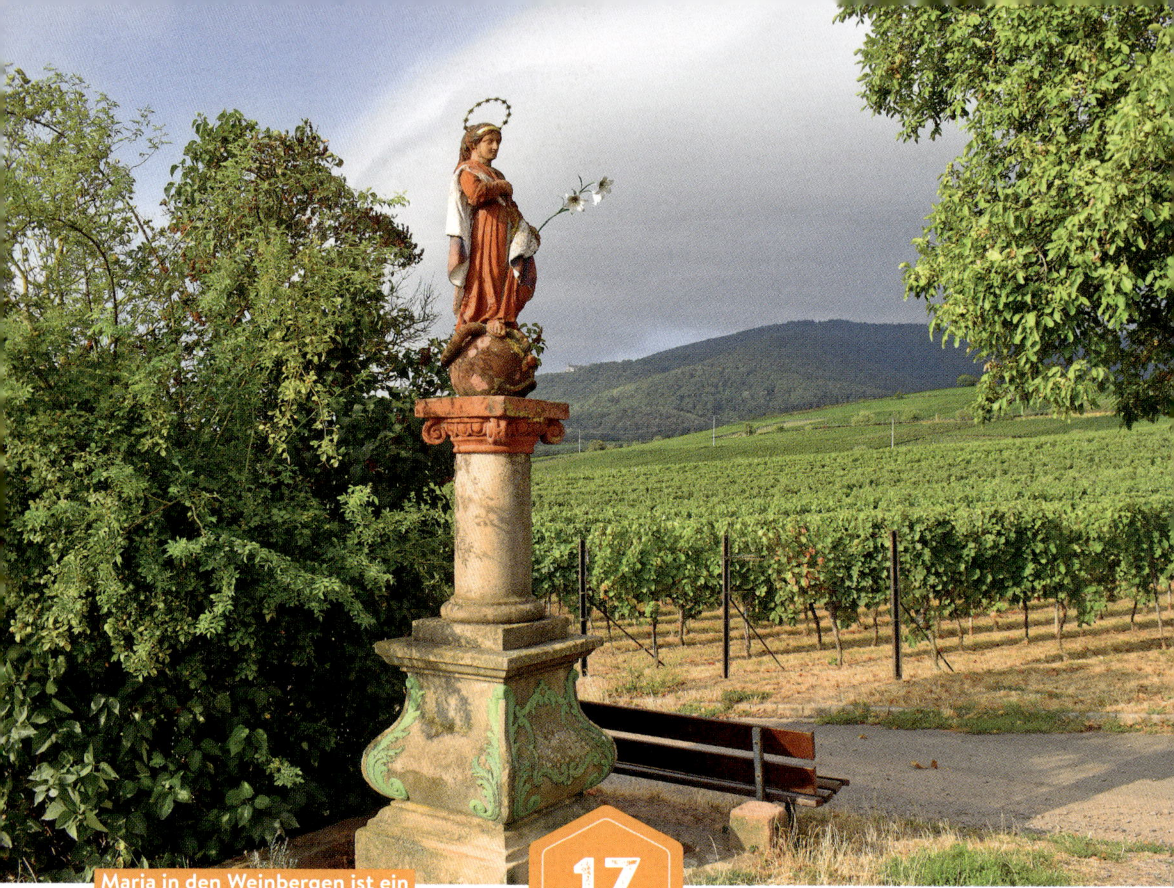

Maria in den Weinbergen ist ein Kulturdenkmal aus dem 18. Jahrhundert.

17

Durch die Weinberge bei Hainfeld

Fünfwundenkreuz und Josephskapelle

Die Tour führt durch die Landschaftszone der Haardt, der »Treppenstufe« zwischen Rheintal und Pfälzerwald. Auffallend sind die vielen Zeugnisse der Volksfrömmigkeit, die uns auf den Wegen begegnen. Kruzifixe, Wegkreuze und Bildstöcke finden wir zwischen den mehrheitlich katholischen Dörfern. Nicht weniger als acht Kulturdenkmäler aus alter Zeit machen diese Rundwanderung zu einem Erlebnis.

MARIA IN DEN WEINBERGEN Am **A Wanderparkplatz** an der L 507 befinden wir uns schon mitten in den Weinbergen. Wir beginnen diese Wanderung, indem wir dieser überregionalen Straße in westlicher Richtung folgen. Nach 300 Metern geht nach rechts ein Weg ab. Dieser führt uns hinunter nach Hainfeld. Am Sportplatz vorbei gehen wir noch ein Stück geradeaus weiter. Auf der Straße Am Hofstück führt der Weg bergauf. Auf die von rechts kommende Weyherer Straße biegen wir nach links, also nach Westen, ein.

Nach knapp 400 Metern Wegstrecke erreichen wir unser erstes Kulturdenkmal. Es handelt sich um einen Bildstock aus dem 17. oder 18. Jahrhundert. Der auf einem Pfeiler stehende Aufsatz ist nach oben durch ein Dach abgeschlossen. In der vergitterten Nische wird eine biblische Szene dargestellt. Der Bildstock ist mit Buntsandsteinen eingefriedet; daneben befindet sich eine Bank als Sitzgelegenheit. Wir gehen weiter den leicht ansteigenden Weg Richtung Westen. Nach weiteren 300 Metern Wegstrecke geht nach Norden ein Weg ab. Wir halten kurz inne – im Westen fällt unser Blick auf den Pfälzerwald. Im Südwesten erkennen wir die weithin sichtbare St.-Anna-Kapelle.

Im Nordwesten wiederum zeigt sich die Rietburg hinter dem Ort **1 Weyher**, unserem nächsten Etappenziel. Auf dem leicht ansteigenden Weg gehen wir bis zum Ortsrand. Dort treffen wir auf eine Wegspinne. Es geht jetzt nach Osten. Bereits nach 200 Metern Wegstrecke ist das nächste Kulturdenkmal erreicht. Es ist die »Maria in den Weinbergen«. Die Skulptur stammt aus dem Jahr 1749. Auf ihrem Haupt trägt sie einen Kranz mit zwölf Sternen. Sie steht auf der Weltkugel und zertritt eine Schlange. Was sie einstmals in der linken Hand hielt, ist heute nicht mehr bekannt. Vor einiger Zeit wurde der Figur eine stilisierte Lilie beigefügt.

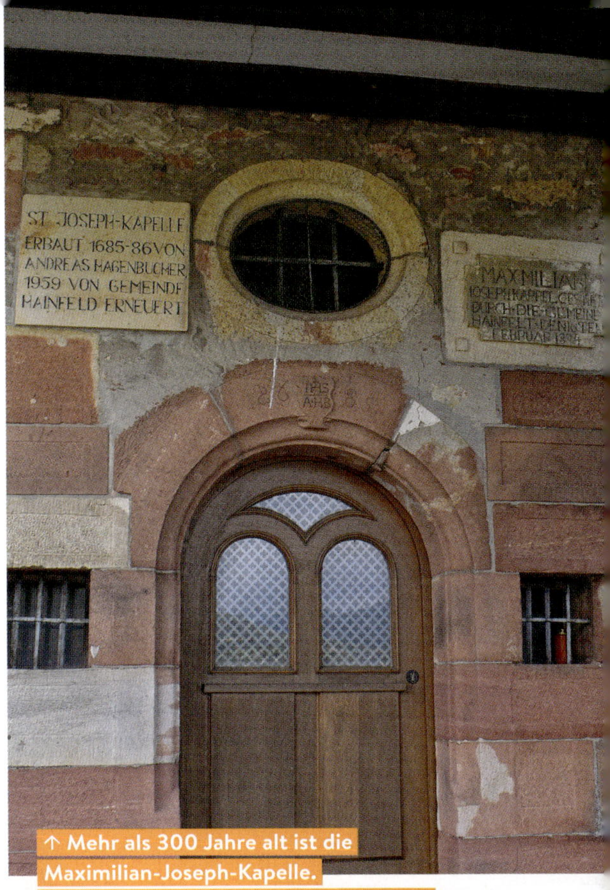

↑ Mehr als 300 Jahre alt ist die Maximilian-Joseph-Kapelle.

↓ Symbol ländlicher Volksfrömmigkeit: Bildstock bei Hainfeld

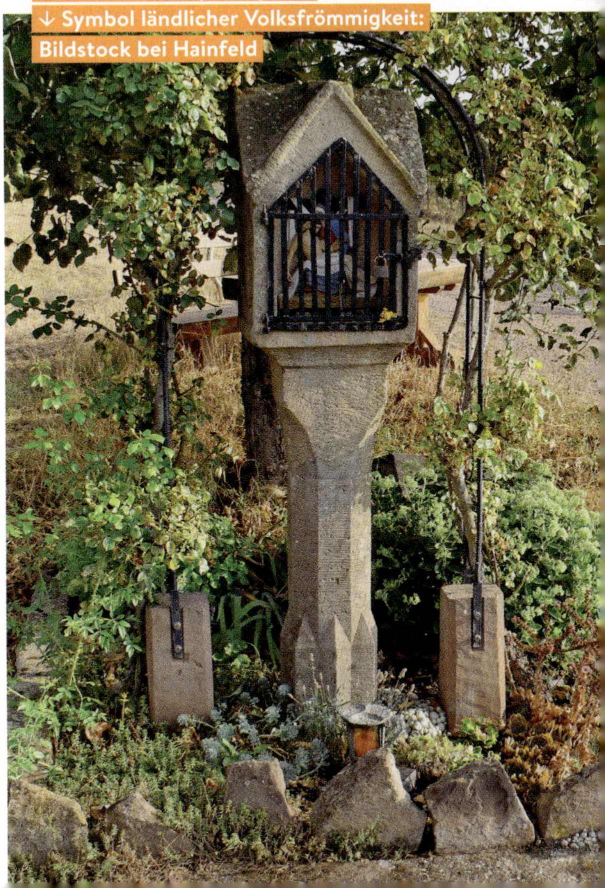

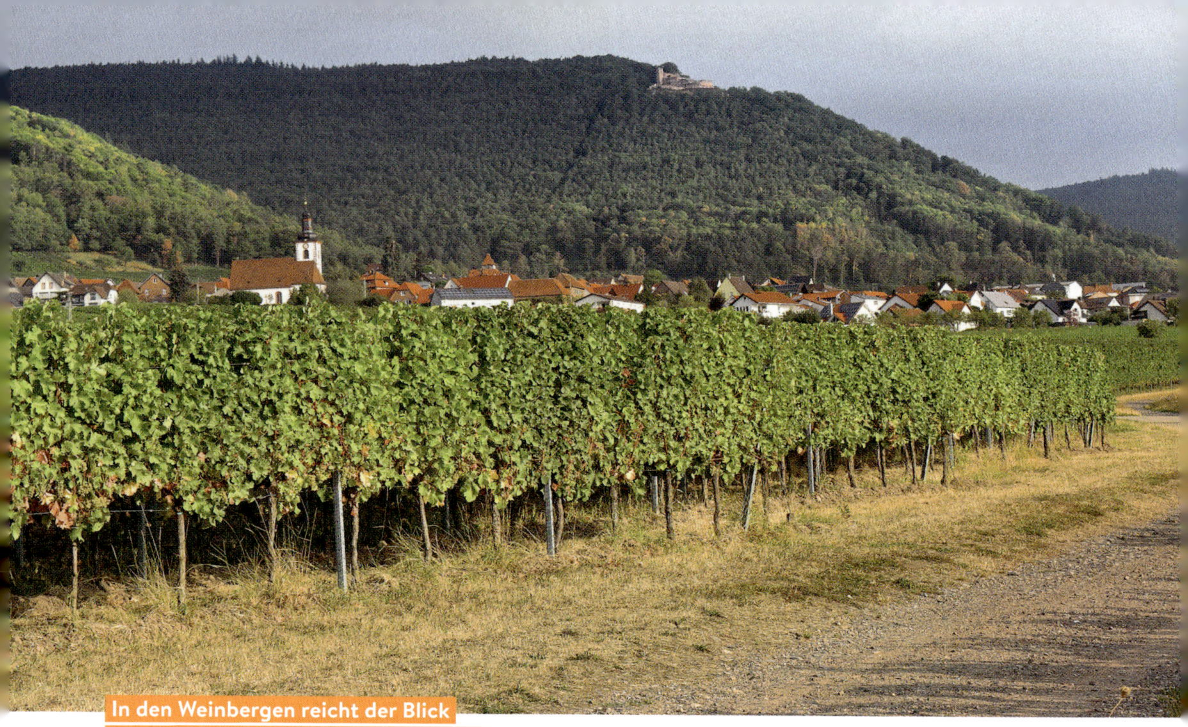

In den Weinbergen reicht der Blick über den Ort Weyher bis zur Rietburg.

DIE JAHRESZAHL IM PORTALBOGEN Wir gehen weiter nach Osten; bereits nach 500 Metern auf dem leicht abfallenden Weg ist schon das nächste Kulturdenkmal, das »Weiße Kreuz«, erreicht. Es stammt aus dem Jahr 1735. Es handelt sich dabei um ein auf einem Tischsockel stehendes Fünfwundenkreuz. Dargestellt werden die nach biblischer Überlieferung fünf Wunden Christi. Der Gekreuzigte wird dabei auf Hände und Füße, die Dornenkrone sowie das Herz reduziert. Direkt neben dem Kreuz befindet sich ein kleiner Aussichtspunkt. Von dort ergeben sich gute Fernsichten über das Rebenmeer der Rheinebene sowie auf den nahen Pfälzerwald. Es geht weiter nach Osten. Immer noch fällt der Weg leicht ab. Nach einem knappen halben Kilometer Wegstrecke ist die L 512 erreicht. Direkt an der Straße befindet sich ein weiteres Kulturdenkmal. Wir blicken auf die Maximilian-Joseph-Kapelle, ein kleiner aus Buntsandsteinen gebauter Rechteckbau mit offener Vorhalle; die hintere Dachfront besteht aus Fachwerk. Im Portalbogen des Vorgängerbaus findet sich die Jahreszahl 1685. Der kleine Bau wurde mehrfach renoviert, zuletzt in den Jahren 1824 und 1959. Hier ergibt sich zudem eine gute Sicht auf die Rietburg und die Villa Ludwigshöhe.

AM SCHWIMMBAD VON EDESHEIM Wir folgen jetzt der L 512 ein kurzes Stück nach Norden. Bereits nach 100 Metern biegen wir nach rechts in die Weinberge ein. Es geht jetzt ein längeres Stück nach Osten – kurz vor Erreichen von Edesheim treffen wir auf das nächste Marienbildnis aus Sandstein. Der Ort ist auch als Madonnenhöhe **2 Edesheim** bekannt. Wir gehen die wenigen Meter bis zum Ortseingang. Über Hoch- und Provisgasse gelangen wir zur Ludwigstraße. Hier gehen wir nach links, um die Peter-und-Paul-Kirche zu umrunden. Auf der L 507 gelangen wir schnell zum Raiffeisenweg. Dort befindet sich ein schönes Wegkreuz aus Buntsandstein. Es wurde letztmals im Jahr 2011 restauriert. Wir folgen dem Weg, der uns vom Raiffeisenweg wieder in die Weinberge führt. Es geht jetzt 1,2 Kilometer nach Süden. Dann geht unser Weg nach Westen ab. An der ersten Gelegenheit biegen wir dann nach links zum Ort **3 Roschbach** ab. An der Ecke zur Kreuzstraße finden wir dann das nächste Wegkreuz. Am Nordrand des Orts gehen wir bis zum Friedhof und biegen dort nach rechts ab. Am Ende des Friedhofs geht es noch einmal nach Westen. Am nächsten Kruzifix biegen wir dann nach Norden ab. Stetig durch die Weinberge wandernd wird die L 507 erreicht. Wir überqueren diese und gehen weiter geradeaus bis zum Schwimmbad von Edesheim. Dort biegen wir links ab. Schnell ist dann wieder unser Ausgangsort Hainfeld und der **E Wanderparkplatz** erreicht.

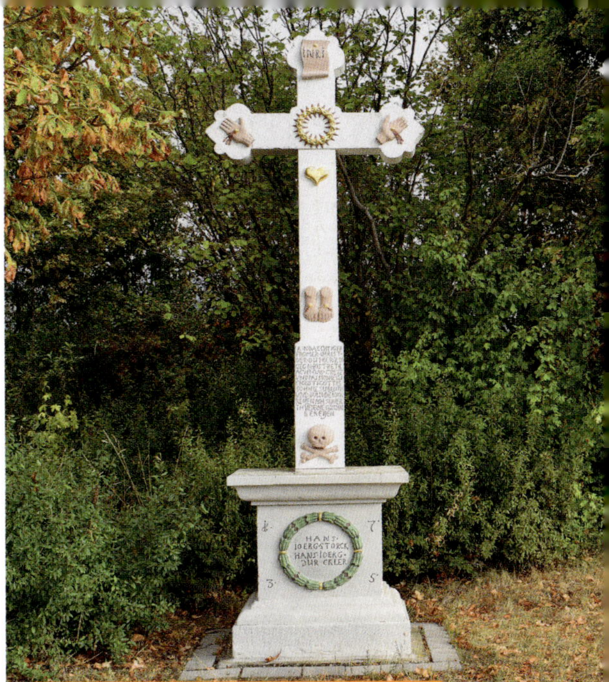

Auf dem Weg nach Edesheim stoßen wir auf das Fünfwundenkreuz.

INFO

TOURENCHARAKTER
Leichte Wanderung durch die Weinberge rund um Hainfeld

AUSGANGS-/ENDPUNKT
Hainfeld, Wanderparkplatz an der L 507 (189 m)

GPS
49.254444, 8.099166

ANFAHRT
Auto: Auf der A 65 bis Edenkoben; weiter auf der L 516 und der L 506 bis Hainfeld. Parkplätze an der L 507

Bus & Bahn: Mit dem Bus von Edenkoben oder Landau nach Hainfeld

GEHZEITEN
Hainfeld–Weißes Kreuz 0.40 Std.–Roschbach 1.15 Std.–Hainfeld 0.45 Std.

EINKEHR
Hainfeld, Edesheim

Leicht	10,8 km	180 Hm	2.40 Std.

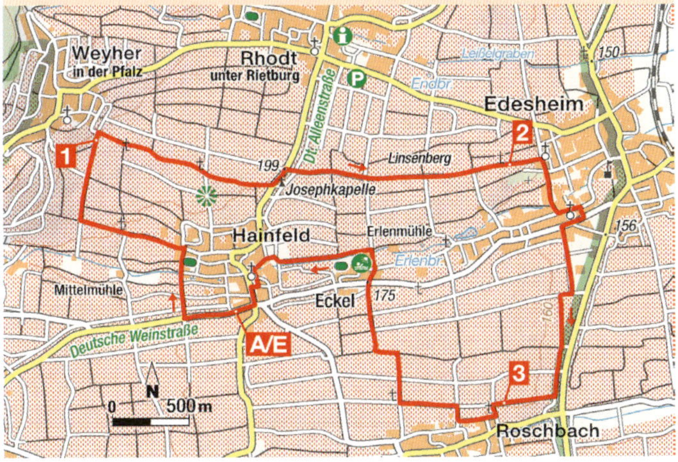

KARTE
NaturNavi Pfälzerwald 6 (Blatt 43-546), 1:25 000

INFORMATION
Stadt Edenkoben, Weinstraße 86, 67480 Edenkoben, www.edenkoben.de

Auf dem Rheinhochdamm bei Mechtersheim

Friedenskreuz in Industrieform

Der Rhein ist nicht nur die wichtigste Schifffahrtsstraße in Deutschland. Er ist auch ein großes Freizeitrevier. Die Begradigung des Flusses im 19. Jahrhundert brachte es mit sich, dass Dämme zum Hochwasserschutz gebaut wurden. Auf einem dieser Rheindämme sind wir im Rahmen dieser Wanderung unterwegs.

18

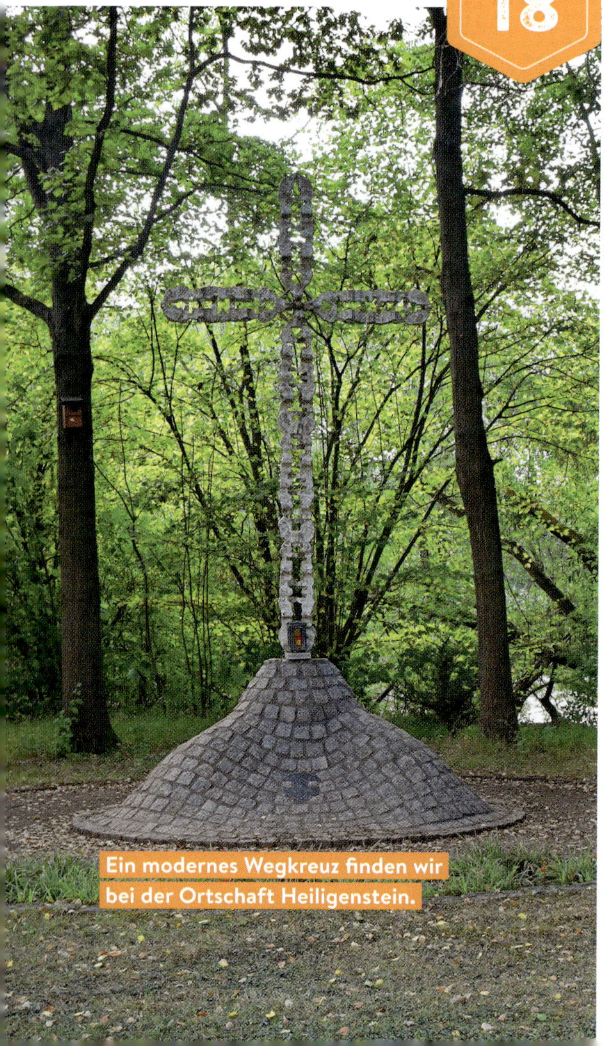

Ein modernes Wegkreuz finden wir bei der Ortschaft Heiligenstein.

ZUM DAMMWACHTHAUS Am **A Freizeitzentrum** werden ausreichend Parkplätze zur Verfügung gestellt. Wir gehen nicht zum Badesee, sondern halten uns auf dem Weg, der in südöstlicher Richtung zum Rheindamm führt. Wir überqueren diesen und treten in den Staatsforst Pfälzer Rheinauen ein. An der zweiten Möglichkeit biegen wir nach links ab; auf schmalen Wegen und Pfaden geht es in nordöstlicher Richtung durch bewaldetes Gebiet. Auf diesem ebenerdigen Weg erreichen wir den Mechtersheimer Altrheinarm und gelangen an diesem entlang zur ehemaligen Natorampe am Rhein. Für 1,3 Kilometer geht es jetzt rheinabwärts. Dort angelangt ändert sich die Laufrichtung nach Nordwesten. Nach einem kurzen Stück durch den Wald erreichen wir schließlich den Rheinhochdamm. Zur Rechten haben wir jetzt die Rheinauen – zur Linken das Ackerland der Maulbronner Weide. Wir erreichen das Dammwachthaus Mechtersheim II. Es ist komplett in roter Farbe gehalten.

ZUR ALTEN ZIEGELEI Weiter geht es auf dem Rheindamm; dieser führt oberhalb des

Berghauser Altrheins entlang. Am Fußballplatz des FV Heiligenstein geht nach links ein Weg ab. Wir folgen der Straße In den Rauhweiden durch ein kleines Gewerbegebiet. Nach 500 Metern gelangen wir dann zum Friedenskreuz von Heiligenstein. Das Kreuz wurde 1990 in der »Formensprache des Industriezeitalters« gestaltet. Auf dem Platz wurden auch zwölf Eichen gepflanzt. Wir gehen auf der Straße weitere 300 Meter in westlicher Richtung. An einigen Tennisplätzen vorbei gelangen wir zum Vereinsheim des TuS Heiligenstein. Hier biegen wir nach links, also nach Süden ab. Wir folgen dem Weg über 800 Meter bis zu einer Wegspinne. Dort biegen wir nach rechts ab und folgen dem Weg bis zum Orientierungspunkt an einem stilisierten **1 Sandsteinkreuz**. Noch einmal geht es durch landwirtschaftliches Gelände nach Süden. An der alten Ziegelei biegen wir nach rechts Richtung Mechtersheim ab. Auf der Rheinfeldstraße gelangen wir zur Philippsburger Straße. Hier links und wenige Meter weiter auf der Jahnstraße nach Süden. Nach 500 Metern ist dann eine Fahrstraße erreicht. Dieser folgen wir nach rechts zum **E Freizeitzentrum**. Dieses ist ganzjährig zugänglich.

INFO

TOURENCHARAKTER
Leichte Wanderrunde in Rheinnähe

AUSGANGS-/ENDPUNKT
Mechtersheim, Parkplatz am Freizeitzentrum (98 m)

GPS
49.260555, 8.389722

ANFAHRT
Auto: Auf der B 9 von Karlsruhe oder Speyer bis Schwegenheim; weiter auf der K 25 bis Mechtersheim. Vor der Ortseinfahrt rechts die Straße zum Freizeitzentrum
Bus & Bahn: Von Germersheim oder Speyer mit der S-Bahn nach Heiligenstein. Von dort mit dem Bus nach Mechtersheim

GEHZEITEN
Mechtersheim–Natorampe 0.55 Std.–Friedenskreuz 1.15 Std.–Mechtersheim 1.30 Std.

EINKEHR
Freizeitzentrum Mechtersheim, Heiligenstein

KARTE
Topographische Karte Germersheim (Blatt 6716), 1:25 000

Leicht | 13,5 km | 14 Hm | 3.10 Std.

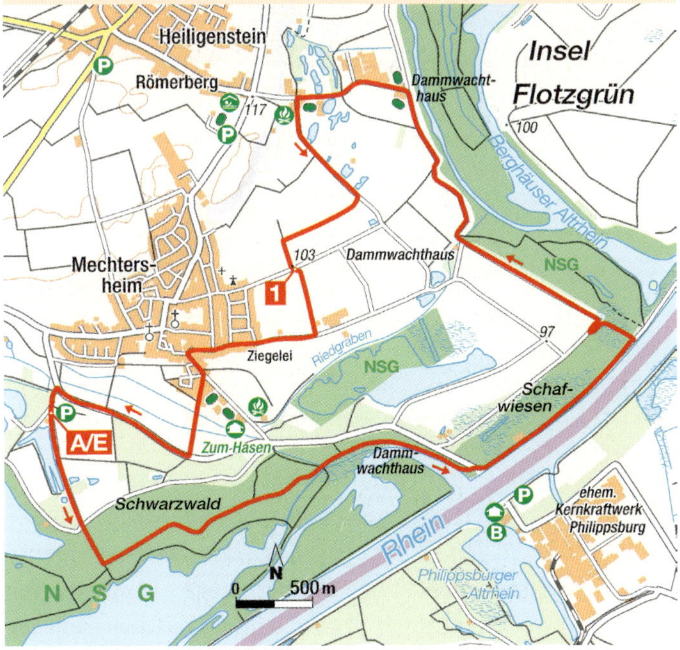

INFORMATION
Verbandsgemeinde Römerberg-Dudenhofen, Am Rathaus 4, 67354 Römerberg, www.vgrd.de

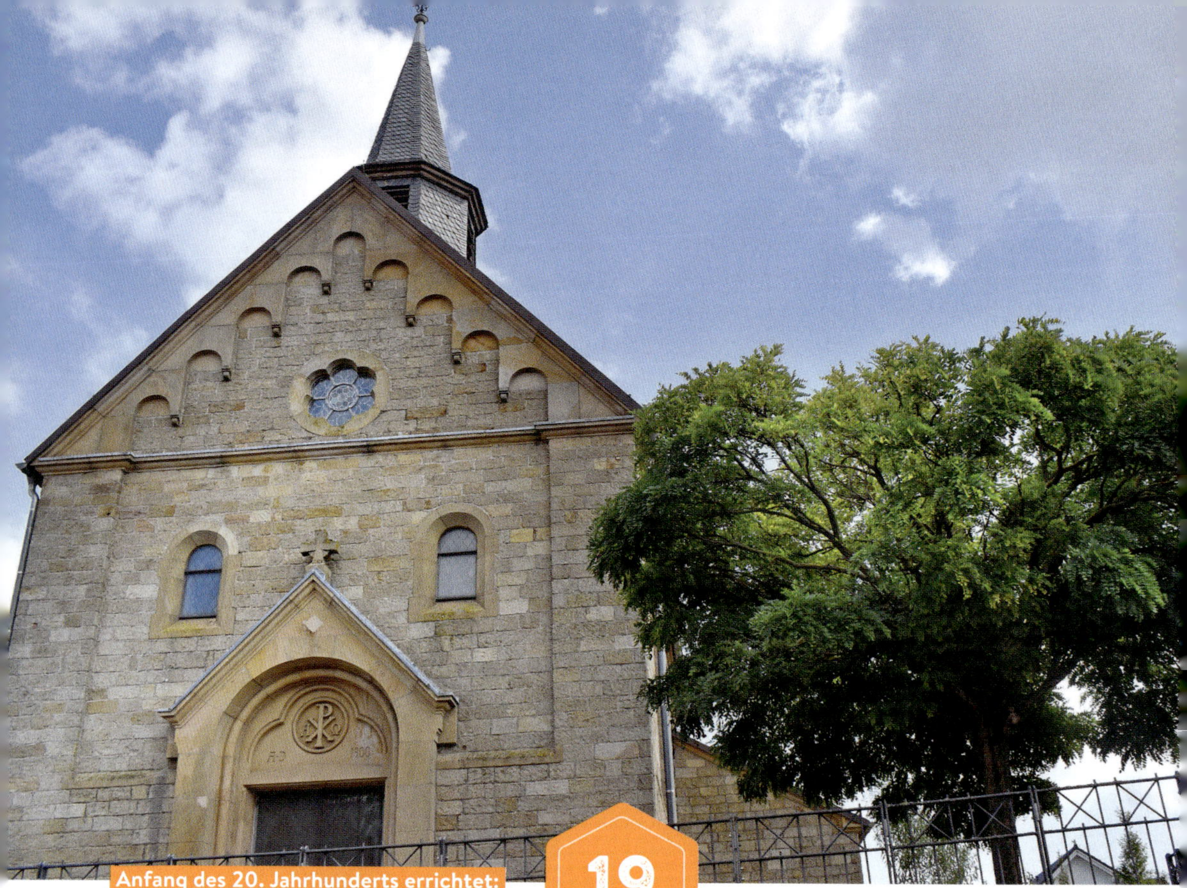

Anfang des 20. Jahrhunderts errichtet: die katholische Kirche in Freimersheim

19

Zum Houschder Winzerturm

Unterricht im Maisfeld

Bei Hochstadt, dem Ausgangspunkt dieser Wanderung, geht der Weinbau, nach Osten gesehen, immer stärker in den Ackerbau über. Entsprechend vielfältig sind die Ansichten, die uns die Landschaft bietet. Im ersten Teil der Tour sind wir durch die Weinberge nach Norden unterwegs; der Pfälzerwald ist immer im Blickfeld. Danach geht es durch überwiegend landwirtschaftliche Nutzflächen. Auf der Schlussetappe entdecken wir eine einsame Grundschule im Maisfeld.

WEINBAU IN VENNINGEN Unser Ausgangspunkt, der **A Friedhof von (Ober-) Hochstadt**, findet sich am nordwestlichen Ende der Gemeinde. Nicht zu verwechseln mit dem Friedhof von Niederhochstadt; dieser befindet sich am östlichen Ende der Stadt. Nach nur wenigen Metern befinden wir uns bereits in den Weinbergen; der Weg führt zuerst in nördliche Richtung. Etwa 1,6 Kilometer geht es durch die Weinberge. Nach dem ersten kurzen Anstieg finden wir auf der linken Seite des Wegs einen Felsfindling; dessen Inschrift nimmt Bezug auf die Flurbereinigungsverfahren in den Jahren 1998 und 1999. Der weitere Weg gibt dann gute Fernsichten auf den Pfälzerwald frei. In der Gemarkung Roßberg gelangen wir zu einer Weggabelung. Hier biegen wir nach links ab. Nach 300 Metern nehmen wir den Wirtschaftsweg, der nach rechts, also nach Norden, abgeht. Es geht hinunter zum Kaltenbach. Wir befinden uns jetzt am südlichen Rand von Kleinfischlingen. Auf der Kleingasse erreichen wir den Ort. Kleinfischlingen gehört zur Verbandsgemeinde Edenkoben; mit etwas mehr als 300 Einwohnern ist sie die kleinste Ortsgemeinde. Wir erreichen die Hauptstraße, zugleich die L 507. Dieser folgen wir aus dem Ort hinaus. Am Katharinenhof und dem dortigen weißen Wegkreuz biegen wir nach rechts in die Weinberge ab. Es folgt wieder eine längere gerade Strecke; Großfischlingen wird an deren östlichen Ende passiert. Hier endet der Weinbau. Wir gehen weiter zum Waldgraben. Dieser wird überquert; direkt dahinter teilt sich der Weg. Wir nehmen den Weg nach links, also nach Westen. Der Naturweg führt uns bis zur

Kunstvoll bearbeitet wurde dieser Sandstein zur Flurbereinigung.

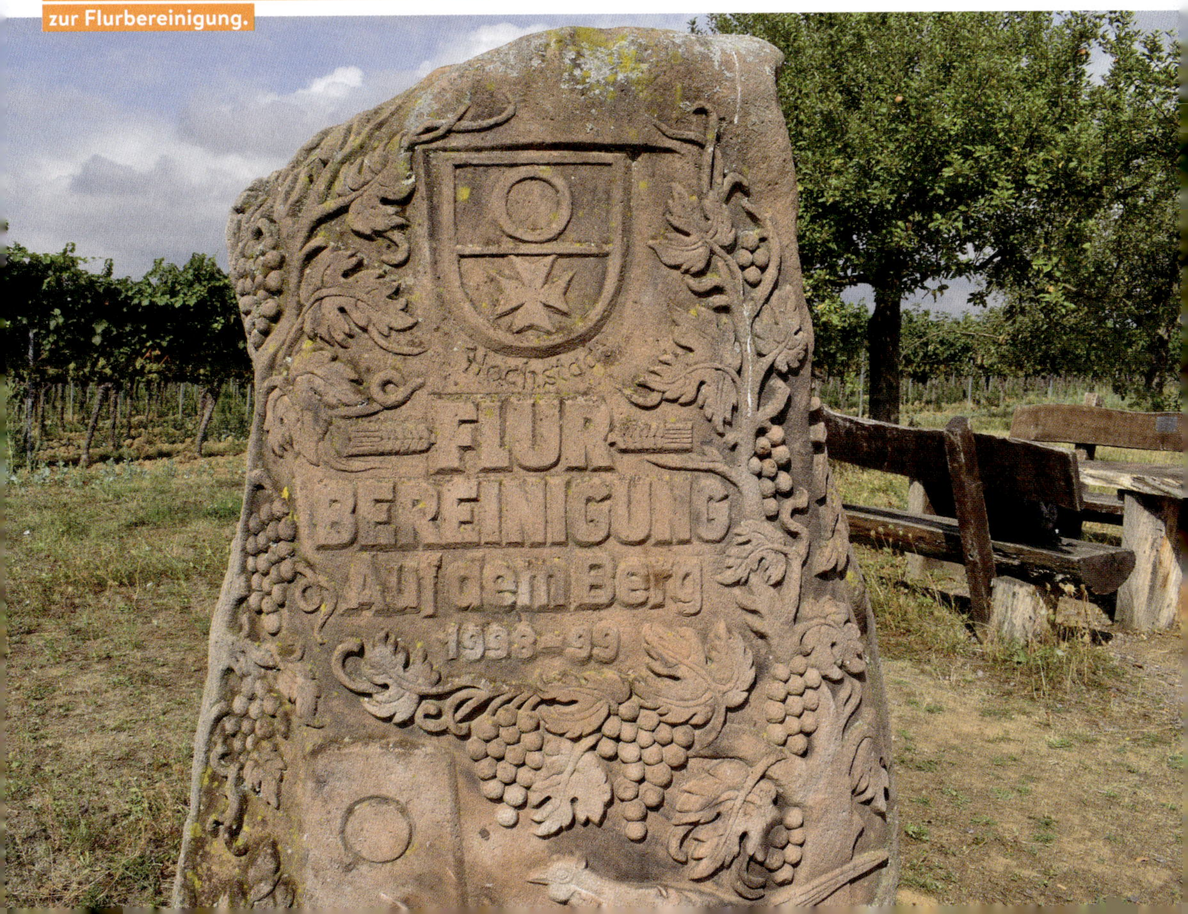

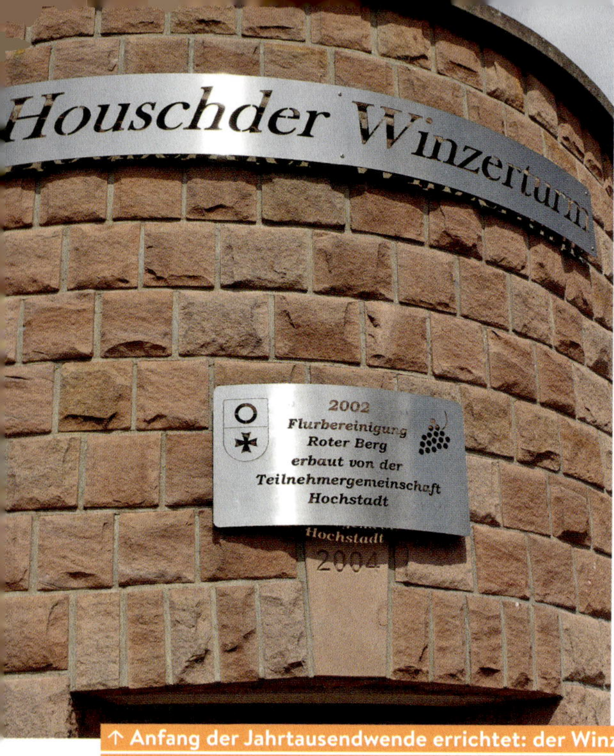

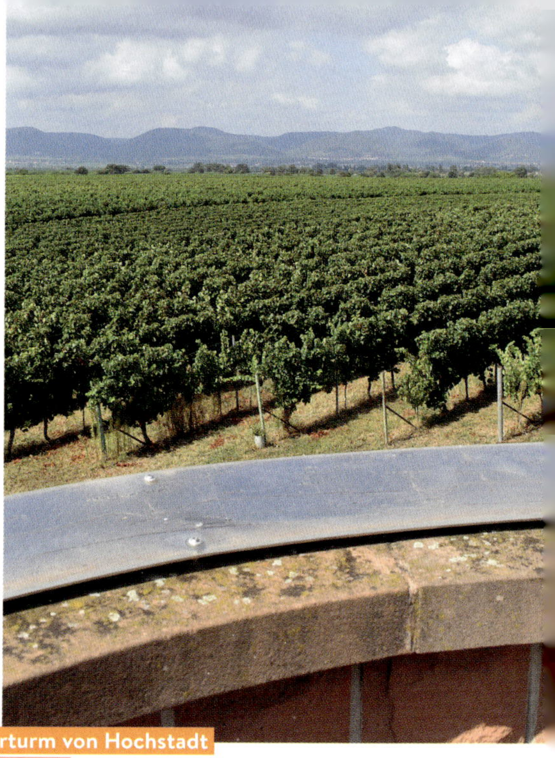

↑ Anfang der Jahrtausendwende errichtet: der Winzerturm von Hochstadt
↗ Die Fernsicht vom Winzerturm reicht bis zum Pfälzerwald.

L 542. Dieser folgen wir nach Norden bis zum Ortseingang von Venningen. Auch **1 Venningen** gehört zur Verbandsgemeinde Edenkoben. Auf einem Schild am Ortseingang lesen wir, dass der Weinbau hier seit dem Jahr 859 betrieben wird.

ZUR GÄUSCHULE Wir gehen nicht in den Ort hinein, sondern biegen vor dem Sportplatz des TSV Venningen-Fischlingen nach rechts ab. Es folgt eine lange Gerade durch die Modenbachniederung. Der Modenbach entspringt im Pfälzerwald und entwässert nach 30 Kilometern zum Speyerbach. Zahlreiche andere Bachläufe durchziehen dieses Niederungsgebiet. Das Gebiet zeichnet sich durch flächenhafte Grünlandzüge, Brachen und Feuchtlandwiesen aus. Dieses Gebiet ist als Flora-Fauna-Habitat ausgewiesen, d. h. es handelt sich um ein Gebiet des Natur- und Landschaftsschutzes. Es gibt dort seltene Pflanzen, Schmetterlinge, aber auch Libellen und Amphibien. Auf einer Geraden wandern wir nach Osten; nach zwei Kilometern schwenkt der Weg nach Norden. Nach Erreichen des Triefenbachs geht es noch einmal einen Kilometer nach Osten. Dann ist die L 540 erreicht. Diese wird überquert. Noch einmal geht es 500 Meter entlang des Triefenbachs nach Osten. Dann schwenken wir nach Süden. Bald ist die **2 Gäuschule** erreicht. Es ist eine besondere Schule – sie befindet sich in landwirtschaftlichem Gelände weit außerhalb der umliegenden Orte.

ÜBER DEN LERCHELSBERG Wir gehen an der Schule vorbei – unser Weg zeigt in südlicher Richtung auf den Ort Freimersheim (Pfalz). Wir überqueren den Lachgraben und den Modenbach – auf der Rathausstraße erreichen wir die Hauptstraße des Orts. Wir halten uns links; die erste Abzweigung nach rechts ist die Ackergasse. Dieser folgen wir aus dem Ort hinaus. Die L 507 wird erreicht.

Diese wird überquert; kurz danach auch die K 38. Das nächste Gewässer, das wir erreichen, ist der Kaltenbach. Nun geht es zum Lerchelsberg an der L 540. Dazu gehen wir vom Modenbach nach rechts und gleich wieder nach links, um durch leicht ansteigendes Gelände voranzukommen. An der nächsten Weggabelung halten wir uns wieder rechts. Bald ist die Landesstraße erreicht. Jetzt geht es bis zu unserem Endpunkt wieder ausschließlich durch Weinberge. Zuerst bleiben wir auf dem Weg nach Westen. An einem Wegdreieck steigt dieser dann nach Südosten an und knickt nach knapp 400 Metern Wegstrecke nach Süden ab. Nur ein kurzes Stück weiter (150 m) biegen wir dann nach rechts ein. Der Weg führt direkt zum **3 Houschder Winzerturm** – ein Sandsteinrundbau mit Freitreppe. Er gewährt einen einzigartigen Rundblick über die Weinbaulandschaft rund um Hochstadt. Wir gehen noch ein Stück nach Westen und erreichen unseren Herweg nicht weit von unserem Ausgangspunkt dem **E Friedhof von (Ober-) Hochstadt**.

INFO

TOURENCHARAKTER
Lange Rundwanderung mit wenigen Anstiegen

AUSGANGS-/ENDPUNKT
Hochstadt, Parkplatz am Friedhof (133 m)

GPS
49.240277, 8.201111

ANFAHRT
Auto: Auf der A 65 bis Landau-Nord (Überleitung zur B 272); auf der B 272 bis Hochstadt. Parkplätze am Friedhof
Bus & Bahn: Von Landau mit dem Bus bis Hochstadt

GEHZEITEN
Hochstadt–Venningen 1.25 Std.–Gäuschule 1.05 Std.–Hochstadt 1.35 Std.

EINKEHR
Hochstadt, Großfischlingen

KARTE
Topographische Karte Zeiskam (Blatt 6715), 1:25 000

INFORMATION
Verbandsgemeinde Offenbach a. d. Queich, Konrad-Lerch-Ring, 76877 Offenbach, www.offenbach-queich.de

Mittel	16,6 km	96 Hm	4.05 Std.

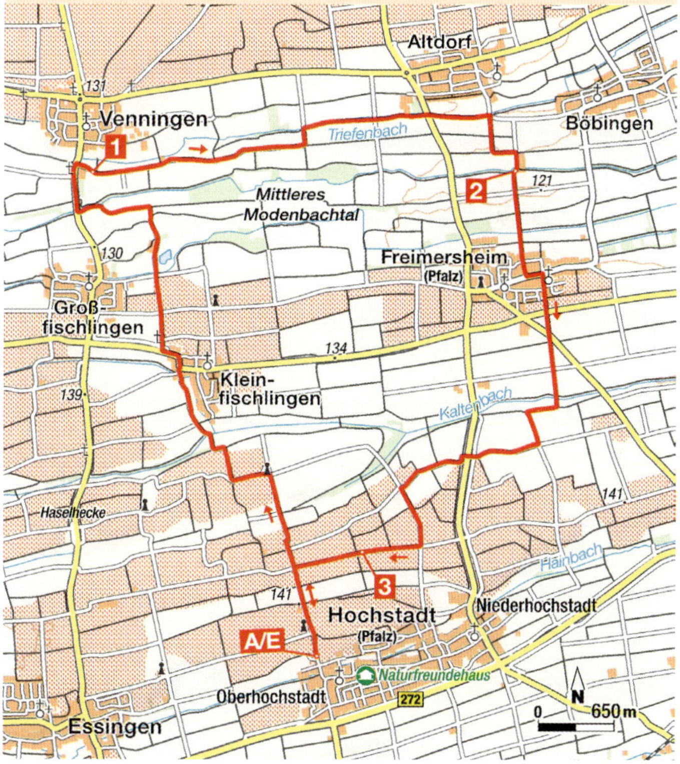

Vom Hermersbergerhof zum Annweiler Forsthaus

Der Geburtstag des Prinzregenten

Die Pfalz gehörte fast 150 Jahre zu Bayern. Heute sind noch zahlreiche Hinweise auf diese lange Regentschaft zu finden. Seien es, wie auf dieser Tour, Rittersteine zum Andenken an einen Prinzregenten oder auch ein hoher Aussichtsturm, dessen Namensgeber Prinz Luitpold von Bayern war. Dieser Turm bietet uns den besten Rundblick über den Pfälzerwald.

20

Auf dem Weißenberg wurde im Jahr 1911 der Luitpoldturm errichtet.

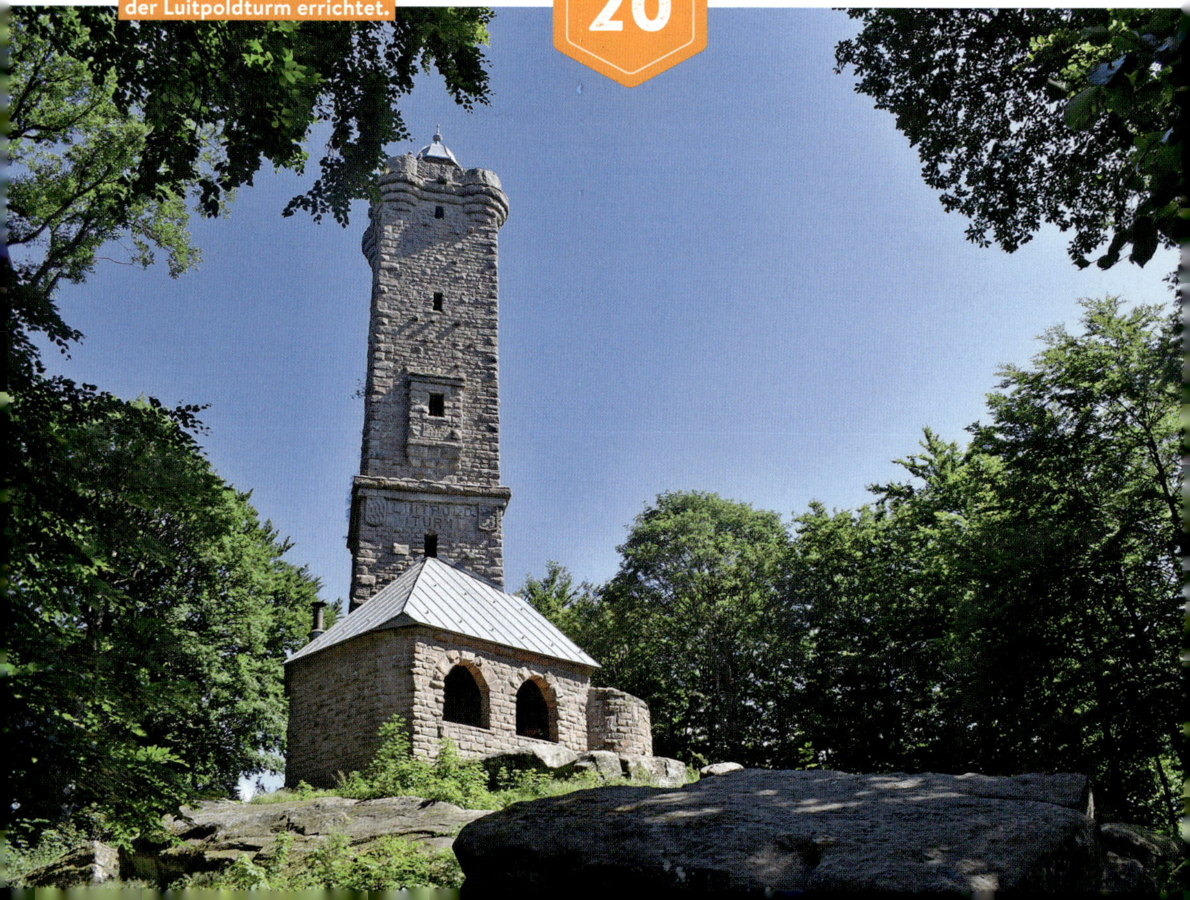

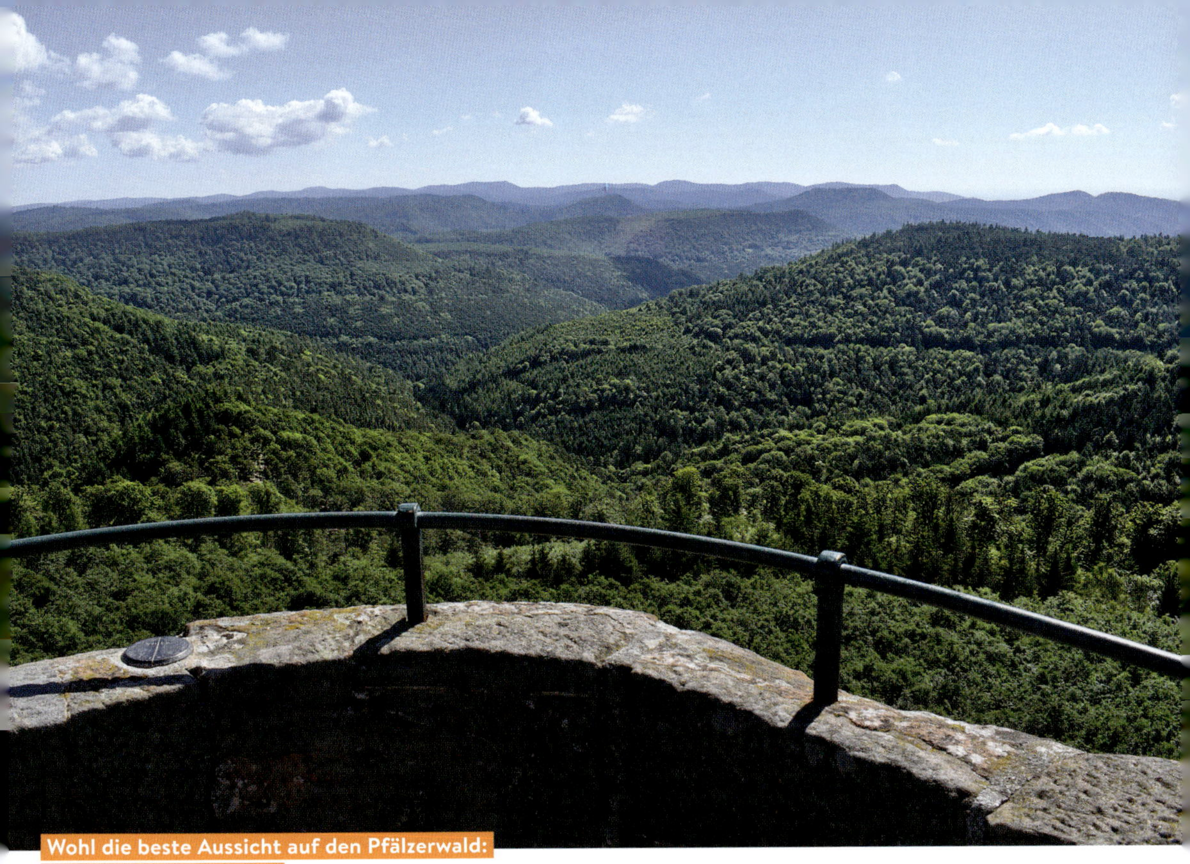

Wohl die beste Aussicht auf den Pfälzerwald: Blick vom Luitpoldturm

NACH HOFSTÄTTEN Auf dem Weg von Wilgartswiesen zum Hermersbergerhof kommen wir an der sogenannten »Alten Straße« vorbei. Dabei handelt es sich um die Falkenburger Steige. Dieser Anstieg der überregionalen Verbindung vom Rhein nach Lothringen wurde schon von Kelten und Römern benutzt. Heute noch zu erkennen sind die Spurrillen. Diese haben die Eisenbeschläge der Wagenräder im Buntsandstein hinterlassen. Kurz vor dem A **Hermersbergerhof** befindet sich ein Wanderparkplatz. In dem kleinen Ort selbst darf nicht geparkt werden. Vom Wanderparkplatz gehen wir die wenigen Schritte an der Straße entlang und befinden uns dann schon an der einzigen Straßenkreuzung im Ort. Wir gehen nach links und folgen dem Pfad, der nach Westen führt. Unser Wanderzeichen ist das blaue Kreuz. Der Weg knickt nach Norden ab und führt parallel zur Straße weiter. Etwas abseits des Wegs befindet sich der Dreiherrenstein. Es handelt sich um einen Ritterstein; er nimmt Bezug auf die Grenzziehung an dieser Stelle zwischen der Markgrafschaft Baden, den Grafen von Leiningen sowie den Herrschern von Pfalz-Zweibrücken. Die Buchstabenkombination KW (Königlicher Wald) geht auf die Zugehörigkeit der Pfalz zum Königreich Bayern zurück. Ebenfalls nicht fehlen darf das Kürzel pwv für den Pfälzerwald-Verein. Nicht viel weiter auf unserem Weg gelangen wir zum Luitpoldstein. Errichtet wurde er zum 90. Geburtstag des Prinzregenten Luitpold von Bayern im Jahr 1911. Es folgt ein kurzer Anstieg zum 1 **Luitpoldturm**. Dieser Turm wurde in den Jahren 1908 bis 1909 erbaut; von der knapp 30 Meter hohen Aussichtsplattform bietet er die vielleicht besten

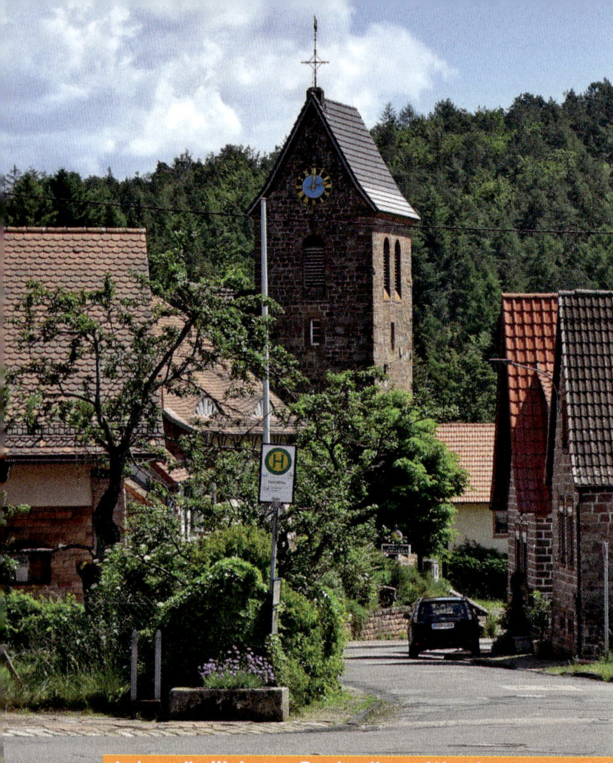

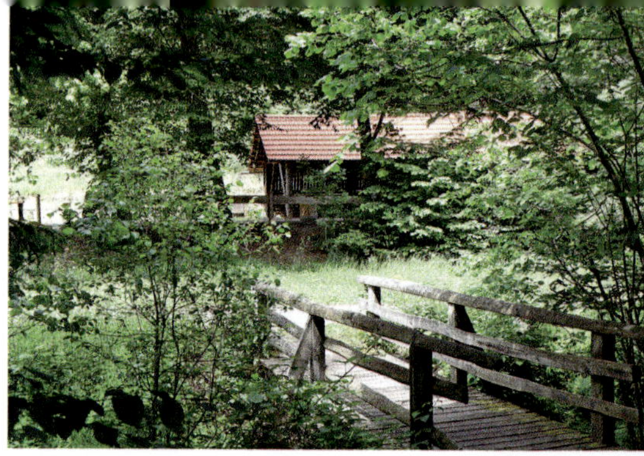

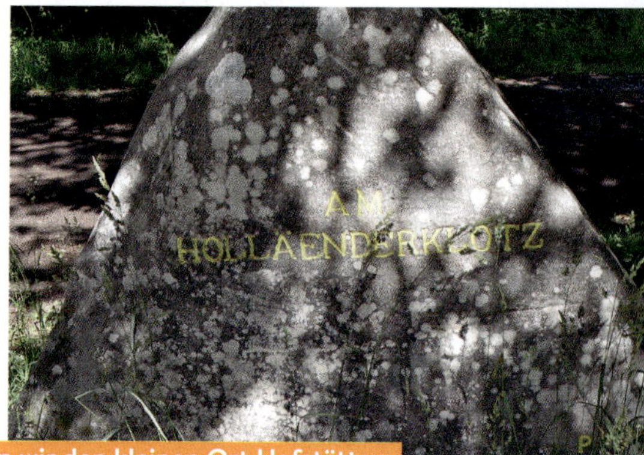

↑ Am nördlichsten Punkt dieser Wanderung erreichen wir den kleinen Ort Hofstätten.
↗ Nach dem Abstieg vom Annweiler Forsthaus gelangen wir zur Fischerhütte.
→ Der Stein Holländerklotz erinnert an die Aktivitäten holländischer Kaufleute.

Fernsichten über den Pfälzerwald. Wir gehen weiter nach Norden, achten darauf, dass vom Hauptweg ein Pfad mit unserer Markierung blaues Kreuz nach rechts abgeht. Es geht ein Stück hinunter zum nächsten Ritterstein, dem Holländerklotz. Der Name nimmt Bezug auf die Aktivitäten holländischer Kaufleute. Diese waren in vergangenen Jahrhunderten im Pfälzerwald auf der Suche nach geeignetem Holzmaterial für den niederländischen Schiffsbau unterwegs. Weiter geht es nach Norden; unsere Wandermarkierung gilt nur noch bis zur nächsten Wegverzweigung. Dann geht es mit dem Zeichen blau-roter Balken weiter. Es folgt eine Gerade durch den Wald; von links stößt ein Weg mit der Markierung gelber Balken zu unserem Weg. Kurz danach geht unser Weg vom Hauptweg nach links ab. Beide Wanderzeichen geleiten uns hinunter zu unserem ersten Etappenziel, dem kleinen Ort **2 Hofstätten**.

ZUM SCHWARZEN FUCHS Hofstätten ist Ortsteil der Ortsgemeinde Wilgartswiesen; diese gehört wiederum zur Verbandsgemeinde Hauenstein. Der Ort zählt gerade einmal 100 Einwohner. Auf der Hohlstraße erreichen wir die kleine Ortsmitte. Hier biegen wir nach rechts in die Ortsstraße ein; diese verlassen wir aber gleich wieder nach links zum Dammweg. An zwei, drei Häusern vorbei, befinden wir uns schon wieder außerhalb der Ortschaft. Der Weg steigt jetzt an; mit unserem neuen Wanderzeichen blau-gelber Balken befinden wir uns schnell wieder im Wald. Hinauf geht es in den Annweiler Stadtwald. Der Weg fällt dann wieder leicht ab, um danach noch einmal anzusteigen. Nach einem kurzen Abstieg ist dann das Annweiler Forsthaus erreicht. Dort gibt es ein Ausflugslokal (Schwarzer Fuchs) mit Übernachtungsmöglichkeit (Mi–So 11.00–19.00 Uhr geöffnet).

RAST AN DER HAHNENHÜTTE Unsere Wandermarkierung behalten wir bei; es geht jetzt ein längeres Stück bergab. Kurz vor Erreichen der Talsohle erreichen wir einen Forstweg. Dann treffen wir auf die Straße, die zum Forsthaus Annweiler führt. Hier achten wir auf den Rettungspunkt 6713-210 und unsere neue Markierung rotweißer Balken bzw. blau-weißer Balken. Wir überqueren den Kaltenbach und gehen jetzt in nordwestlicher Richtung. Der Weg steigt gleich stark an und dreht im Laufe des Anstiegs nach Westen. Nach dem ersten Anstieg wird ein breiterer Forstweg erreicht. Dieser führt uns zur **3 Hahnenhütte**. Vor dem zweistöckigen Sandsteinbau laden Holzbänke zur Rast ein. Die Hütte selbst ist verschlossen und kann nicht betreten werden. Es folgt der letzte kurze Anstieg auf dieser Wanderung; bald treten wir aus dem Wald heraus und erreichen nach wenigen Metern den Hermersbergerhof. Schnell sind wir dann wieder an der Straßenkreuzung in der Ortsmitte; von dort gehen wir die wenigen Meter zum **E Wanderparkplatz** zurück.

INFO

TOURENCHARAKTER
Lange Rundwanderung durch das Kerngebiet des Pfälzerwalds

AUSGANGS-/ENDPUNKT
Hermersbergerhof, Wanderparkplatz (539 m)

GPS
49.239722, 7.834722

ANFAHRT
Auto: Auf der B10 von Landau oder Pirmasens nach Wilgartswiesen; weiter auf der K56 nach Hermersbergerhof. Wanderparkplatz am Ortseingang. Im Ort selbst darf nicht geparkt werden.
Bus & Bahn: Mit dem Anrufsammeltaxi von Wilgartswiesen nach Hermersbergerhof

GEHZEITEN
Hermersbergerhof–Hofstätten 1.50 Std.–Annweiler Forsthaus 0.55 Std.–Hermersbergerhof 2.15 Std.

EINKEHR
Hofstätten, Annweiler Forsthaus

KARTE
NaturNavi Pfälzerwald 5 (Blatt 41-546), 1:25 000

Mittel	17,3 km	1080 Hm	5.00 Std.

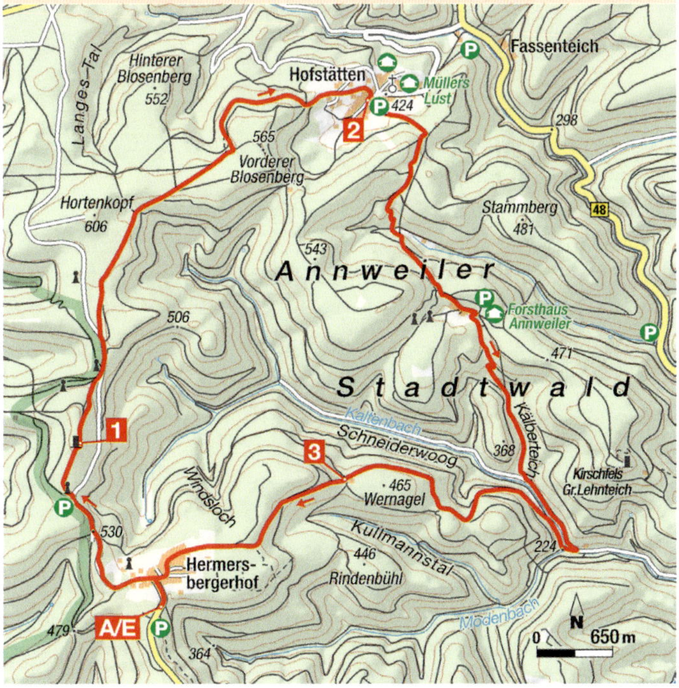

INFORMATION
Ortsgemeinde Wilgartswiesen, Bahnhofstraße 2, 76848 Wilgartswiesen, www.wilgartswiesen.de

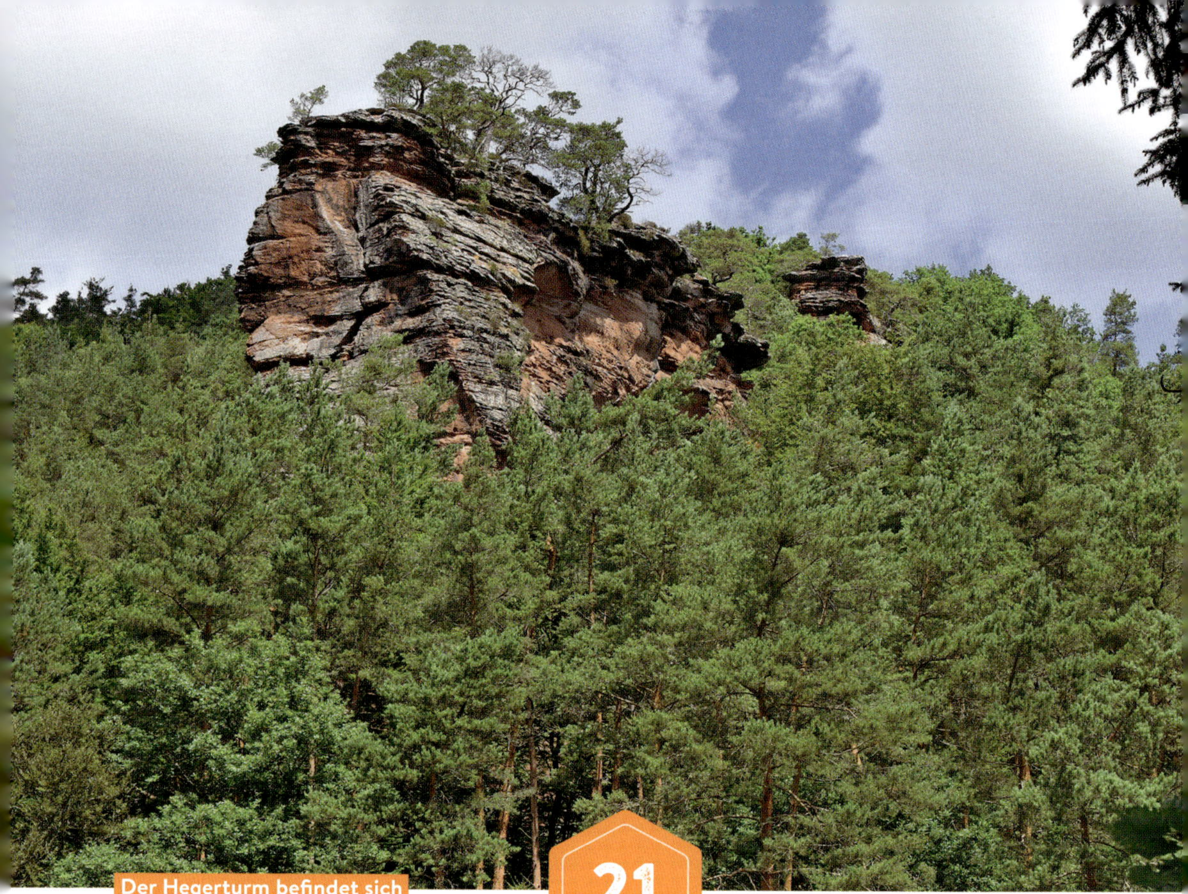

Der Hegerturm befindet sich am Ortseingang von Erfweiler.

21

Über den Soldatenkopf zur Dicken Eiche

Auf der Eisenleiter zum Hühnerstein

Hauenstein ist bekannt für sein Schuhmuseum. Weniger bekannt sind die vielen Wanderwege, die es rund um den Ort gibt. Wir haben es hier mit einer anspruchsvollen Rundwanderung zu tun, die in dieser Form wohl selten gegangen wird. Auf der ersten Etappe lädt eine Pfälzerwaldhütte zur Rast ein. Am Ende der Tour befindet sich am Paddelweiher ein weiteres Ausflugslokal.

ÜBER DEN SOLDATENKOPF Ausgangspunkt dieser Tour ist das **A Deutsche Schuhmuseum** (tgl. 9.30–17.00 Uhr geöffnet). Das Museum bietet eine Vielzahl von Attraktionen, darunter den größten Schuh der Welt (Schuhgröße 1071) oder Originalschuhe von Götz George über Joe Cocker bis Helmut Kohl. Sammlungen verschiedener Schuhhersteller ergänzen die Dauerausstellung zur Schuhproduktion. Unsere Wanderung lässt sich auch hier starten; allerdings ist die Zahl der Parkplätze am Museum begrenzt. Wir gehen weiter auf der Turnstraße und folgen dann der Straße Am Weimersberg bis zu deren Ende. Dort finden wir unsere Wandermarkierung, den roten Punkt. Dieser führt uns zum Naturdenkmal Kreuzelfelsen auf dem Weimersberg. Hier genießen wir den Blick auf Hauenstein sowie die gegenüberliegenden Burgenhalderfelsen. Auf dem weiteren Weg erkennen wir einen Stichweg; dieser geht nach rechts zur ehemaligen Fliehburg Backelstein ab. Über den Soldatenkopf wandern wir weiter in südlicher Richtung. An einer Schutzhütte vorbei geht es durch den Kiefern- und Laubwald im Staatsforst Hinterweidenthal. Schließlich erreichen wir den Hühnerstein in 456 Metern Höhe. Der Hühnerstein kann über eine steile Leiter mit Absturzsicherung bestiegen werden. Unser Weg steigt jetzt leicht bis zu einer Wegverzweigung an. Dort orientieren wir uns am Wegweiser, der uns zum **1 Wanderheim Dicke Eiche** führt. Das Wanderheim bietet auch Übernachtungsmöglichkeiten an (Mi, Sa, So, Fei 10.00–18.00 Uhr geöffnet, www.pwv-hauenstein.de).

ZUM LANDSCHAFTSWEIHER Vom Wanderheim gehen wir die wenigen Meter bis zum Naturdenkmal »Dicke Eiche«. Der

Sitzbänke am Landschaftweiher bieten sich zur Rast an.

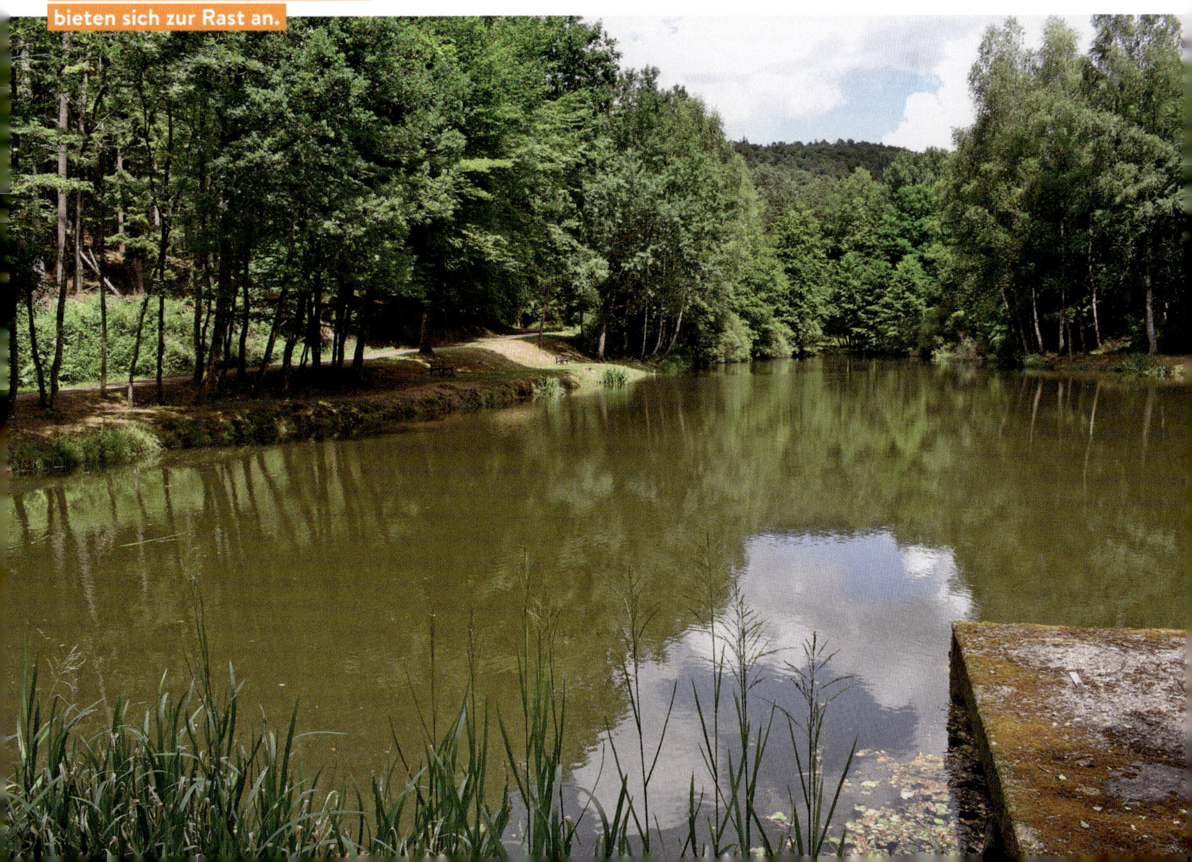

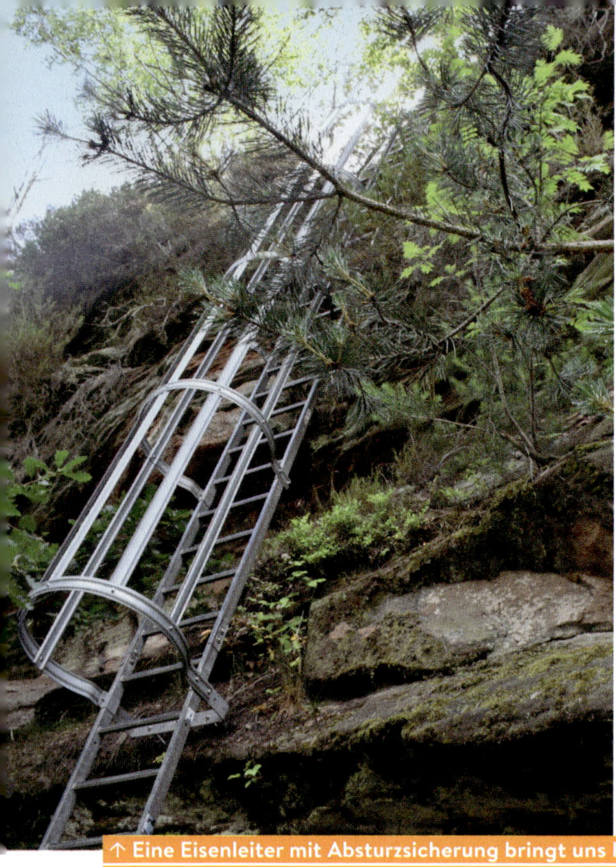

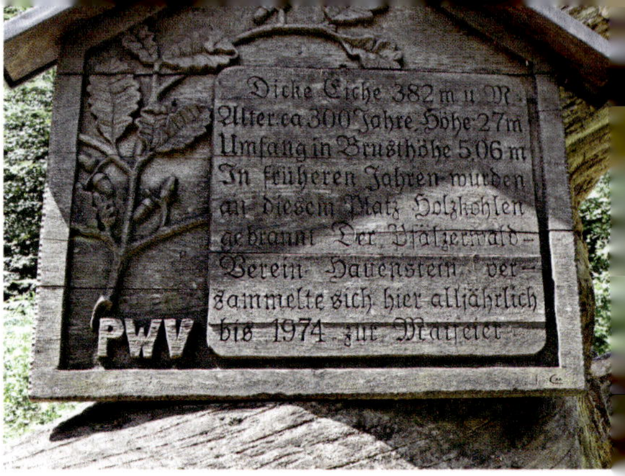

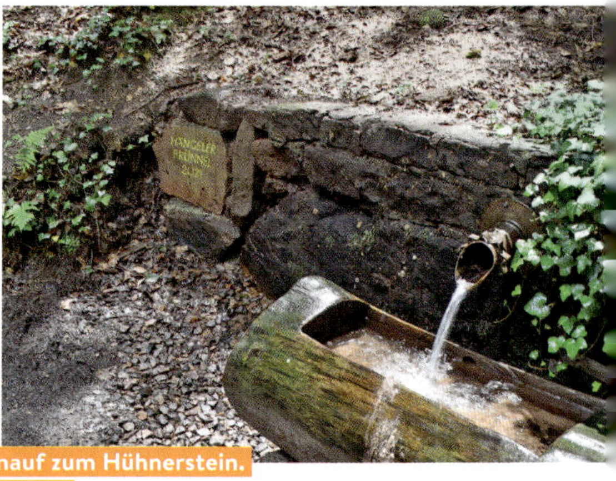

↑ Eine Eisenleiter mit Absturzsicherung bringt uns hinauf zum Hühnerstein.
↗ Eine Holztafel erinnert an das Naturdenkmal Dicke Eiche.
→ Das Hängeler Brünnel wurde im Jahr 2021 neu eingefasst.

Baum mit einem Alter von ca. 300 Jahren, einer Höhe von 27 Metern und einem Stammumfang von mehr als fünf Metern stand dort bis zum Jahr 2010. Die Eiche musste dann gefällt werden. Die Standsicherheit war nicht mehr gegeben. Im Jahr 2011 wurde dann eine neue Eiche gepflanzt. Dort nehmen wir den gelben Punkt als Wanderzeichen auf. Bis zu unserem nächsten Etappenziel Erfweiler geht es nur bergab. Kurz vor dem Ortseingang lädt uns eine Holzbank zur Rast an einem Sandsteinkruzifix ein. Auf der gegenüberliegenden Talseite ist das Naturdenkmal Hegerturm zu sehen. An einer kleinen Kapelle vorbei, erreichen wir über die Bärenbrunnerstraße die Ortsmitte. Dort nehmen wir unser neues Wanderzeichen, den rot-weißen Balken, auf. Auf der Winterbergstraße gelangen wir zu einem Wanderparkplatz. Hier gehen wir zunächst am Waldrand entlang nach Norden. Auf leicht ansteigendem Weg erreichen wir jetzt den **2 Landschaftsweiher** »Im Bottental«. Der Weiher wurde im Jahr 1983 neu angelegt. Mitte des 18. Jahrhunderts befanden sich an dieser Stelle schon einmal drei Fischweiher. Fische dienten den Bewohnern der Klöster zur damaligen Zeit als Nahrung während der Fastenzeit.

BLICK AUF HAUENSTEIN Wir passieren das idyllische Gewässer auf dessen linker Seite; der Weg steigt durch das Finstertal jetzt deutlich an. Am Ende dieses Anstiegs erreichen wir die Schutzhütte Vier Buchen (Rettungspunkt 6812-351). Wir behalten unser Wanderzeichen rot-weiß bei. Laufrichtung ist jetzt Nordosten. Der Weg über den Zimmeberg fällt kontinuierlich ab. Unterwegs erreichen wir das Hängeler Brünnel. Es wurde im Jahr 2021 neu eingefasst. Bald darauf ergibt sich ein Blick auf Hauenstein. Im Ort dominiert dabei die katholische Christkönigkirche. Die zweitürmige Kirche wurde in den Jahren 1931 bis 1933 errichtet. Die Steine für die Kirche wurden an unserem Standort gebrochen. Am 9. November 1931 kam es in diesem Zusammenhang zu einem Sprengunglück. Dabei kamen fünf Arbeiter ums Leben. Eine Gedenktafel weist an dieser Stelle auf den Vorfall hin. Unser Weg dreht jetzt nach Süden; er steigt noch einmal kurz an, fällt dann aber bis zum Paddelweiher und dem dortigen Wanderparkplatz ab. Der **3 Paddelweiher** ist ein regionales Ausflugsziel; es befindet sich dort eine Waldgaststätte (Di–So geöffnet). Auf der Dahner Straße gehen wir bis zur Trifelsstraße; auf der Gartenstraße und über die Turmstraße gelangen wir zurück zu unserem Ausgangspunkt dem **E Deutschen Schuhmuseum**.

INFO

Mittel | **18,9 km** | **880 Hm** | **5.30 Std.**

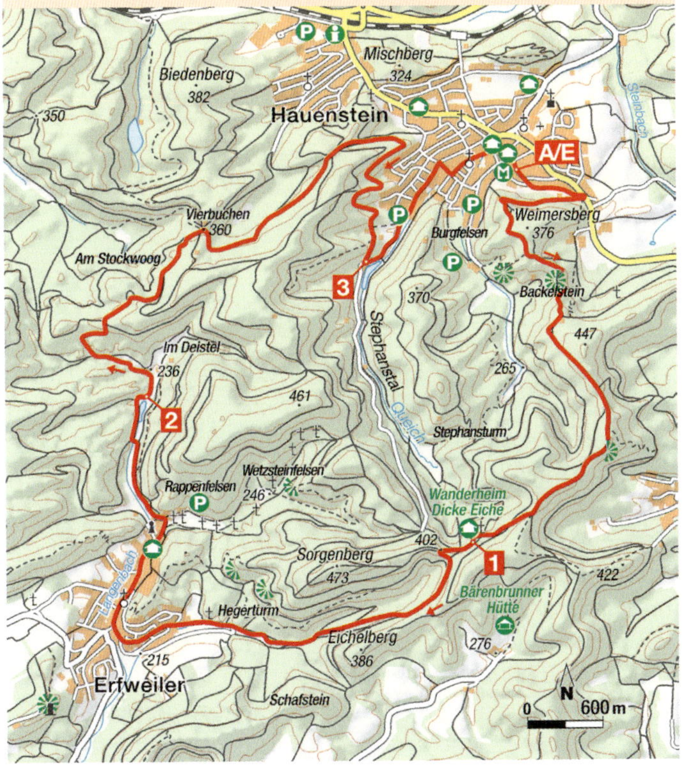

TOURENCHARAKTER
Rundwanderung mit zahlreichen An- und Abstiegen

AUSGANGS-/ENDPUNKT
Hauenstein, Deutsches Schuhmuseum (245 m)

GPS
49.189444, 7.855555

ANFAHRT
Auto: Auf der B10 von Landau oder Pirmasens nach Hauenstein; im Ort den Wegweisern zum Schuhmuseum folgen
Bus & Bahn: Mit der Regionalbahn von Pirmasens oder Landau zum Bahnhaltepunkt Hauenstein. Von dort ca. 2 km bis zur Stadtmitte

GEHZEITEN
Hauenstein–Dicke Eiche 1.30 Std.–Erfweiler 1.00 Std.–Vier Buchen 1.25 Std.–Hauenstein 1.35 Std.

EINKEHR
Hauenstein, Wanderheim Dicke Eiche, Paddelweiher

KARTE
NaturNavi Dahner Felsenland (Blatt 41-544), 1:25 000

INFORMATION
Tourist-Info-Zentrum Pfälzerwald, Urlaubsregion Hauenstein, Schuhmeile 1, 76846 Hauenstein, www.urlaubsregion-hauenstein.de

Durch das Storrbachtal zu den Drei Buchen

Schutzhütte mit Gardinen

Der Waldreichtum führte dazu, dass die Flößerei im Pfälzerwald seit dem Mittelalter eine wichtige Rolle spielte. Auf dieser Wanderung sehen wir Teile der Anlagen, die für das Triften notwendig waren. Eine Pfälzerwaldhütte lädt unterwegs zur Rast ein. In der Nähe von Lemberg gelangen wir zu einer beeindruckenden Buntsandsteinformation.

Zahlreiche Stauwehre erinnern an die einst lukrative Holzflößerei.

22

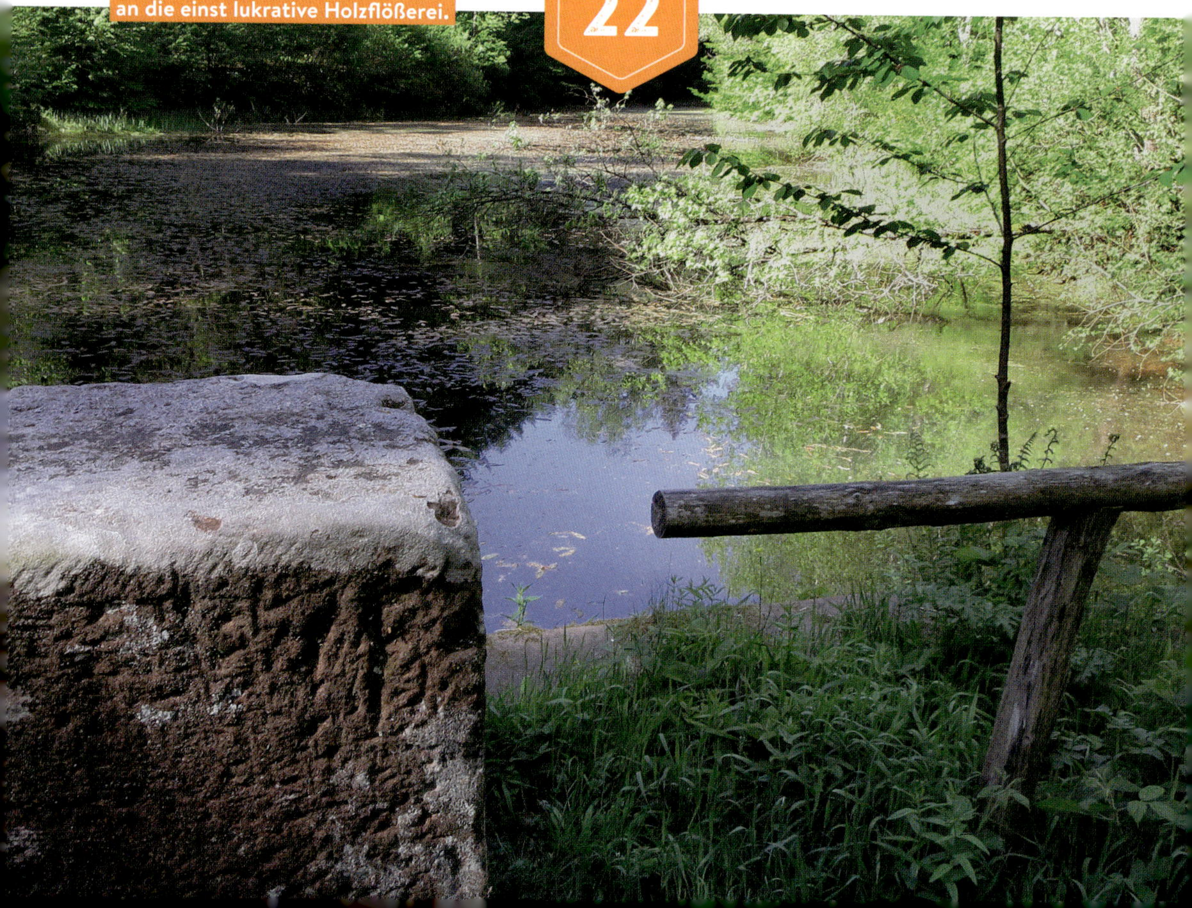

DIE GROSSE TRIFT Unser Weg führt ab dem **A Wanderparkplatz Storrbach** nach Süden; er ist mit einem grünen Dreieck gekennzeichnet. An Fischteichen vorbei geht es auf einem Fahrweg langsam aufwärts; als erster markanter Punkt wird die Ruine Forsthaus Storrwoogerhof erreicht. Auf einem Ritterstein erfahren wir, dass dieses Forsthaus von 1735 bis 1892 bestand. Im Jahr 1833 wurde der Hof durch den Bayerischen Staat aufgekauft und einem Forstwart zugewiesen. Im Jahr 1892 wurde das Haus dann abgetragen. Im Storrbachtal ist die Trift, also die Holzflößerei, seit dem 14. Jahrhundert bekannt. Aber erst Mitte des 18. Jahrhunderts wurde die Holzflößerei im Pfälzerwald in größerem Maßstab betrieben. Dazu wurden verschiedene Bäche in den Zustand versetzt, dass Holz darauf transportiert werden konnte.
Die Bäche wurden aufgestaut und dann mit Holz befüllt. Danach öffnete man die Stauwehre; das Holz wurde talwärts befördert. Mitte bis Ende des 19. Jahrhundert verbesserten sich die Verkehrsverhältnisse. Mit der Bahn von Landau nach Zweibrücken sowie der Stichbahn von Hinterweidenthal nach Dahn konnten größere Mengen an Holz wirtschaftlicher abtransportiert werden. Die Trift kam nach und nach zum Erliegen.

SAMMELBECKEN FÜR TRIFTHOLZ Weiter geht es leicht bergauf nach Süden. Wir erreichen die Wüstklamm. Auf einer Schautafel erfahren wir, dass hier im Jahr 1836 die Philippsklause erbaut wurde. Es handelt sich dabei um eine Nebenschleuse im Storrbachtal. Um die Fließgeschwindigkeit des Wassers zu verringern, wurden sogenannte Rumpeln eingebaut. An Wegübergängen gab es dagegen Triftviadukte. Das Bachbett wurde dabei meist durch Steinplatten abgedeckt. Bemerkenswert sind die Reste dieser Triftanlage, die sich an dieser Stelle bewundern lassen. Wir

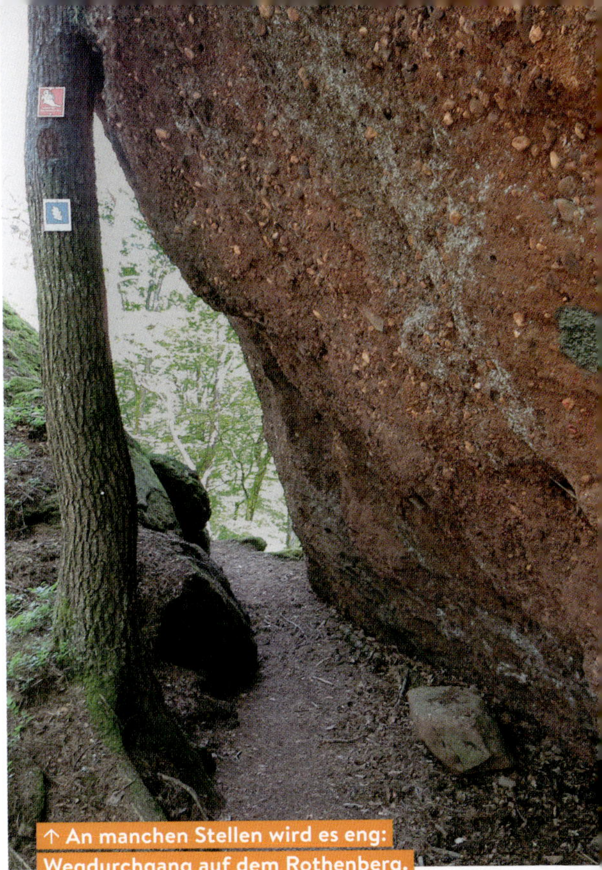

↑ An manchen Stellen wird es eng: Wegdurchgang auf dem Rothenberg.

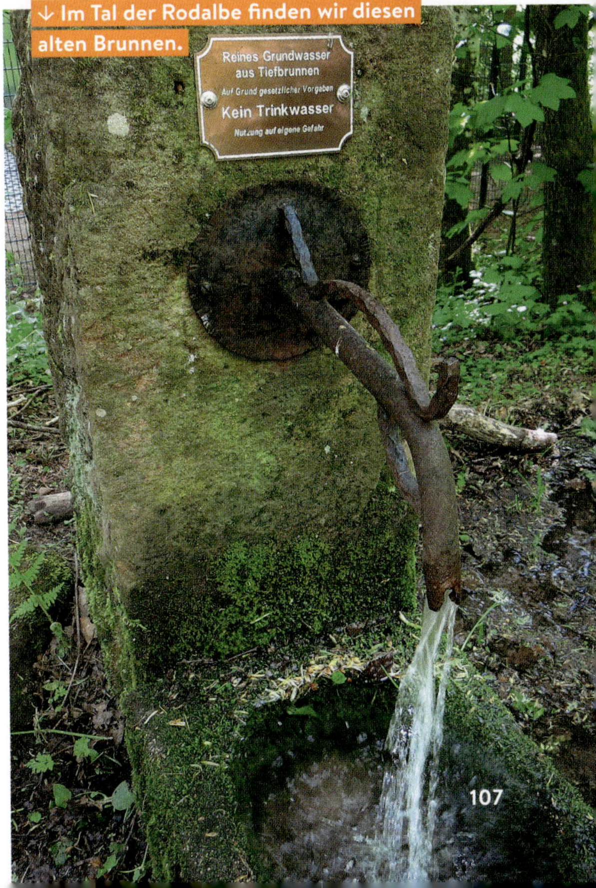

↓ Im Tal der Rodalbe finden wir diesen alten Brunnen.

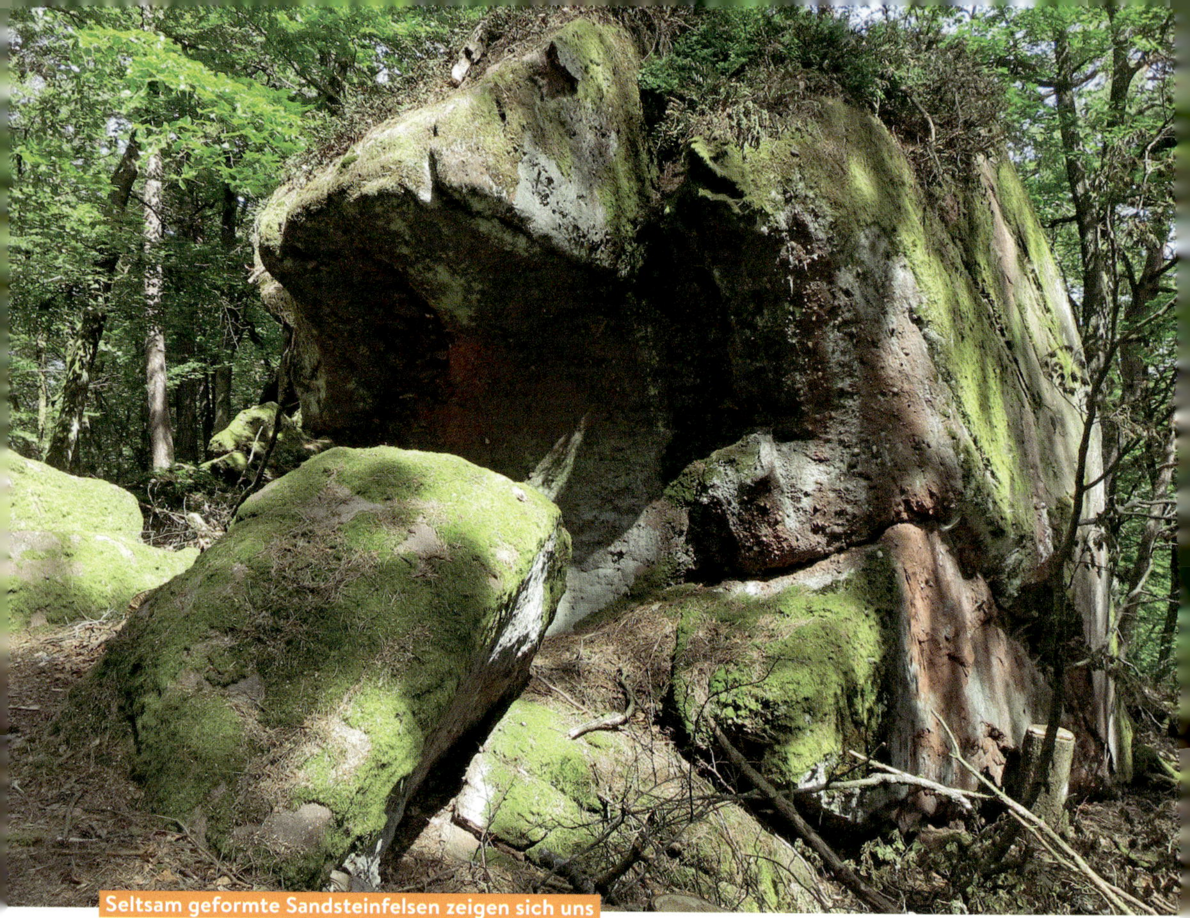

Seltsam geformte Sandsteinfelsen zeigen sich uns auf dem Weg oberhalb von Lemberg.

gehen weiter bergauf. Nächstes Ziel ist das Friedrichshäuschen. Nähert man sich dem Holzhäuschen, hat man den Eindruck, es sei bewohnt. Gardinen hängen an den Fenstern, Geranienkästen am Eingang. Es ist aber schlicht eine andere Art von Schutzhütte. Die Geschichte des Friedrichshäuschens reicht bis in das Jahr 1890 zurück. Damals wurde es von der königlichen Forstbehörde erbaut. Es diente zur Übernachtung von Forstleuten und später von Fuhrleuten des Holztransports. Selbst Pferde konnten in dem Gebäude untergebracht werden. Das Haus wurde nach dem Zweiten Weltkrieg abgerissen. An seiner Stelle wurde dann im Jahr 1995 eine Schutzhütte erbaut. Nicht weit hinter der Schutzhütte erreichen wir dann den Melkenplätzerweiher. Hier befanden sich der Ausgangspunkt des Triftkanals sowie das Sammelbecken des Triftholzes.

ZU DEN DREI BUCHEN Unser Weg biegt jetzt nach Westen ab und ist ohne besondere Wegmarkierung. Wir steigen durch das Schöntal an und erreichen den Scheitelpunkt beim Rettungspunkt 6811-226. Der Weg führt jetzt ins Tal des Kröppenbach. Zwischen Hübelsberg und Winterberg erreichen wir dann einen **1 Wanderparkplatz am Stephanshof**. Kurz vorher geht mit dem Wanderzeichen grünes Kreuz ein Weg nach rechts, also nach Norden, ab. Wir folgen diesem bis zum Weiler Glashütte. Der Salzbach sowie die L 485 werden überquert. Auf der Ludwigstraße gehen wir nach Westen. Das Wanderzeichen grünes Kreuz behalten wir bei. Es geht jetzt stetig bergan. Beim Rettungspunkt 6811-186 folgen wir den Wegweisern zum Waldhaus Drei Buchen, einer Hütte des Pfälzerwald-Vereins (Mi, Sa, So, Fei 11.00–18.00 Uhr geöffnet).

ZUR LANGMÜHLE Mit der Markierung weißes Kreuz gelangen wir hinunter ins Tal der Rodalbe. Diesem Fluss folgen wir auf dessen rechter Seite. Nach etwa einem Kilometer Wegstrecke wechseln wir zur anderen Talseite. Dort treffen wir auf die Rodalbtalhütte. Hier handelt es sich um eine Holzhütte aus dem Jahr 1976. Wir folgen weiter der Rodalbe in nordöstlicher Richtung. Diese beschreibt nach ca. 500 Metern einen Knick nach Norden. An dieser Stelle überqueren wir sie noch einmal. Es folgt ein steiler Anstieg hinauf zum **2 Rothenberg**. Einige Meter weiter finden wir eine bedeutende Sandsteinformation. An dieser vorbei geht es hinunter bis zu den Sportplätzen am Ortseingang von Lemberg. Dort nehmen wir die Markierung rot-gelber Balken auf. Der Weg führt uns hinunter zur Ortschaft **3 Langmühle**. Wir gehen bis zur Ortsmitte; die Salzbachstraße sowie die Mühlstraße führen uns nach Osten. Bald ist dann unser Ausgangspunkt, der **E Wanderparkplatz** im Storrbachtal, wieder erreicht.

INFO

TOURENCHARAKTER
Anspruchsvolle Rundwanderung im südlichen Pfälzerwald

AUSGANGS-/ENDPUNKT
Wanderparkplatz Storrbach (238 m)

GPS
49.160000, 7.697777

ANFAHRT
Auto:
Auf der B10 von Landau oder Pirmasens nach Hinterweidenthal; über die L487 und die L486; weiter auf der L485. 200 Meter nach der Abzweigung befindet sich auf der linken Seite der Wanderparkplatz.
Bus & Bahn:
Keine Anbindung

GEHZEITEN
Storrbach–Melkenplätzerweiher 1.05 Std.–Drei Buchen 2.15 Std.–Rothenberg 1.15 Std.–Storrbach 1.25 Std.

EINKEHR
Waldhaus Drei Buchen, Langmühle

Schwer | 23,3 km | 730 Hm | 6.00 Std.

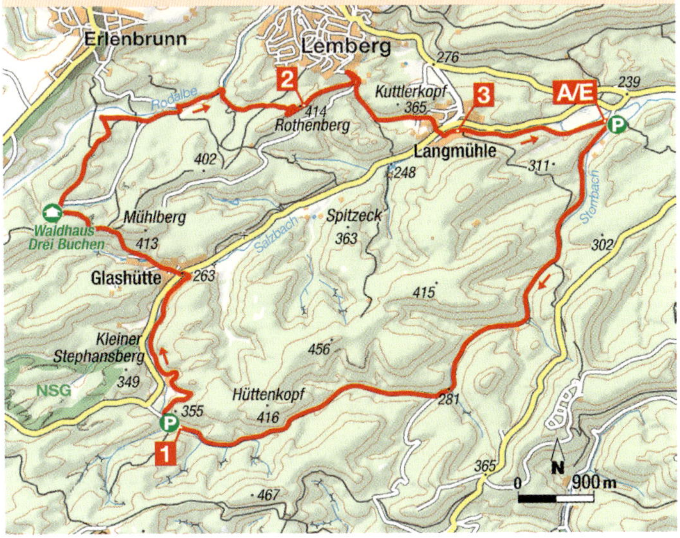

KARTE
NaturNavi Pfälzerwald 7 (Blatt 40-544), 1:25 000

INFORMATION
Verbandsgemeinde Pirmasens-Land, Bahnhofstraße 19, 66953 Pirmasens, www.urlaubsregion-pirmasens.land

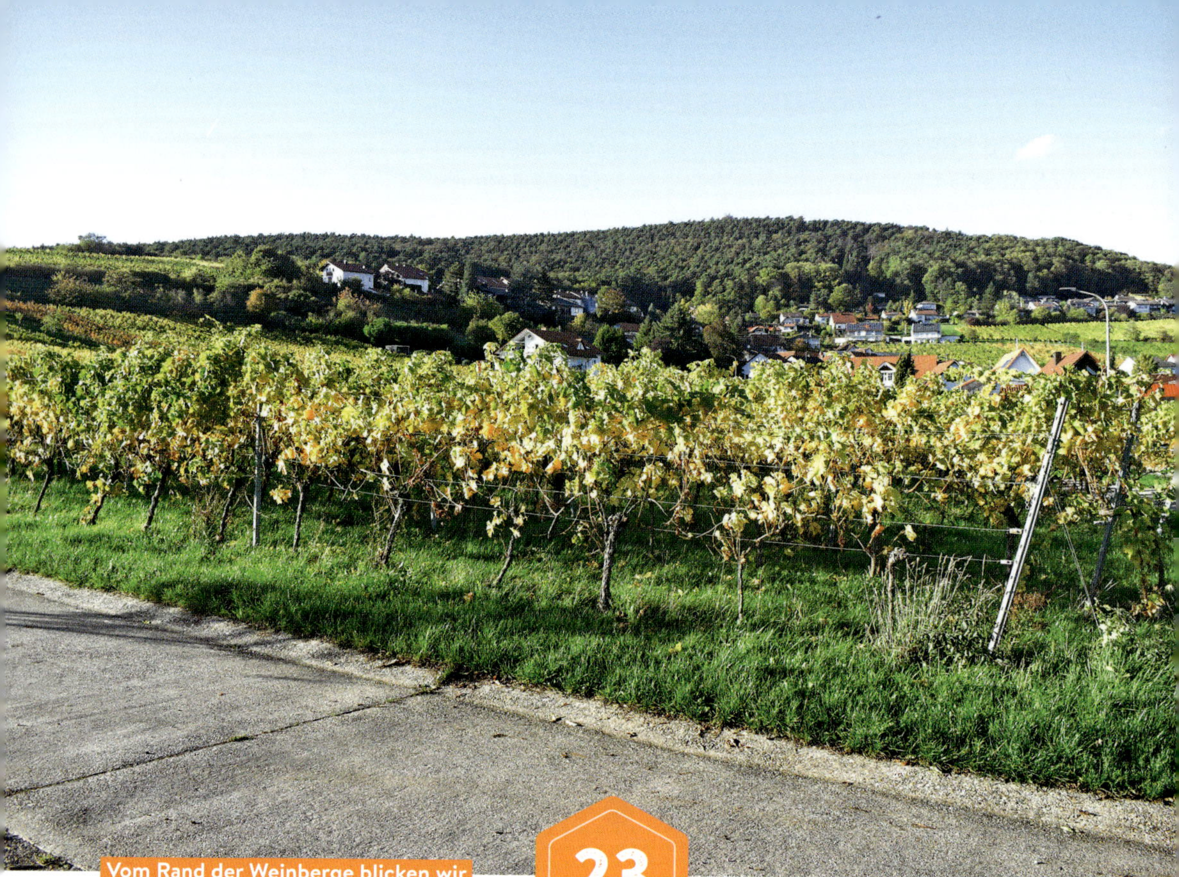

Vom Rand der Weinberge blicken wir zurück nach Gleiszellen und auf den Pfälzerwald.

23

Rundwanderweg bei Bad Bergzabern

Kirche im Weinberg

Bad Bergzabern ist als Kurort bekannt. Die Stadt liegt direkt an der Trennlinie zwischen der Rebenlandschaft des Rheintals und den Tiefen des Pfälzerwalds. Diese Tour bringt den Naturinteressierten beides nahe – nach einem steilen Anstieg auf Pfälzerwaldhöhen folgt ein Abschnitt mit wenigen Höhenunterschieden bis zur Waldgrenze. Der letzte Teil der Wanderung ist dann ausschließlich dem Rebengebiet nördlich von Bad Bergzabern gewidmet.

MARKIERUNG BLAUES KREUZ Vom **A Bahnhof in Bad Bergzabern** gehen wir über den Kreisverkehr und biegen in die Königsstraße ein, die uns zum Renaissanceschloss der Stadt führt. Dieses wurde vermutlich im 13. Jahrhundert als Wasserburg erbaut. Im Bauernkrieg 1525 zerstört, wurde das Schloss wiederaufgebaut. Eine weitere Zerstörung erfolgte im 17. Jahrhundert, dieses Mal durch französische Truppen. Auch hier erfolgte ein Wiederaufbau. Heute ist das ehemalige Schloss mit den beiden dominanten Wehrtürmen Sitz der Verbandsgemeindeverwaltung Bad Bergzabern. Wenige Meter weiter stehen wir dann vor dem schmucken Gasthaus Zum Engel. Über die Marktstraße erreichen wir den zentral gelegenen Ludwigsplatz. Wir folgen der Beschilderung, die uns zum Kurpark führt. Am Haus des Gastes vorbei folgen wir dem renaturierten Erlenbach. Es folgt ein kurzer Anstieg die Kneippstraße hinauf. Der Weg führt in den Wald hinein; es geht dann oberhalb des Schwanenweihers entlang. Wir überqueren die L 492; mit der Markierung blaues Kreuz folgen wir dem Erlenbach talaufwärts. Nach etwa 600 Metern geht nach rechts ein Weg ab. Diesem folgen wir bis zur B 427; diese wird überquert. Wir folgen ihr einige Meter; dann führt nach rechts wieder ein Weg in den Wald hinein. Es geht wieder bergauf; am Gelände Taubenbühl vorbei erreichen wir den Rettungspunkt 6813-520. Birkenkopf und Roschlkopf sind die Erhebungen, die wir auf deren rechter Seite passieren. Unsere Wandermarkierung bleibt weiterhin das blaue Kreuz. Ein letzter Anstieg bringt uns dann hinauf zur Wegspinne an der **1 Silzer Linde**. Dort befindet sich zum einen eine Schutzhütte, zum anderen ist dieser Orientierungspunkt mit einem Ritterstein gekennzeichnet.

KIRCHE IN DEN WEINBERGEN Die Wegrichtung zeigt ab hier nach Nordosten. Das Wegzeichen ist der weiß-blaue Balken.

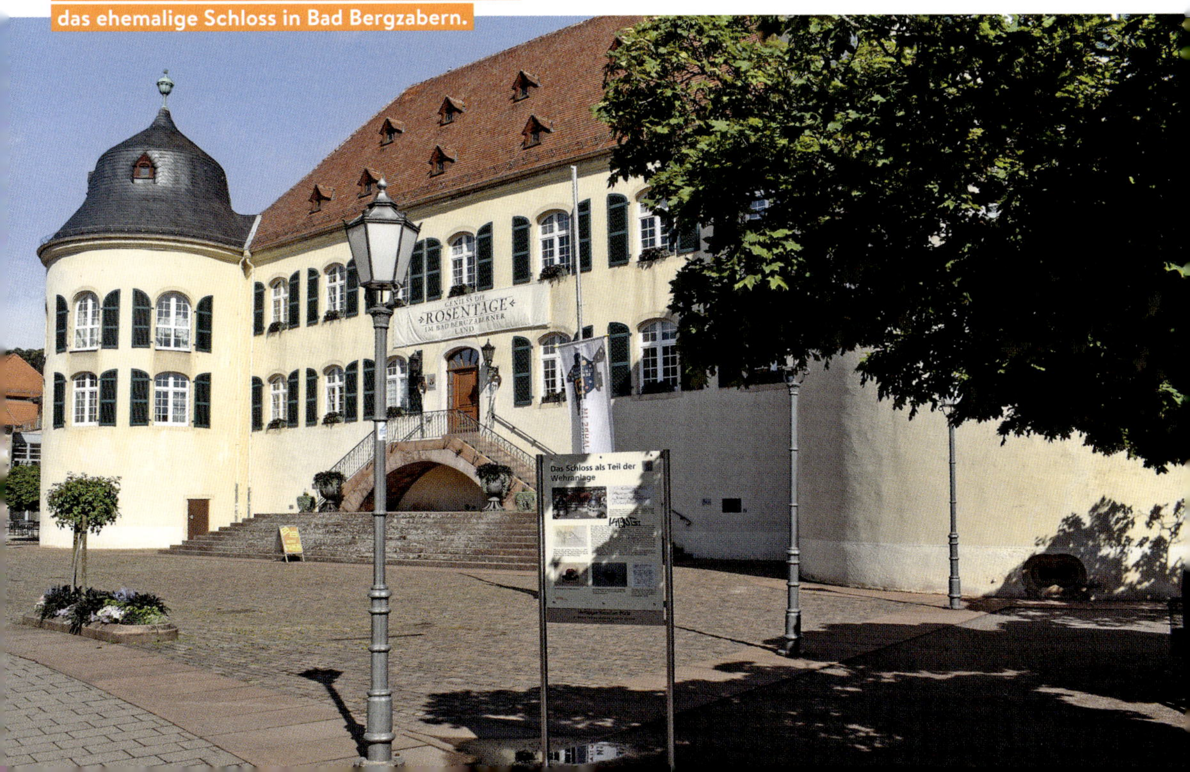

Gleich zu Beginn der Wanderung erreichen wir das ehemalige Schloss in Bad Bergzabern.

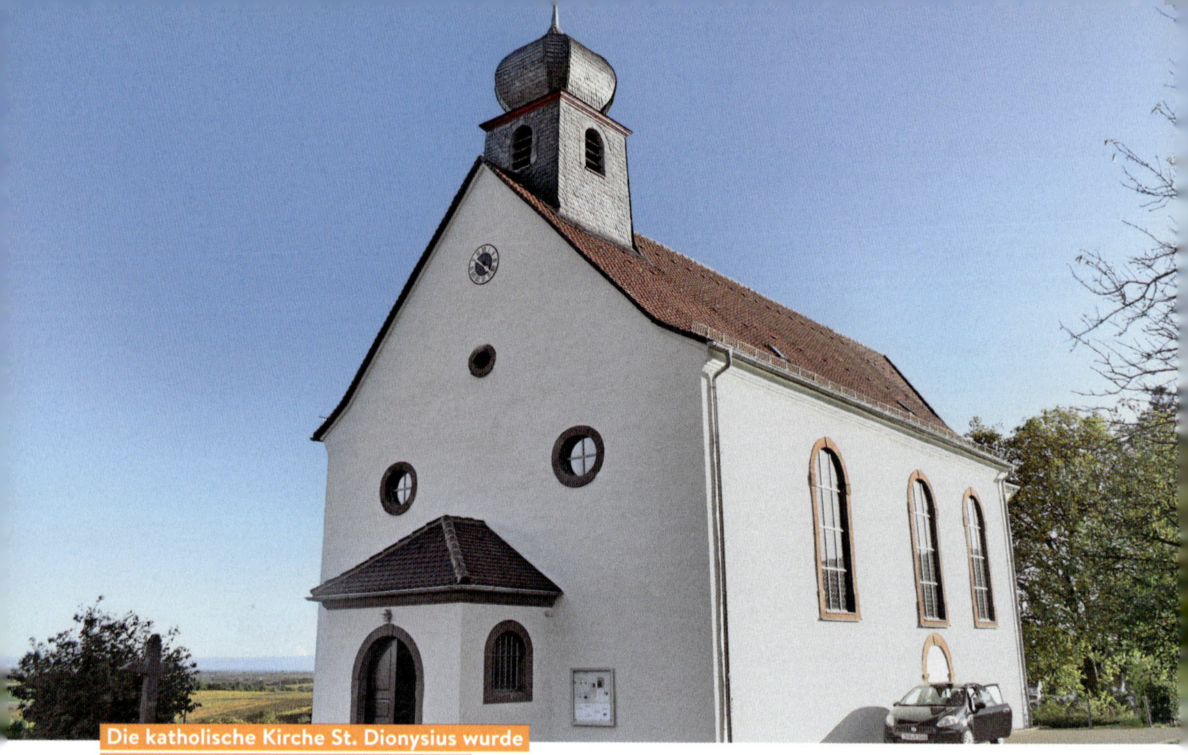

Die katholische Kirche St. Dionysius wurde Mitte des 18. Jahrhunderts errichtet.

Nächste Zwischenetappe ist der Rettungspunkt an der Katzeneiche (6813-491). Auch hier dient ein Ritterstein zur genauen Ortsbestimmung. Auf dem weiteren Weg ergibt sich nach rechts ein Blick auf das Dorf Blankenborn. Am Abtskopf vorbei erreichen wir mit dem Holderbild den nächsten Orientierungspunkt. Von dort aus ist es dann ein Kilometer Wegstrecke bis zum **2 Karlsplatz**. Dort befindet sich ebenfalls eine Schutzhütte. Weiter geht es jetzt in östlicher Richtung. Es erfolgt der Zusammenschluss mit dem Pfälzer Weinpfad. Danach fehlt nicht mehr viel des Wegs und der Ort Gleiszellen ist erreicht. Wir betreten den Ort auf der Bergstraße. Auf dieser gehen wir steil hinunter in den Ort. Wir achten auf die Abzweigung an der Dionysiusstraße. Auf dieser gelangen wir zur **3 St.-Dionysius-Kirche**. Es handelt sich dabei um einen barocken Saalbau. Dieser liegt inmitten von Weinbergen auf einem kleinen Hügel zwischen Gleiszellen und Gleishorbach. Die Kirche wurde zwischen 1746 und 1748 errichtet; wie viele andere kirchliche Stätten in der Pfalz erlitt sie in den Revolutionskriegen Schaden. Der Kirchturm entstand dann im Jahr 1836.

ZURÜCK ZUM SCHLOSS Wir gehen an Kirche und Friedhof entlang und erreichen auf abfallendem Weg den Ortsteil Gleishorbach. Über die Lettengasse erreichen wir die Hauptstraße; dort biegen wir nach rechts ab, um wenige Meter weiter nach links in die Schlemmergasse einzubiegen. Dieser folgen wir nach Süden; bald haben wir wieder Rebland erreicht. Am Ende der Bebauung steigt der Weg wieder an – über eine kleine Grünfläche erreichen wir einen Wirtschaftsweg. Dieser führt uns hinauf zum Waldrand. Am Rande des Pfälzerwalds und oberhalb der Rebflächen geht es jetzt nach Südwesten. Es ergeben sich gute Fernsichten über das Rheintal. Der Weg führt oberhalb der Weinbaugemeinde Pleisweiler-Oberhofen entlang. Am Ende der Rebflächen führt der Weg dann hinunter in den Ort. Über die Schlossstraße gelangen wir zum Friedhof Pleisweiler. Dort befindet sich das sogenannte Ochsensteiner Schloss, eine ehemalige Wasserburg aus dem 15. Jahrhundert. Entlang des Friedhofs geht es noch einmal bergauf. Unsere Wanderung führt zum letzten Mal durch Weinberge. Diese reichen bis an die Bebauung von Bad Bergzabern heran. Auf der Daniel-Pistor-Straße treten wir in die Stadt hinein. Die Herzog-Wolfgang-Straße führt uns zum Schloss Bad Bergzabern. Auf dem jetzt schon bekannten Weg erreichen wir unseren Ausgangspunkt am örtlichen **E Bahnhof**.

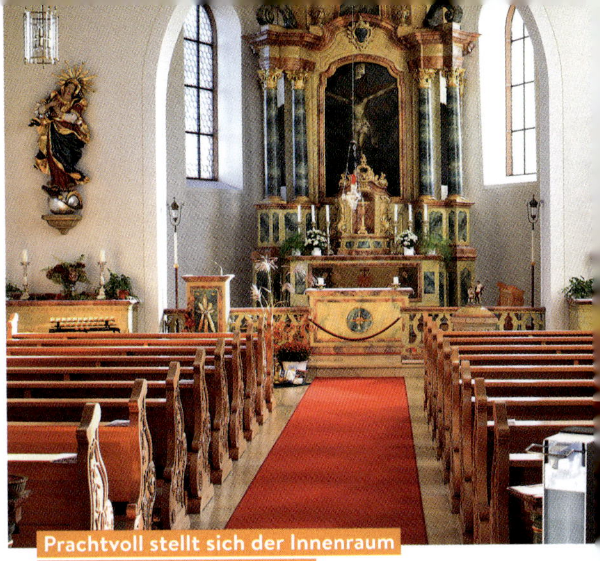

Prachtvoll stellt sich der Innenraum des barocken Saalbaus dar.

INFO

TOURENCHARAKTER
Rundwanderung zwischen Pfälzerwald und Weinbergen

AUSGANGS-/ENDPUNKT
Bad Bergzabern, Bahnhof (169 m)

GPS
49.103333, 8.002222

ANFAHRT
Auto:
Auf der A 65 bis Kandel Nord; auf der L 542 nach Minderslachen; dort weiter auf der L 548 über Winden nach Bad Bergzabern. Parkplätze am Bahnhof
Bus & Bahn:
Mit der Regionalbahn von Karlsruhe oder Neustadt/Weinstraße mit Umsteigen in Winden nach Bad Bergzabern

GEHZEITEN
Bad Bergzabern–Silzer Linde 2.10 Std.–St. Dionysius 1.40 Std.–Bad Bergzabern 1.10 Std.

EINKEHR
Bad Bergzabern

Mittel | 18,4 km | 832 Hm | 5.10 Std.

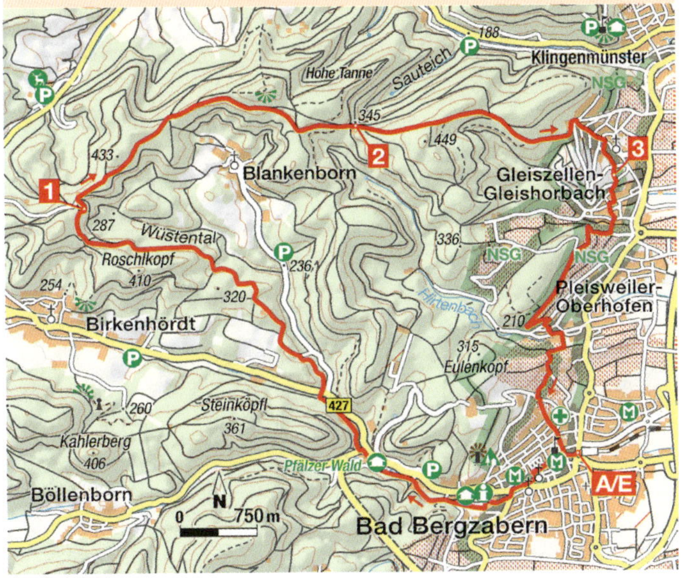

KARTE
NaturNavi Pfälzerwald 8 (Blatt 42-544), 1:25 000

INFORMATION
Tourist-Information Bad Bergzabern, Kurtalstraße 27, 76887 Bad Bergzabern, www.bad-bergzabern.de

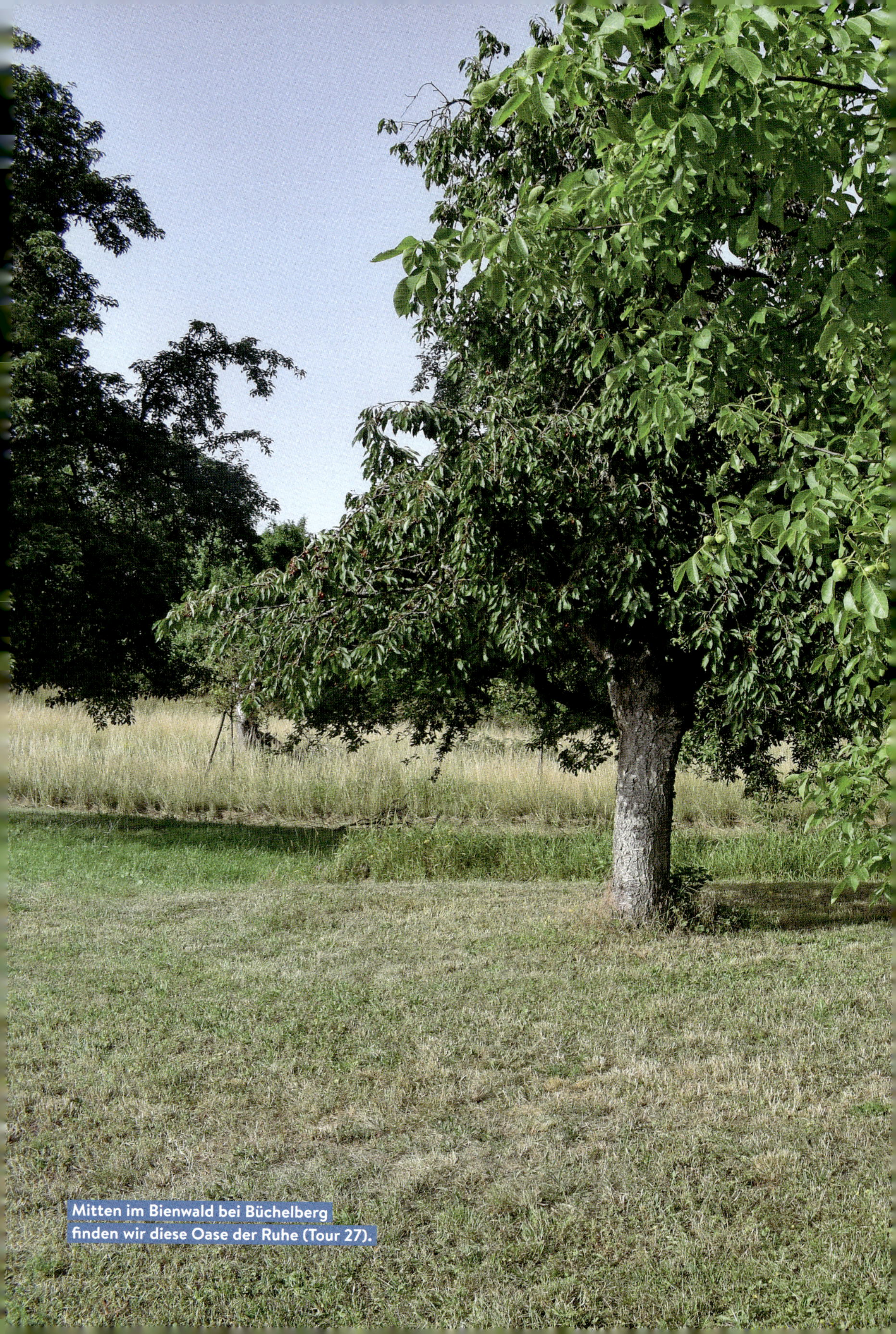

Mitten im Bienwald bei Büchelberg finden wir diese Oase der Ruhe (Tour 27).

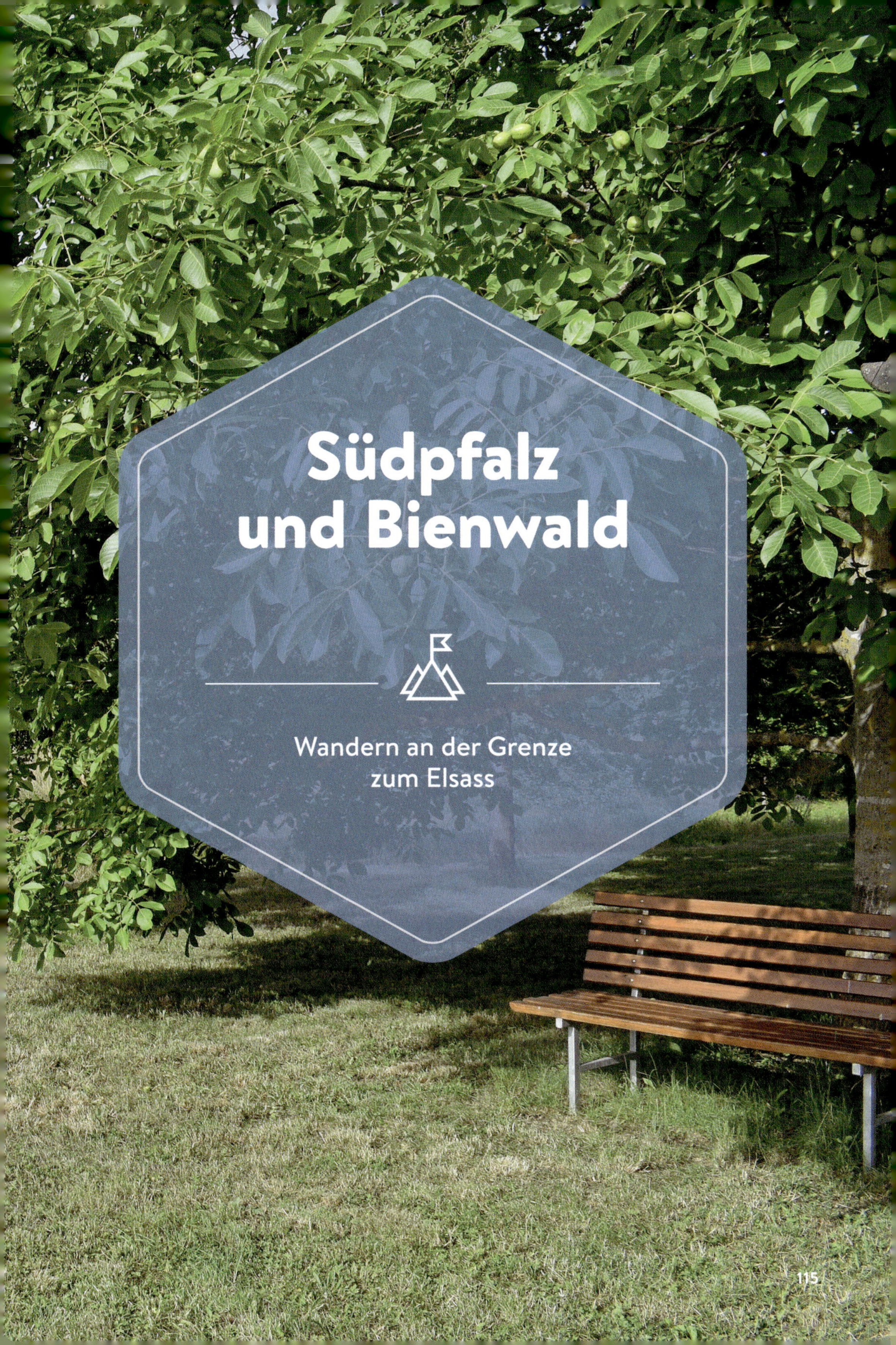

Südpfalz und Bienwald

Wandern an der Grenze zum Elsass

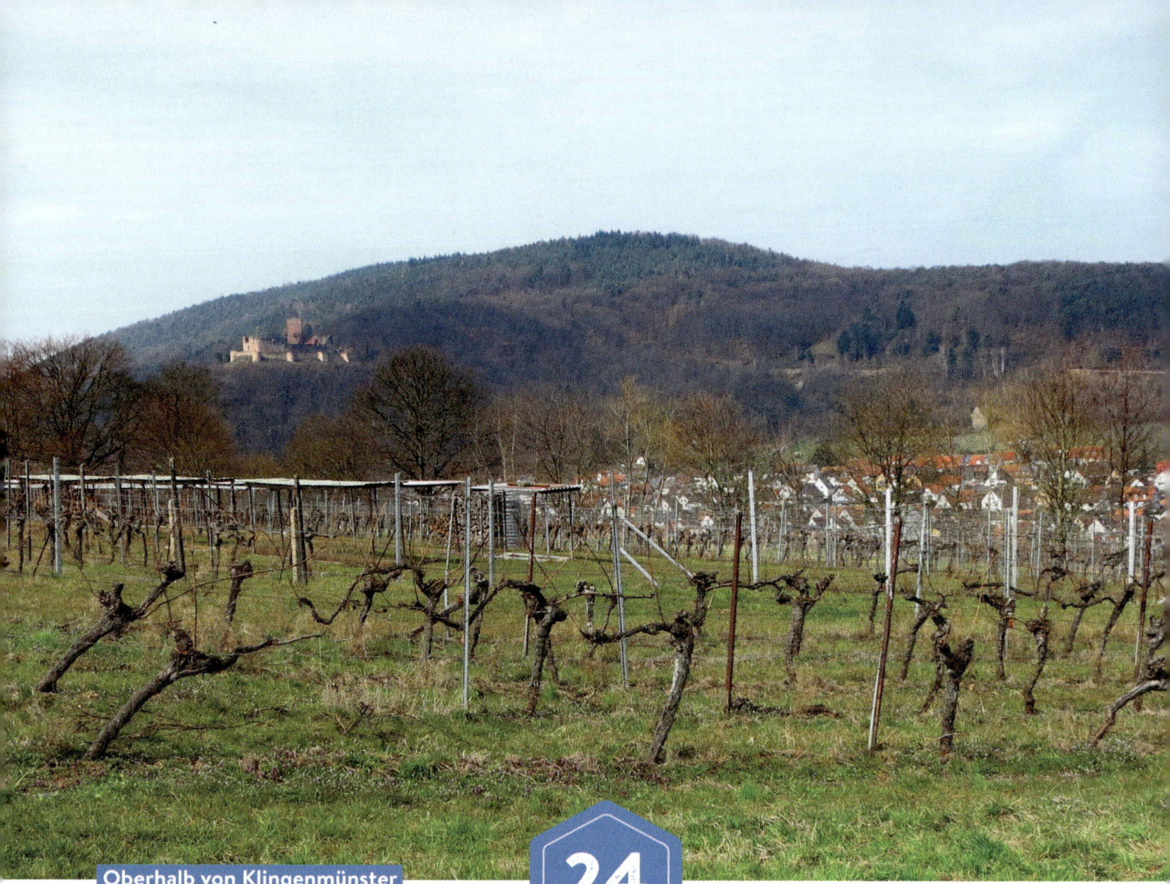

Oberhalb von Klingenmünster genießen wir diesen schönen Blick auf die Burg Landeck.

24

Von Barbelroth nach Klingenmünster

Pfälzer Strandkorb im Weinberg

In die Gegend um Barbelroth verirrt sich kaum ein Wanderer. Zu Unrecht! Es gibt hier wunderschöne Wanderwege. Diese sind zwar selten als solche ausgewiesen. Dafür lässt es sich in dem offenen Gelände auf breiten Weinwirtschaftswegen schnell vorankommen. Am Wendepunkt unserer Wanderung genießen wir einen besonders schönen Blick auf die Burg Landeck.

ZUR WÜSTUNG WEIHER Barbelroth ist als Ortsgemeinde Teil der Verbandsgemeinde Bad Bergzabern. Der kleine Ort hat etwa 660 Einwohner. Er ist an die Bahnlinie von Winden nach Bad Bergzabern angebunden. Anfang der 80er-Jahre des letzten Jahrhunderts wurde der Bahnverkehr eingestellt; im Jahr 1995 wurde die Strecke reaktiviert. Gleich neben dem A **Bahnhaltepunkt** befindet sich das Dorfgemeinschaftshaus von Barbelroth. Dort finden die Selbstfahrer auch ausreichend Stellplätze. Wir überqueren die Bahntrasse und gehen die wenigen Meter zum örtlichen Friedhof. Nun folgen wir dem Weg und biegen an der nächsten Möglichkeit nach links ab. Der Weg führt jetzt durch die Weinberge nach Westen; an einigen Rebpfählen weisen Hinweisschilder der Winzergenossenschaft darauf hin, welche Rebsorte hier angebaut wird. So wird zum Beispiel Chardonnay oder Dornfelder hier angebaut. Nach knapp 700 Metern verzweigt sich der Weg nach links und rechts. Wir gehen links und wenige Meter später dann nach rechts. Nach kurzem Anstieg ist die örtliche Grillhütte erreicht. Einen knappen Kilometer geht es noch geradeaus weiter; dann nehmen wir den Wirtschaftsweg, der nach rechts hinunter nach Niederhorbach führt. Bevor wir den Hirtenbach erreichen, gehen wir nach links. Der Weg führt an einem landwirtschaftlichen Gebäude vorbei; wenige Meter weiter überqueren wir dort die B 38. Wir gehen nicht in den Ort hinein – stattdessen benutzen wir die Raiffeisenstraße für den Weiterweg. Diese führt uns südlich des Orts über etwa einen Kilometer weiter nach Westen. Der örtliche Sportplatz ist zu sehen; an der nächsten Abzweigung gehen wir nach rechts und überqueren den Hirtenbach. Der Weg steigt kurz an; an einer Wegverzweigung finden wir eine Sitzgruppe, die zur Rast einlädt. Dort befindet sich auch ein Exemplar des 1 **Pfälzer Strandkorbs**. Alte Weinfäs-

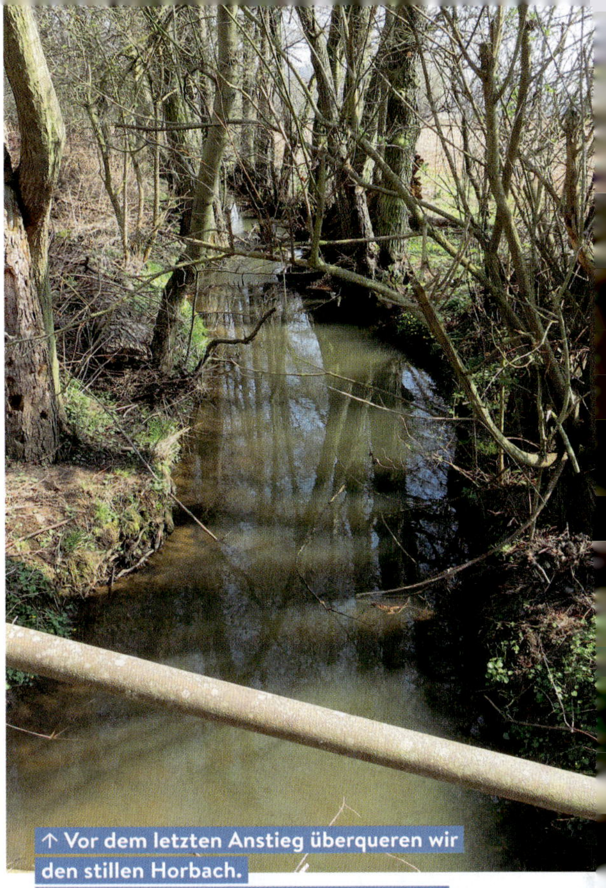

↑ Vor dem letzten Anstieg überqueren wir den stillen Horbach.

↓ Neue Verwendung für alte Weinfässer: der Pfälzer Strandkorb

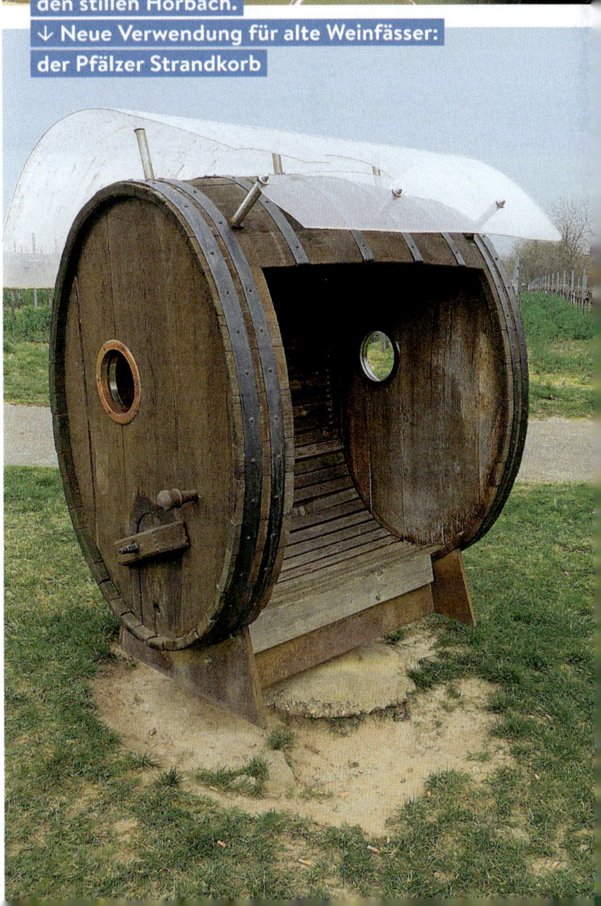

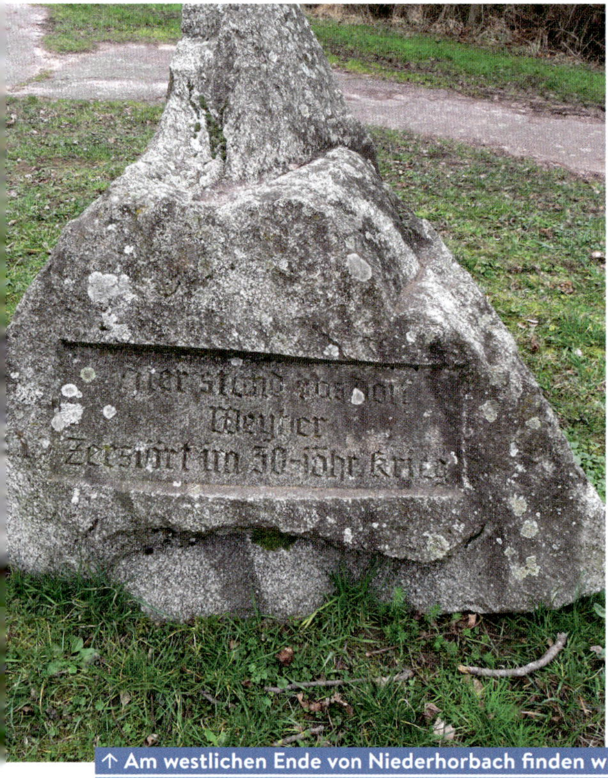

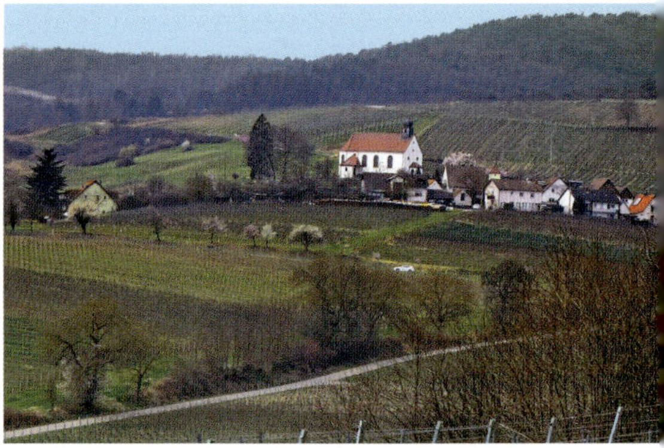

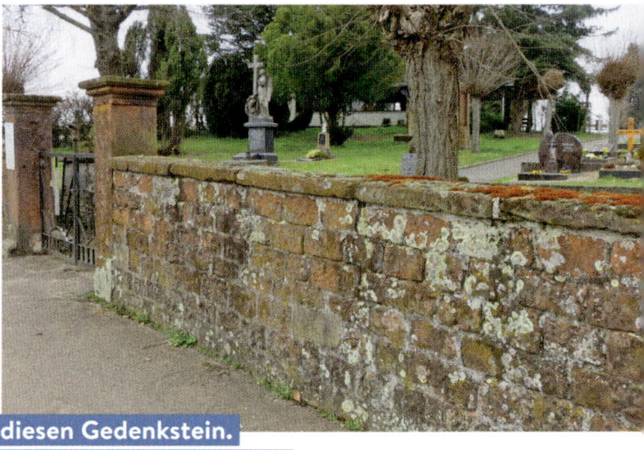

↑ Am westlichen Ende von Niederhorbach finden wir diesen Gedenkstein.
↗ Auf der anderen Talseite erkennen wir die Kirche St. Dionysius in Gleiszellen.
→ Auf dem Friedhof von Barbelroth finden sich interessante Grabmale.

ser aus Holz werden so umgebaut, dass man darin windgeschützt sitzen kann. Sicherlich nicht so vornehm wie an Nord- oder Ostsee. Dafür sind sie auch wesentlich billiger. Einige Meter entfernt weist ein in den Boden eingelassener Stein auf das Schicksal des ehemaligen Dorfs Weyher hin. Dieses Dorf mit ursprünglich 70 Einwohnern wurde um das Jahr 1631 im Dreißigjährigen Krieg zerstört.

BLICK AUF BURG LANDECK Wir gehen jetzt noch einmal etwa 500 Meter nach Norden. Ein Weg führt direkt zur B 48. Dort angelangt biegen wir nach Norden ab. Nach weiteren 350 Metern folgen wir dem Weg nach rechts. An der ersten Gelegenheit biegen wir dann nach links ins Tal des Horbachs ab. Ab der Talsenke steigt der Weg wieder an; bald sind wir wieder in den Weinbergen. Im Westen erkennen wir die kleine Kirche St. Dionysius des Orts Gleiszellen-Gleishorbach. Mit Erreichen des Geländes Kreuzberg führt der Weg wieder Richtung Westen. Wir erreichen noch einmal die Bundesstraße – dort schwenkt der Weg dann nach Norden. Von hier aus ergibt sich ein besonders schöner Blick auf die 2 **Burg Landeck**. Die Burg wurde wohl Anfang des 13. Jahrhunderts erbaut. Nach der Plünderung im Bauernkrieg 1525 wurde die Burg von französischen Truppen im 17. Jahrhundert zerstört. Trotzdem sind die Ruinenreste beeindruckend – von der hohen Schildmauer über den Bergfried bis zum Brückenturm.

ZURÜCK NACH BARBELROTH Wir folgen dem Weg für etwa 200 Meter; an einer Abzweigung gehen wir aber nicht geradeaus nach Klingenmünster – stattdessen nehmen wir den nach rechts abgehenden Weg zum Friedhof der Gemeinde. Von dort geht es insgesamt einen Kilometer nach Osten. Ein kurzes Stück Weg nach Süden lässt uns zu einem Wirtschaftsweg gelangen. Diesem folgen wir mit der Wandermarkierung gelb-rot nach Osten. Nach weiteren 300 Metern fällt der Weg nach Südosten ab; durch die Weinberge geht es bis zur **3** **B 38**. Noch einmal wandern wir einen Kilometer nach Osten. Dann biegt der Weg nach Süden ab. Es geht hinunter in die Horbachniederung. Nun folgt ein Wegabschnitt durch landwirtschaftlich genutzte Flächen. Wir halten uns in südlicher Richtung; etwa 400 Meter nach Überqueren des Horbachs geht der Weg nach links, also nach Osten, ab. Diesem folgen wir über einen Kilometer. Dann biegen wir nach rechts ab. Schon bald darauf erreichen wir wieder den Friedhof und den **E** **Bahnhaltepunkt** von Barbelroth.

INFO

TOURENCHARAKTER
Mittelschwere Rundwanderung durch interessante Weinbaugebiete der Südpfalz

AUSGANGS-/ENDPUNKT
Barbelroth, Bahnhaltepunkt (148 m)

GPS
49.103888, 8.070000

ANFAHRT
Auto: Auf der A 65 bis Kandel Nord; auf der L 542 nach Minderslachen; dort weiter auf der L 548 Richtung Oberhausen. Im Kreisel hinter Hergersweiler den Schildern nach Barbelroth folgen
Bus & Bahn: Mit der Regionalbahn von Karlsruhe oder Neustadt/Weinstraße nach Barbelroth. Umsteigen in Winden

GEHZEITEN
Barbelroth–Niederhorbach 0.50 Std.–Klingenmünster 1.15 Std.–Barbelroth 1.50 Std.

EINKEHR
Klingenmünster

KARTE
NaturNavi Pfälzerwald 8 (Blatt 42-544), 1:25 000 (bis auf einen kleinen Teil um Barbelroth)

Mittel | 15,9 km | 230 Hm | 3.55 Std.

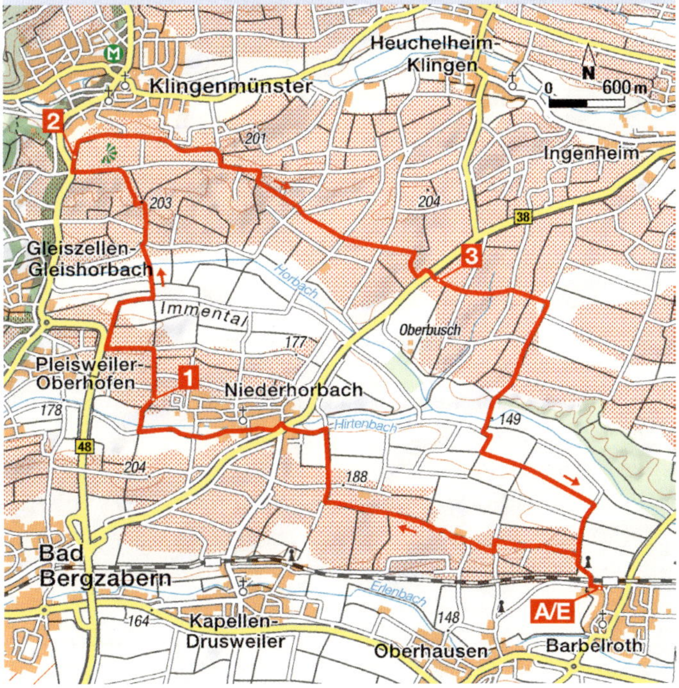

INFORMATION
Tourist-Information Bad Bergzabern, Kurtalstraße 27, 76887 Bad Bergzabern, www.bad-bergzabern.de

Vom Pfälzerwald zu den Vogesen

Das Wegkreuz des Louis Kochert

Geografisch gesehen gibt es vom Pfälzerwald zu den Vogesen keinen sichtbaren Übergang. Man merkt es vielleicht an den Wanderzeichen des Vogesenklubs, dass man sich jetzt im Elsass und damit in Frankreich befindet. Auf dieser reizenden Wanderung im Grenzgebiet können wir auch ein kleines Stück am westlichen Vogesenrand entlangwandern. Zurück in der Pfalz erreichen wir über Nothweiler wieder unseren Ausgangspunkt in Grenznähe.

25

Die Zeit steht still:
Sonntag im elsässischen Wingen

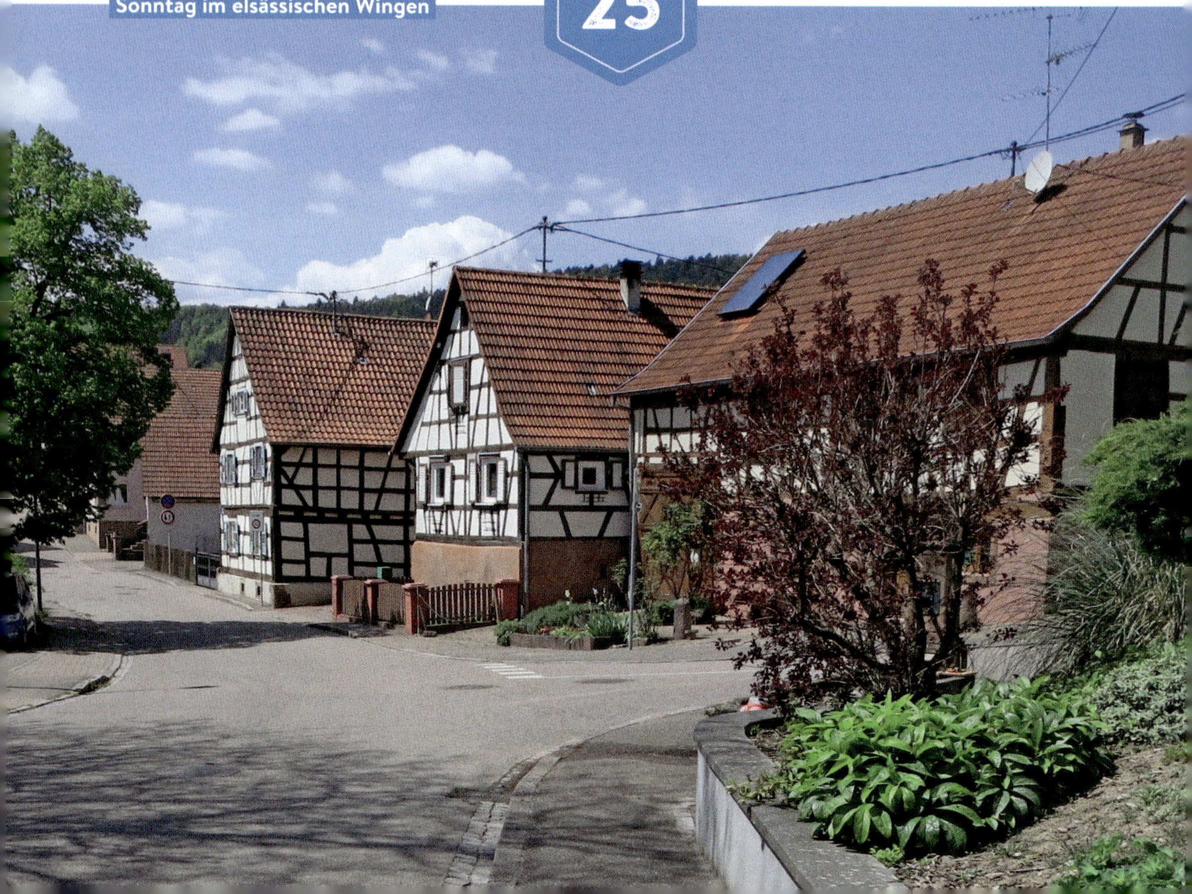

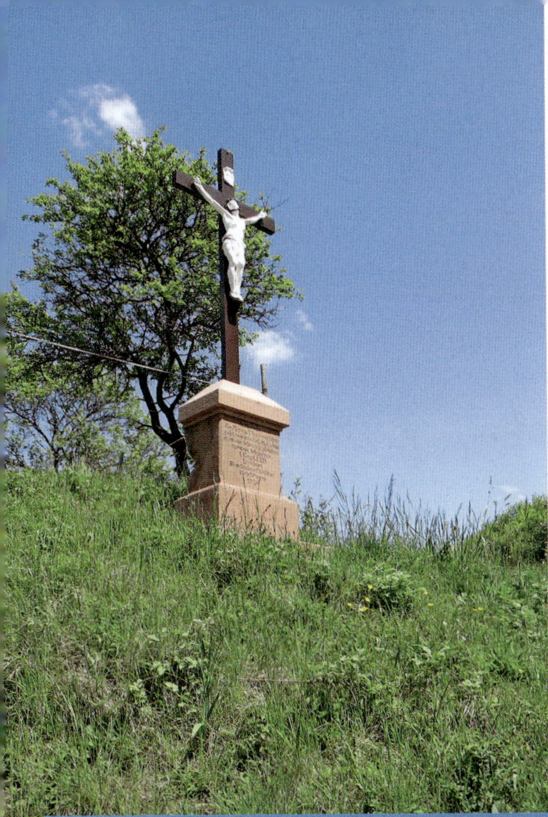

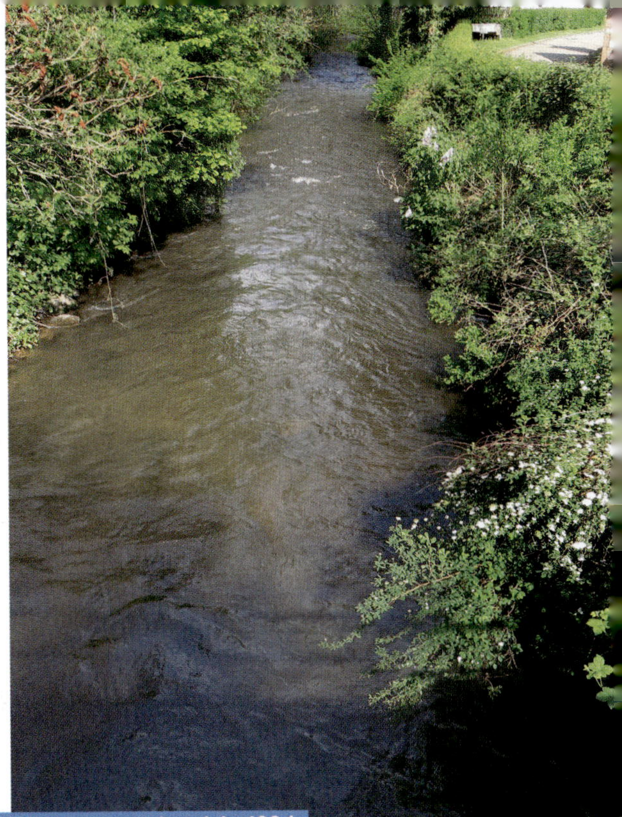

↑ Beim Anstieg in die Vogesen treffen wir auf dieses Wegkreuz aus dem Jahr 1924.
↗ Kurz vor Ende der Wanderung wird die Lauter überquert.

NACH KLEIN WINGEN/PETIT WINGEN In **A Bobenthal** finden wir Parkplätze an der katholischen Kirche oder beim Friedhof. Von der Hauptstraße biegen wir in die Mühlstraße ein. Wir gehen die wenigen Meter bis zur Lauter; dort nehmen wir die Markierung roter Punkt auf. Die wenigen Häuser der Bebauung haben wir schnell hinter uns gelassen. Der Landwirtschaftsweg steigt leicht an, rechts und links genießen wir den Blick auf den Waldbestand des Pfälzerwalds. Nach zwei Kilometern durch das ansteigende Klaffental erreichen wir eine Weggabelung (Rettungspunkt 6913-794). Hier steigt der Weg nach links an – nach der ersten Kehre folgt eine lang gezogene Gerade. Nach der zweiten Kehre flacht der Anstieg dann ab; nach einem weiteren Kilometer Weg ist dann die Grenze nach Frankreich erreicht. Der Orientierungspunkt nennt sich »Grenzsteine«; er befindet sich in 367 Metern Höhe. Die Wegmarkierungen des Vogesenklubs zeigen uns, dass wir uns jetzt im Elsass und damit in Frankreich befinden. Wir folgen der Markierung roter Punkt nach Südwesten. Der Weg fällt stetig ab. Schließlich öffnet sich der Wald zur lieblichen Elsässer Landschaft. An einer Lichtung angekommen, erkennen wir zur Linken das Elsässer Gelände Scheewald; am Horizont ist der Schwarzwald auszumachen. Unser Weg folgt ein Stück dem Waldsaum und führt dann hinunter nach **1 Klein Wingen/Petit Wingen**, auch bekannt unter dem Namen Neudörfel/Neudoerfel. Vor dem Eintritt in den Ort kommen wir am ersten der charakteristischen Elsässer Wegkreuze vorbei. Das Feldkreuz des Louis Kochert aus dem Jahr 1923 erinnert an den (Ersten) Weltkrieg von 1914 bis 1918. An den schmucken Fachwerkhäusern

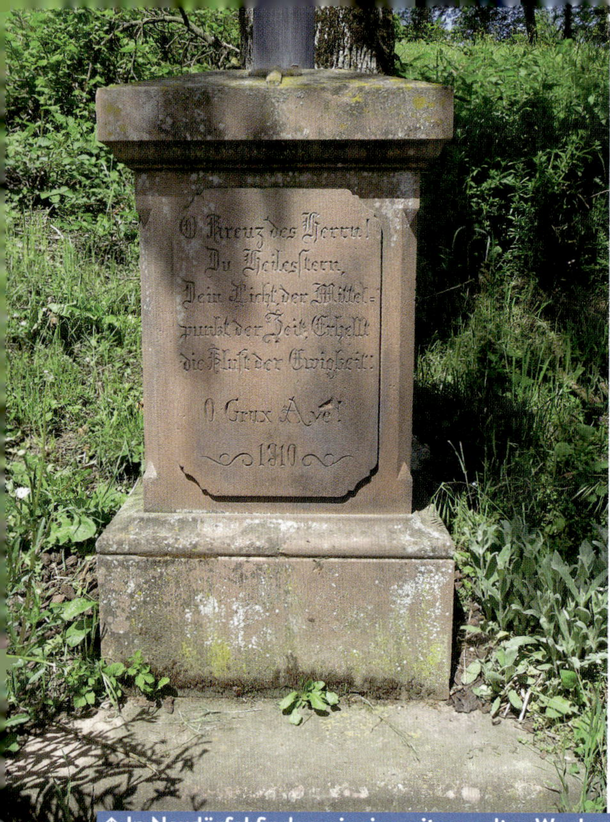

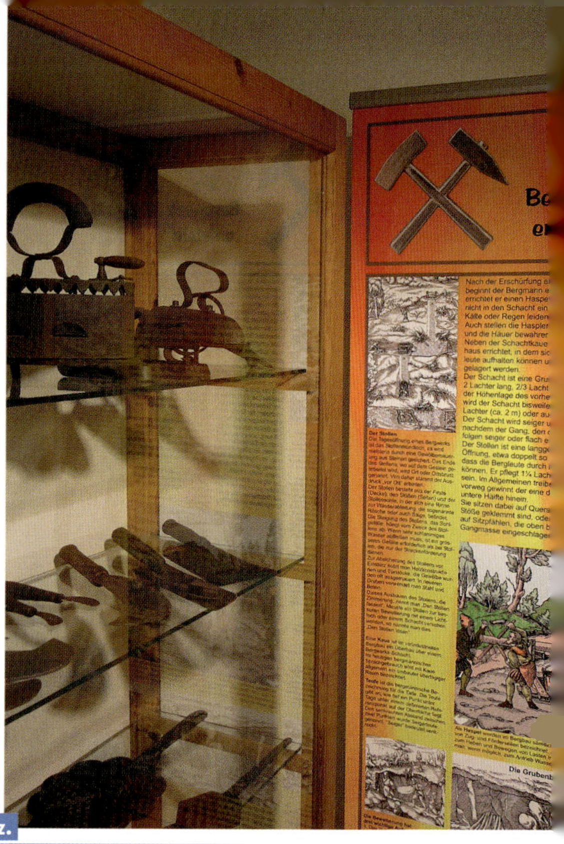

↑ In Neudörfel finden wir ein weiteres altes Wegkreuz.

↗ Im Infozentrum nahe der Erzgrube werden alte Bergbauwerkzeuge ausgestellt.

vorbei erreichen wir die örtliche Hauptstraße (Rue des Vosges).

ZURÜCK ZUR LANDESGRENZE Wir folgen der Straße zum Nachbarort Wingen. Diese steigt gleich an; auf der rechten Seite des Wegs finden wir das zweite Wegkreuz. Ebenfalls aus Buntsandstein wurde es im Jahr 1910 errichtet. Wir gelangen in den kleinen Ort mit seinen schönen Fachwerkhäusern; beim Restaurant La Couronne biegen wir nach rechts in die Rue de la Montagne ein. Der Weg steigt jetzt wieder an; rasch lassen wir die Bebauung hinter uns und stoßen auf das dritte Wegkreuz. Dieses stammt aus dem Jahr 1924 und wurde von einer Familie Josef Walther gestiftet. Der Sandsteinsockel mit einem Vers aus der Bibel steht etwas oberhalb des Wegs und wird von einem Kruzifix gekrönt. Unser Wegzeichen ist ab hier das blaue Kreuz; dieses führt uns hinauf in die Vogesen. Auf dem Vogesenkamm erreichen wir eine Wegspinne. Hier treffen mehrere Forst- und Wanderwege aufeinander. Ab hier folgen wir der Markierung rotes Kreuz – unser nächster Wegpunkt ist der Col du Litschhof. Der dortige Weg führt zum Forsthaus Litschhof (Maison Forestière du Litschhof); auf dem Weg zum Forsthaus geht nach rechts ein kleiner Pfad ab. Dieser führt rechts am Forsthaus vorbei; kurz darauf erreichen wir eine Fahrradstraße – dieser folgen wir bis zur Landesgrenze.

ZURÜCK NACH BOBENTHAL Vom dortigen Parkplatz sind es dann nur noch wenige hundert Meter bis zum kleinen Ortszentrum von Nothweiler. Wir schauen uns den Zeppelinbrunnen an; auf einer Informationstafel erfahren wir mehr über den abenteuerlichen

Ritt des Grafen Zeppelin im Jahr 1870. Während Frankreich und der Norddeutsche Bund nach der Kriegserklärung noch mobilmachten, erkundete der Generalstabsoffizier Ferdinand Graf von Zeppelin die feindliche Truppenverteilung im Unterelsass. In Schirlenhof kam es dann zu einem Aufeinandertreffen mit französischen Soldaten; von Zeppelin gelang als einzigem die Flucht. Auf seinem Gewaltritt in die Pfalz zurück tränkte er in Nothweiler an diesem Brunnen sein Pferd. Hier folgen wir auch den Wegweisern zur Erzgrube. Es ist noch einmal ein steiler Anstieg, aber bald ist auch hier wieder der Waldrand erreicht. Noch ein Stück weiter bis zur Schutzhütte – dann folgt der kurze Abstieg zur **2 Erzgrube** (tgl. 10.00–18.00 Uhr geöffnet). Am kleinen Museum an der Erzgrube finden wir auch die Wegmarkierung grüner Punkt. Diese führt uns zu einer weiteren Schutzhütte. Danach fällt der Weg stetig ab. Bei einigen Fischteichen angelangt ist es dann nicht mehr weit zum Ortsrand von **E Bobenthal**. Wir überqueren noch einmal die Lauter und gehen zu unserem Ausgangspunkt in der Ortsmitte.

INFO

TOURENCHARAKTER
Anspruchsvolle Rundwanderung im deutsch-französischen Grenzgebiet

AUSGANGS-/ENDPUNKT
Bobenthal, Kirche (184 m)

GPS
49.063333, 7.856666

ANFAHRT
Auto: Auf der A 65 bis Kandel Nord; auf der L 542 nach Minderslachen; dort weiter auf der L 548/427 nach Bad Bergzabern. Am dortigen Ortsausgang weiter auf der L 492 bis zur Abzweigung an der deutschen Grenze. Weiter auf der L 478 bis Bobenthal
Bus & Bahn: Von Bad Bergzabern mit dem Bus nach Bobenthal

GEHZEITEN
Bobenthal–Klein Wingen 2.20 Std.–Nothweiler 1.55 Std.–Bobenthal 1.25 Std.

EINKEHR
Bobenthal, Wingen, Nothweiler

KARTE
NaturNavi Dahner Felsenland (Blatt 41-544), 1:25 000

Schwer | 20,3 km | 1016 Hm | 5.40 Std.

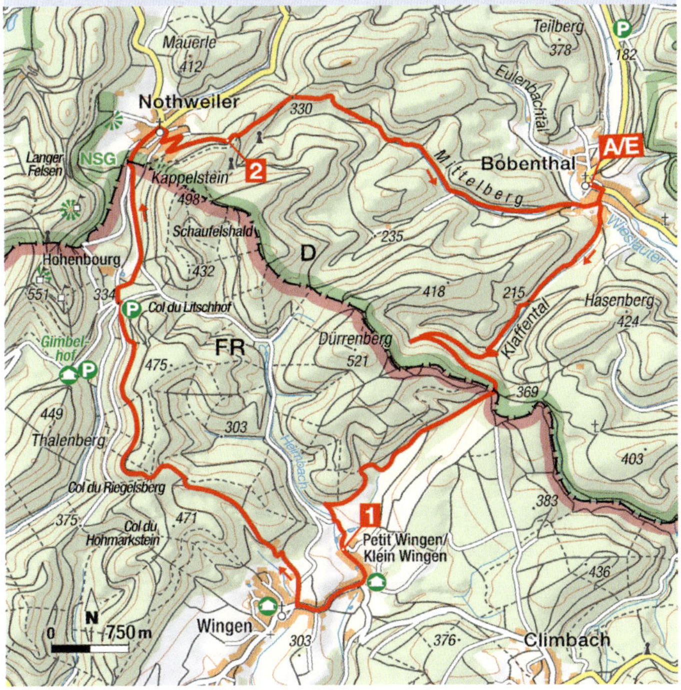

INFORMATION
Tourist-Information Dahner Felsenland, Schulstraße 29, 66994 Dahn, www.dahner-felsenland.net

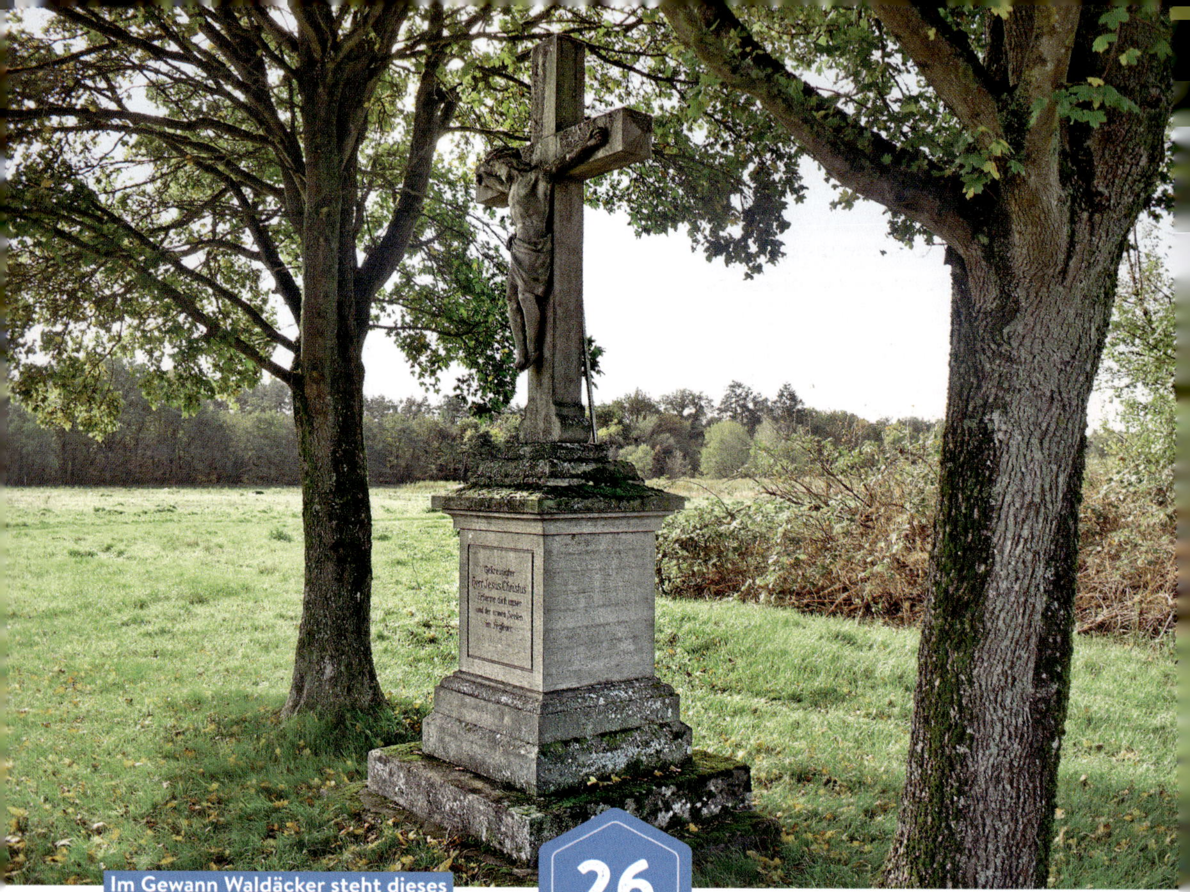

Im Gewann Waldäcker steht dieses Feldkreuz aus dem Jahr 1913.

26

Von Schaidt nach Dierbach

Panzergraben und Wegkreuz

Der Bienwald ist heute ein Naturschutzgroßprojekt. Er ist einer der letzten großflächigen Niederungswälder in Deutschland. Vor Beginn des Zweiten Weltkriegs wurden im Rahmen des Westwallbaus Verteidigungsanlagen in großem Stil in diesem Grenzgebiet zu Frankreich gebaut. Auf unserer Wanderung können wir zum einen die Überreste dieser Verteidigungsanlagen sehen; zum anderen können wir die Schönheit dieses geschützten Walds erleben.

ZUM BEFEHLSWERK Wir starten unsere Tour am Bahnhaltepunkt in **A Schaidt**. Parallel zur Bahnlinie gehen wir durch die Straße Im Ziegelfeld sowie durch die Speyerer Straße. Diese führen uns zur Hauptstraße. Diese wird überquert; es geht ein kurzes Stück nach rechts – dann biegen wir in den Weg nach links ein. Dieser führt uns zum Waldsaum des Bienwalds. Dort biegen wir nach links ab; gleich geht es wieder nach rechts. Der Weg führt uns nach wenigen Metern zum sogenannten **1 Tankgraben**. Dieser wurde als Panzerhindernis kurz vor Beginn des Zweiten Weltkriegs angelegt. Dieser Panzergraben hat eine Länge von 300 Metern bei einer Breite von 30 Metern. Wer sich für einen der ehemaligen Bunker des Westwalls interessiert, folgt den Wegweisern zum sogenannten Befehlswerk (B-Werk). Für ein B-Werk wurden allein 3300 m^3 Beton benötigt. Es verfügte über 40 Räume bei einer Nutzfläche von 470 m^2. Die Mannstärke betrug 90 Personen. Zur Bewaffnung gehörten zwei Maschinengewehrtürme, Granatwerfer und Flammenwerfer. Das B-Werk ist nicht mehr zugänglich; es liegt großteils unter einem Erdhügel. Die meisten Bunker des Westwalls wurden nach Kriegsende gesprengt. Wer beim B-Werk war, muss den Weg zurück zum Panzergraben nehmen. Von dort gehen wir einige Schritte nach Westen; der Weg biegt dann nach Süden ab. An der nächsten Wegkreuzung treffen wir auf die Turkos-Gräber. Auf diesem kleinen Friedhof sind französische Kolonialsoldaten beigesetzt. Wir gehen weiter nach Süden und biegen an der nächsten Gelegenheit nach links, also nach Osten, ab. Der Weg führt jetzt zu den Waldäckern; dies ist eines der wenigen Gebiete im Bienwald, die landwirtschaftlich genutzt werden. Wir gehen durch diese Freifläche bis zur K 23. Dort biegen wir nach rechts

An einem Weinberg entlang geht es hinunter in den Ort Dierbach.

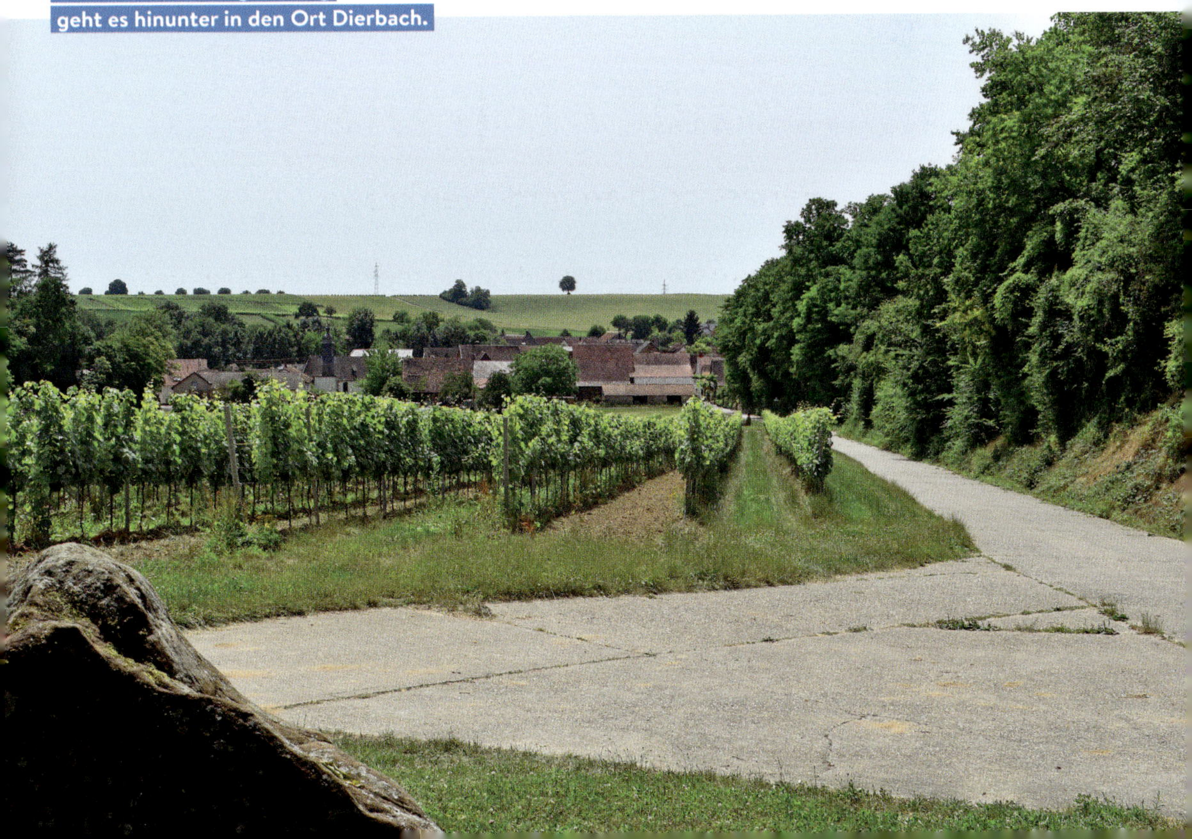

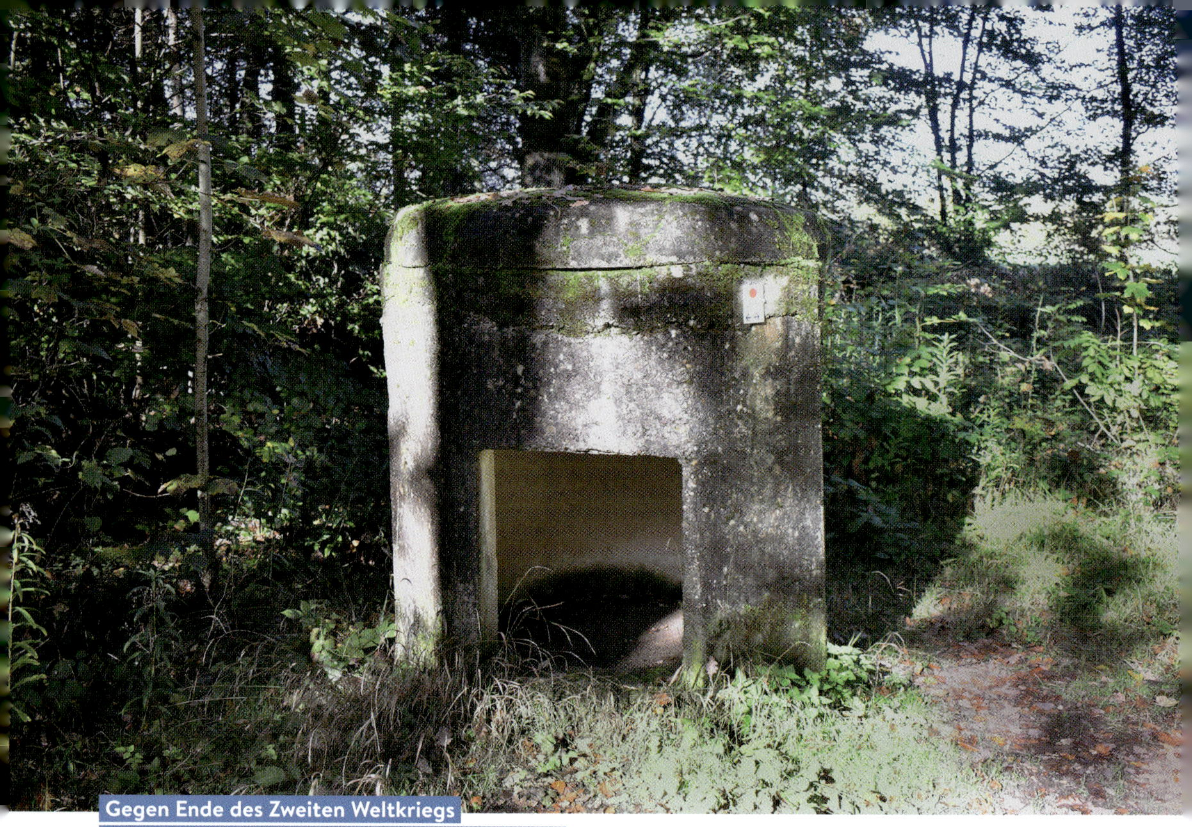

Gegen Ende des Zweiten Weltkriegs wurden im Bienwald Einmannbunker errichtet.

ab. Direkt an der Straße stoßen wir auf ein Wegkreuz aus dem Jahr 1913. Auf dem Sockel auf der Rückseite erfahren wir, dass das Kreuz von den Geschwistern Beck gestiftet wurde. Im Jahr 1979 wurde es von der Gemeinde Schaidt erneuert.

DURCH FRECKENFELD Wir gehen auf der Straße bis zum Waldrand. Dort biegen wir nach links ab und gehen am Waldsaum entlang. Nun treten wir wieder in den Wald ein und erreichen bald eine weitere Kreisstraße, die K 15. Es geht weiter geradeaus nach Osten. Der Weg verzweigt sich dann. Wir biegen nach links ab. An der zweiten Möglichkeit nehmen wir den Weg nach rechts. Dieser führt uns jetzt zur K 24. An dieser angelangt biegen wir nach links ab. Etwa 300 Meter geht es geradeaus. Dann geht es rechts den Bruchbach entlang. Der Weg führt geradewegs zum Waldrand. Dort angekommen, biegen wir nach einigen Schritten nach links in den Wald ein. Durch den Wald geht es nach Norden bis zum **2 Sportgelände** des TSV Freckenfeld. Von dort gehen wir auf dem Sportplatzweg weiter, bis wir den Ort Freckenfeld erreicht haben. An der Hauptstraße biegen wir nach rechts ab, um gleich darauf wieder nach links in die Straße Zum Gräfenberg einzubiegen. Diese Straße führt uns aus dem Ort hinaus.

IM WEINORT DIERBACH Der Weg steigt jetzt zu den Weinbergen an. Am Ende dieses Weinbergs angekommen gehen wir auf dem Wirtschaftsweg nach links, bis sich dieser wieder teilt. Nach rechts geht es hinunter zur Unterführung der Bahnstrecke Winden–Weißenburg. Sobald wir diese unterquert haben, überqueren wir den Dierbach. Der Weg knickt nach links ab; kurz danach geht es wieder ansteigend in nordwestlicher Richtung durch landwirtschaftliches Gebiet. Der Weg schwenkt nach Westen – bald sind auch die Weinberge des Orts **3 Dierbach** erreicht. Noch 800 Meter geht es am Kapellenberg geradeaus; unterwegs lädt unter einigen Bäumen eine Sitzgruppe zur Rast ein. Nach 800 Metern erreichen wir eine Wegkreuzung. Es geht jetzt hinunter in das Weindorf Dierbach. Auf der Hauptstraße erreichen wir den Ort. Die kleine Dierbacher Kirche ist einen Abstecher wert. Über die Jahnstraße gelangen wir zur Straße Lehmhohl. Dieser folgen wir bergauf zu den Weinbergen. Der Weg fällt dann nach Süden bzw. Südosten zum Ort Vollmersweiler ab. An der dortigen Hauptstraße angelangt gehen wir nach rechts, um dann gleich wieder nach links in einen kleinen Weg einzubiegen. Es folgt ein kurzer Anstieg. Dann geht es links. Auf einem Feldweg erreichen wir die K 15. Auf dieser haben wir es dann nur noch wenige Meter bis zu unserem Ausgangspunkt in **E Schaidt**.

INFO

TOURENCHARAKTER
Relativ lange Rundwanderung durch Bienwald und Weinberge. Wenige Anstiege

AUSGANGS-/ENDPUNKT
Schaidt, Bahnhaltepunkt (146 m)

GPS
49.061111, 8.080000

ANFAHRT
Auto:
Auf der A 65 bis Kandel Mitte; weiter auf der L 427 bis Schaidt. Parkplätze am Bahnhof
Bus & Bahn:
Mit der Regionalbahn von Neustadt/Weinstraße oder Karlsruhe nach Winden. Dort weiter nach Schaidt

GEHZEITEN
Schaidt–Freckenfeld 2.00 Std.–Dierbach 1.30 Std.–Schaidt 0.55 Std.

EINKEHR
Schaidt

KARTE
Topographische Karte Schaidt (Blatt 6914), 1:25 000

Mittel	18,2 km	222 Hm	4.25 Std.

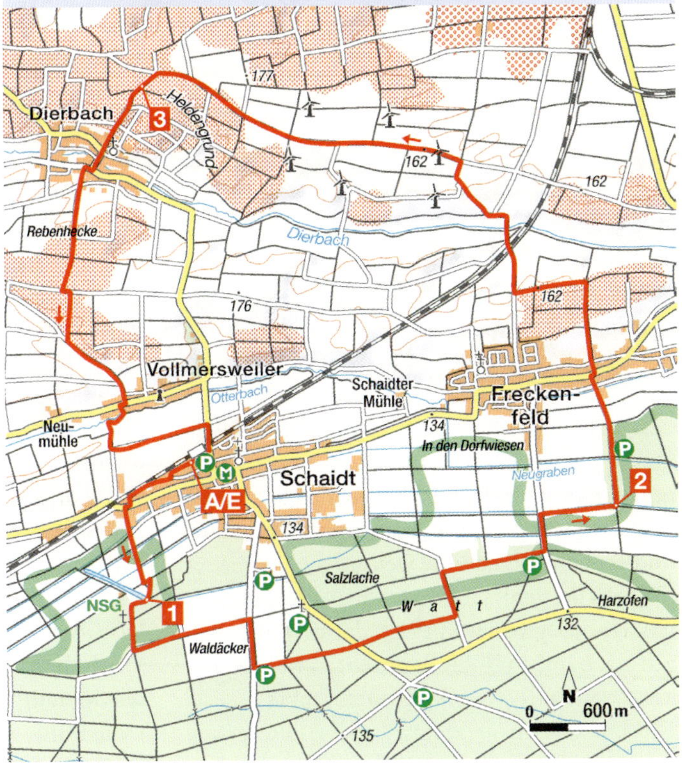

INFORMATION
Südpfalz-Tourismus Landkreis Germersheim, Luitpoldplatz 1, 76726 Germersheim, www.suedpfalz-tourismus.de

Entlang des Saugrabens zum Weißen Kreuz

Lourdes-Grotte am Heilbrunnen

Die Schutzmaßnahmen im Bienwald bringen es mit sich, dass manchmal Strecken aus Sicherheitsgründen gesperrt werden müssen. Vor allem schmale Pfade entlang des Saugrabens oder des Aschbachs. Es ist eben ein Naturwald und kein Kulturwald. Trotzdem gibt es noch genügend herrliche Wanderstrecken

27

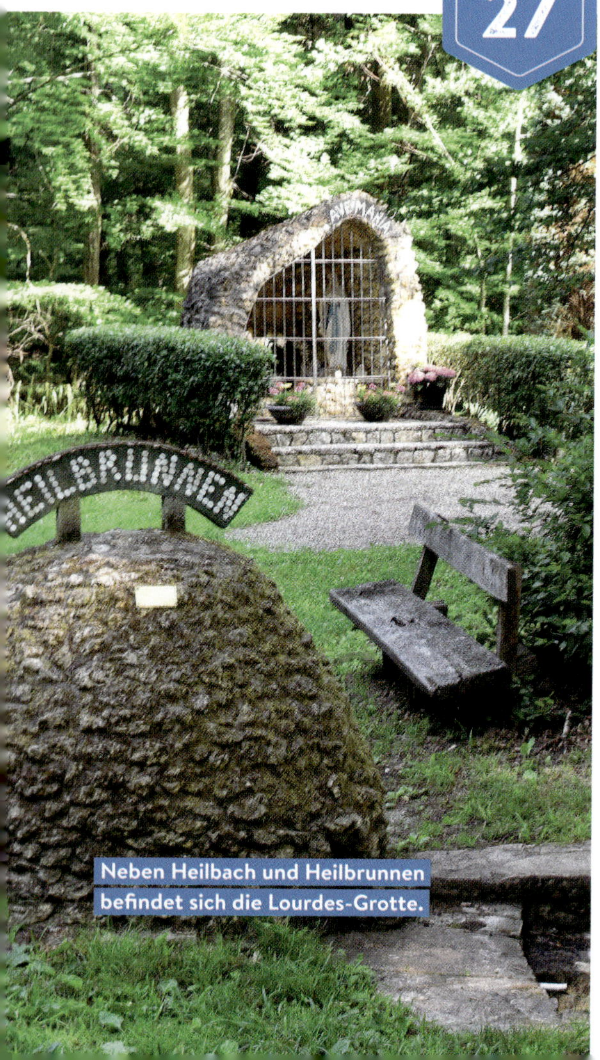

Neben Heilbach und Heilbrunnen befindet sich die Lourdes-Grotte.

DAS KREUZ DES FÖRSTERS Wir beginnen unsere Wanderung am A **Sportplatz von Büchelberg**. Dieser befindet sich direkt am Ortseingang von der B9 her kommend. Auf der Dorfbrunnenstraße gehen wir in den Ort hinein. An der katholischen Kirche vorbei biegen wir in die Laurentiusstraße ab. Diese führt uns über die Gutenbrunnenstraße aus dem Ort hinaus. Auf dem Weg über die Felder kommen wir an der offenen Herz-Jesu-Kapelle vorbei; bald danach treten wir in den Bienwald ein. Der Weg führt uns direkt zum 1 **Heilbrunnen**. Dort befindet sich eine Lourdes-Grotte.
Wir gehen nach Westen und gelangen nach 300 Metern Wegstrecke zum Gutenbrunnen. Mit dem Wanderzeichen grüner Balken geht es jetzt am Saugraben entlang. Leider ist der Originalweg entlang des Aschbachs gesperrt – es besteht akute Lebensgefahr durch herabfallende Äste und umstürzende Bäume. Die Umleitung verläuft südlich zum eigentlichen Weg und ist ausgeschildert.
Auf langen Geraden geht es jetzt in westlicher Richtung zum Weißen Kreuz. Auf diesem Streckenabschnitt erläutern zahlreiche

Schautafeln die biologische Vielfalt im Naturschutzgroßprojekt Bienwald, der als Deutschlands schönster Niederungswald gilt. Das **2 Weiße Kreuz** erinnert an einen Vorfall aus dem Jahr 1838. Damals wurde der Förster aus Schaidt an dieser Stelle von Wilderern überfallen. Aus Dankbarkeit, dass er von diesen verschont wurde, schnitt er ein Kreuz in einen Eichenstamm. Aus dem Holz dieser Eiche wurde dann das erste Weiße Kreuz errichtet. Seitdem wurde das Kreuz immer wieder erneuert, zuletzt im Jahr 2015.

ZURÜCK ZUR SIEDLUNGSINSEL Wir gehen ein kurzes Stück auf der K 23 nach Nordwesten. Nach 200 Metern geht nach rechts ein Forstweg ab. Diesem folgen wir auf zwei Kilometern Länge. Dann ist die Schaidter Straße erreicht. Auf diesem Waldwirtschaftsweg setzen wir unsere Wanderung nach rechts, also nach Südosten, fort. Wir überqueren den Aschbach und erreichen die **3 Hirschbrunnenhütte**. Der Hirschbrunnen war ehemals eine Pferde- und Viehtränke. Heute lädt die seitlich offene Schutzhütte mit einigen Holzbänken zur Rast ein.
Kurz danach überqueren wir unseren Hinweg – es sind dann noch 1,2 Kilometer in südöstlicher Richtung zu gehen. An einer Weggabelung biegen wir dann nach links ab. Ein kurzer Anstieg bringt uns hinauf auf den Geisberg. Über landwirtschaftliche Flächen erreichen wir die Siedlungsinsel Büchelberg. Wir gehen geradeaus durch den Ort. An der St.-Laurentius-Kirche vorbei gehen wir den bekannten Weg zurück zum **E Sportplatz von Büchelberg**.

INFO

TOURENCHARAKTER
Ebenerdige Rundwanderung

AUSGANGS-/ENDPUNKT
Büchelberg, Sportplatz (128 m)

GPS
49.020277, 8.175555

ANFAHRT
Auto: Auf der A 65 bis Kandel Süd; weiter auf der B 9 bis Büchelberg, Parkplätze am Sportplatz
Bus & Bahn: Mit der Regionalbahn nach Wörth oder Kandel; von dort mit dem Bus nach Büchelberg

GEHZEITEN
Büchelberg–Weißes Kreuz 1.40 Std.–Hirschbrunnenhütte 1.00 Std.–Büchelberg 0:55 Std.

EINKEHR
Keine Einkehrmöglichkeit

Mittel | 15,3 km | 46 Hm | 3.35 Std.

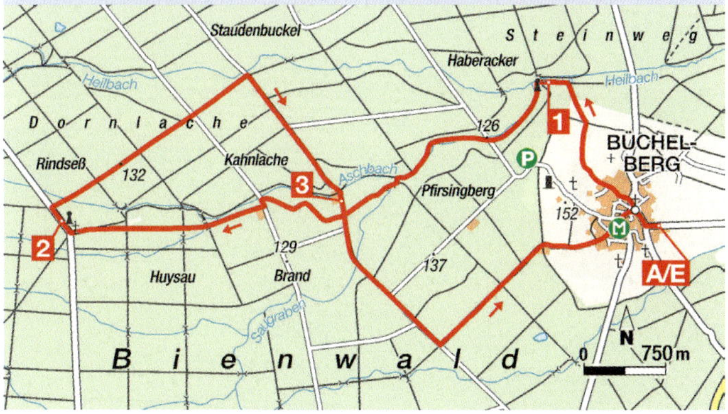

KARTE
Topographische Karten Schaidt (Blatt 6914) und Wörth am Rhein (Blatt 6915), 1:25 000

INFORMATION
Südpfalz-Tourismus Landkreis Germersheim, Luitpoldplatz 1, 76726 Germersheim, www.suedpfalz-tourismus.de

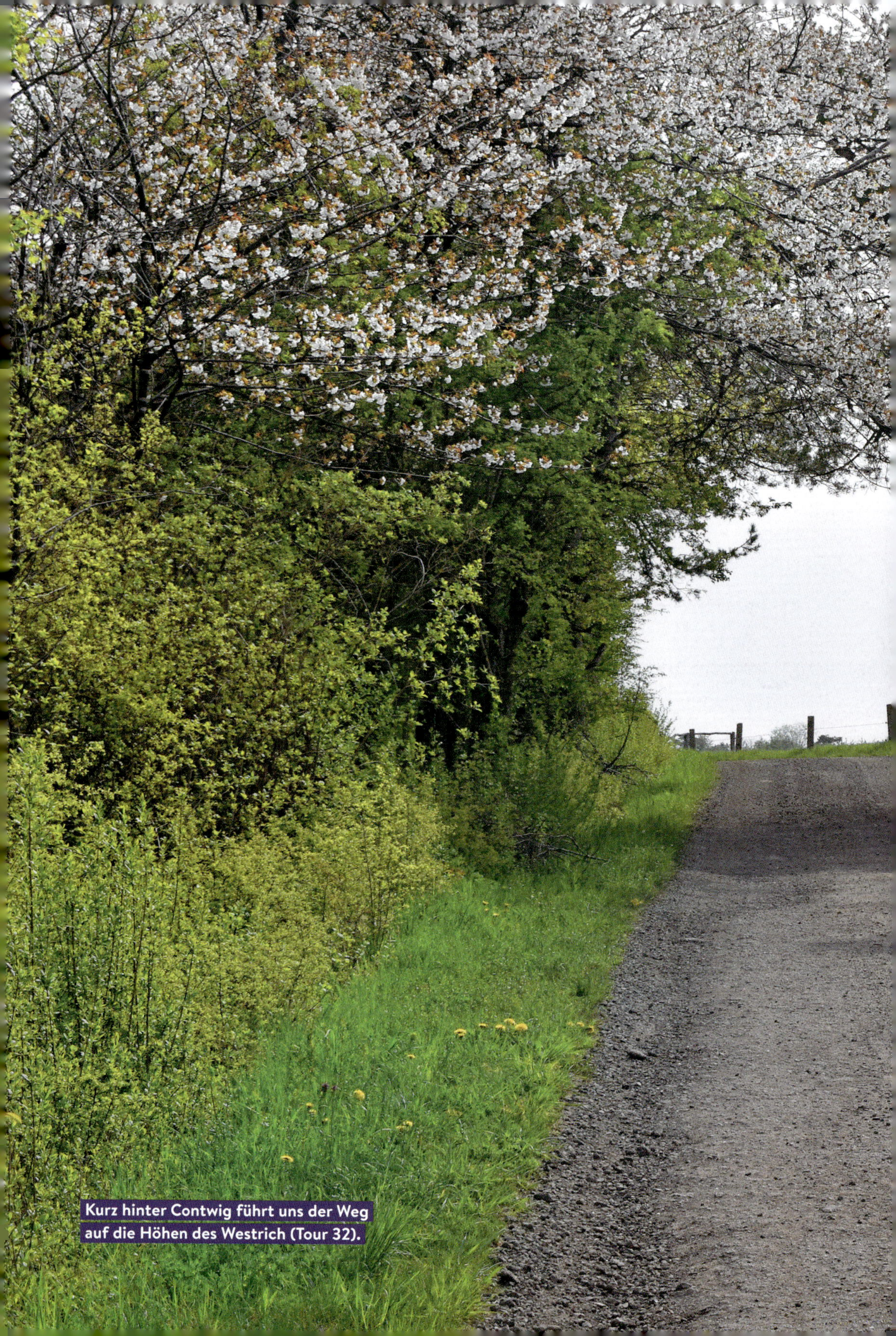

Kurz hinter Contwig führt uns der Weg auf die Höhen des Westrich (Tour 32).

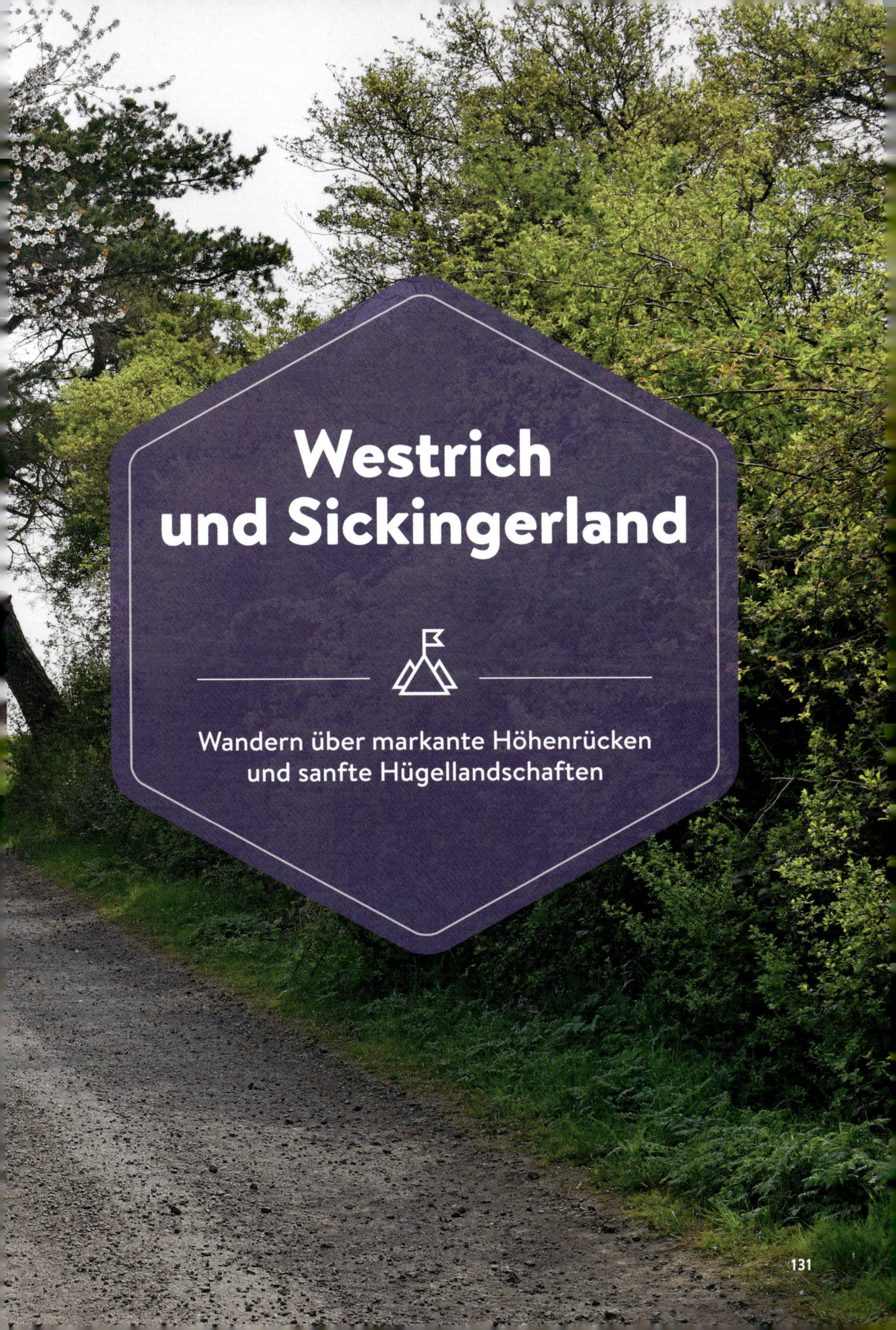

Westrich und Sickingerland

Wandern über markante Höhenrücken und sanfte Hügellandschaften

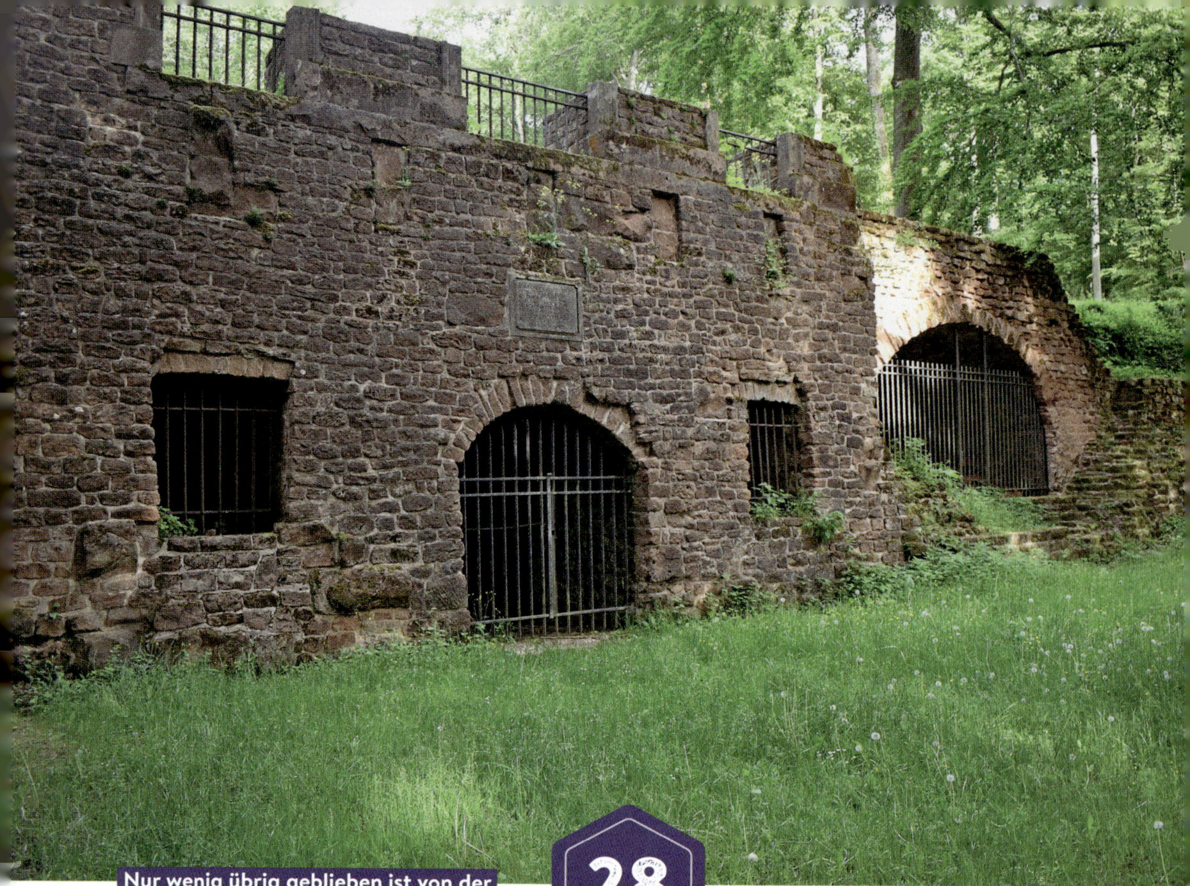

Nur wenig übrig geblieben ist von der ehemals herrschaftlichen Karlsburg.

28

Von Hauptstuhl nach Homburg

In den Sandsteinhöhlen

Nicht weit von unserem Ausgangspunkt befindet sich die Burg Nanstein, hoch über der Stadt Landstuhl. Sie gehörte dem Adligen Franz von Sickingen. Er erhielt den Beinamen »Letzter Ritter«. Die Landschaft oberhalb des Landstuhler Bruchs wird heute auch als Sickingerland oder Sickinger Höhe bezeichnet. Unsere Wanderung führt von Ost nach West oberhalb dieser markanten Senke.

ZUR ELENDSKLAMM Vom **A Bahnhof in Hauptstuhl** gehen wir auf der Bahnhofstraße bis zur Kaiserstraße. Dieser folgen wir nach Westen bis zur Römerstraße. Dort nehmen wir unsere Wandermarkierung, den blauen Punkt, auf. Auf diesem Weg erreichen wir nach einem ersten Anstieg eine Wegverzweigung. Diese ist auch als Rettungspunkt 6610-325 markiert. Dort befindet sich auch eine kleine Schutzhütte. Der Weg führt dann weiter nach Süden; er biegt schließlich nach Osten ab. Kurz darauf erreichen wir den Hubertusbrunnen. Auf einem breiten Waldweg geht es jetzt hinunter zu unserem ersten Etappenziel, der **1 Fritz-Claus-Hütte** (Mi, Fr–So 11.00–18.00 Uhr geöffnet). In der Nähe der Hütte überqueren wir die L 466; jetzt befinden wir uns auf der Nordvariante des Pfälzer Jakobswegs. Unser Weg führt um den Taubenkopf herum; nächstes Ziel ist die Elendsklamm. Diese wird auf einer Holzbrücke überquert. Der überschrittene Frohnbach hat sich auf etwa drei Kilometern Länge ein Bachbett durch die Buntsandsteinschichten nach Norden gegraben. Auf einer Schautafel erfahren wir, dass der Name »Elend« vom Althochdeutschen »Alilendi« stammt. Er hat sich im Laufe der Zeit zu Elend gewandelt hat. Ursprünglich war damit »im Fremden« gemeint. Dies ist darauf zurückzuführen, dass die Elendsklamm Grenzgebiet zwischen politischen und religiösen Herrschaftsbereichen war. So war sie zum Beispiel die Grenze zwischen Worms, dem Bliesgau und dem Nahegau.

ZUR KEHRBERGHÜTTE Danach geht es mit der Wegmarkierung schwarzer Punkt in

↓ Eine Holzbrücke führt uns in die Elendsklamm.

↘ Stufen und Holzgeländer helfen beim Überbrücken einer schwierigen Passage.

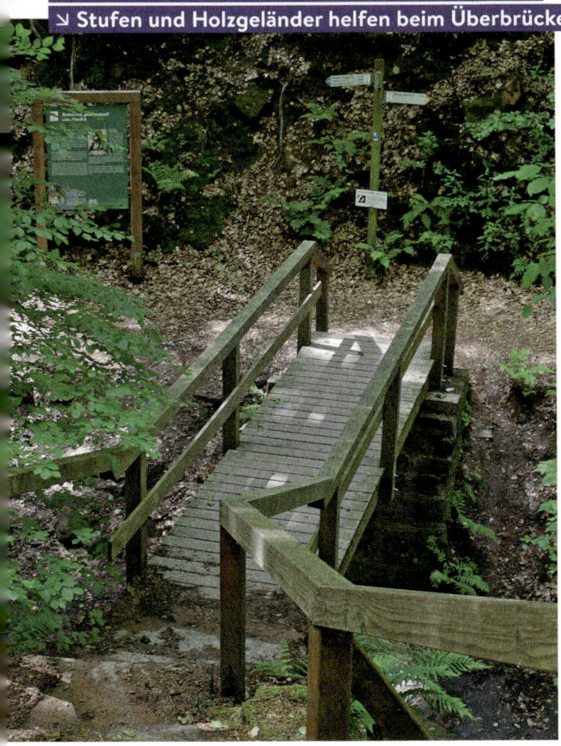

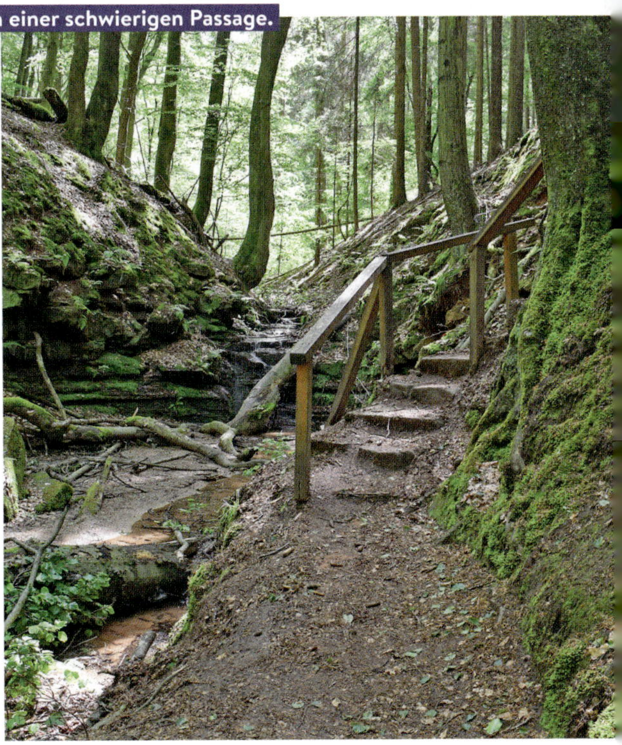

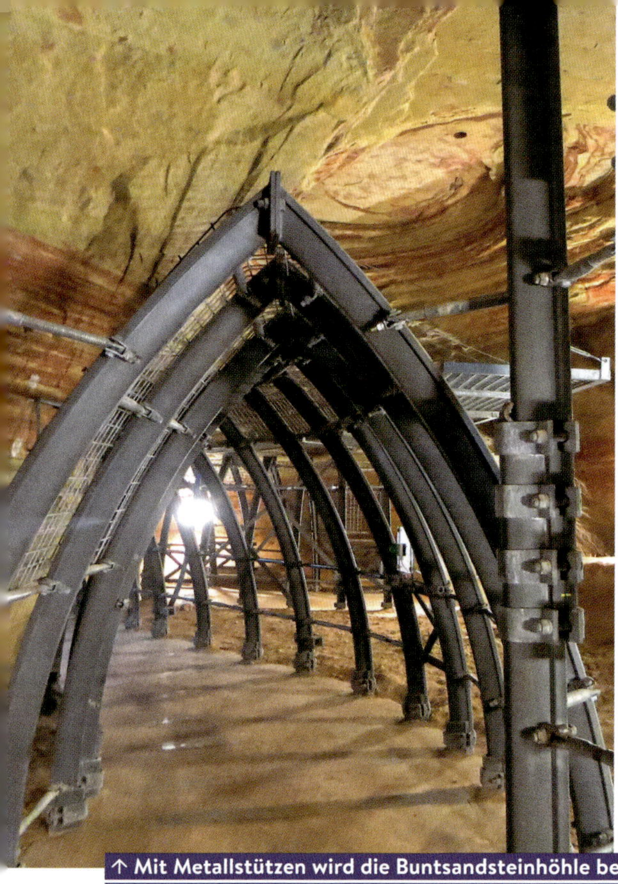

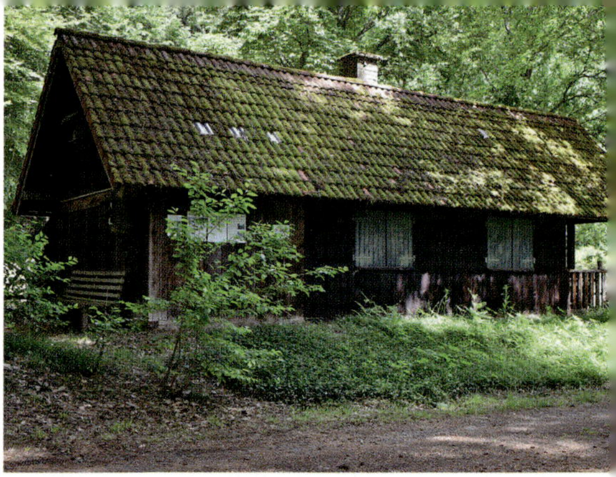

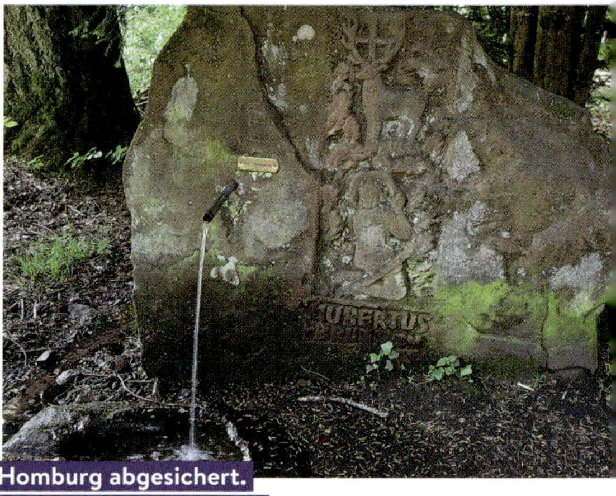

↑ Mit Metallstützen wird die Buntsandsteinhöhle bei Homburg abgesichert.
↗ An dieser Hütte oberhalb von Hauptstuhl führt auch der Jakobsweg vorbei.
→ Am Hubertusbrunnen beginnt der Abstieg zur Fritz-Claus-Hütte.

weißem Feld weiter. Der Weg führt oberhalb des Orts Bruchmühlbach-Miesau entlang. Über den Reißberg wird der Ort Lambsborn erreicht. Die Bergstraße führt uns in den Ort hinein; wir biegen aber gleich nach rechts in die Waldstraße ab. Diese führt uns am Nordrand des Orts weiter nach Südwesten. Schnell ist wieder der Wald erreicht; durch diesen geht es bis zum Heidehof. Oberhalb von Lambsborn war der Jakobsweg wieder zu uns gestoßen; wir können also die Jakobsmuschel neben dem schwarzen Punkt als Wegmarkierung nutzen. Der Heidehof wird umgangen. Unser Weg führt jetzt nördlich an Bechhofen entlang. Wir erreichen den örtlichen Sportplatz; die dort verlaufende Landesstraße wird überquert. Der Weg führt uns jetzt zur **2 Gustav-Köhler-Hütte**. Diese ist auch als Kehrberghütte bekannt (Mi, Sa, So 10.00–18.00 Uhr geöffnet).

ZU DEN BUNTSANDSTEINHÖHLEN Von der Hütte gehen wir hinunter zur K 64. Diese wird überquert. Auf dem Jakobsweg gehen wir in südlicher Richtung bis zur Ruine Schloss Karlsberg. Das ehemals prachtvolle Schloss wurde im Rahmen der Revolutionskriege von französischen Truppen im Jahr 1793 bis auf die Grundmauern zerstört. Von der wenige Meter weiter befindlichen Orangerie ist auch nur noch das Kellergewölbe erhalten. In der kalten Jahreszeit wurden damals exotische Pflanzen wie Orangenbäume und Zitruspflanzen dort aufbewahrt. Ansonsten wohnten dort zahlreiche Bedienstete, von Kammerherren und Pagen bis hin zu Offizieren. Auf dem Jakobsweg geht es weiter nach Süden. Wir erreichen die L 120. Diese wird überquert. Wir verabschieden uns von den bisherigen Wegzeichen und folgen den Wegweisern zum Schlossberg bzw. zu den **3 Schlossberghöhlen** der Stadt Homburg. Bei den Schlossberghöhlen handelt es sich um die größten Buntsandsteinhöhlen in Europa. Die Höhlen sind nicht natürlichen Ursprungs, sondern entstanden durch Abbau des Sandsteins. Teile der Höhle wurden in den 1950er-Jahren des letzten Jahrhunderts von der Regierung des Saarlands zu einem Bunker ausgebaut. Im Jahre 2003 stürzten dann Teile der Decke ein. Danach wurden umfangreiche Sicherungsarbeiten u. a. durch den Einbau von Stahlträgern durchgeführt. Die Höhlen sind täglich von 9.00–17.00 Uhr geöffnet. Geschlossen sind sie im Dezember und Januar. Die Temperatur beträgt konstant 10 °C. Betreten ist nur nach Sicherheitsunterweisung und Helmempfang möglich. Von den Höhlen geht es über Treppenstufen auf dem Burgweg hinunter in die Innenstadt von Homburg. Vom Marktplatz finden wir durch die Fußgängerzone den kürzesten Weg zum **E Bahnhof von Homburg**. Mit der S-Bahn erreichen wir wieder unseren Ausgangspunkt in Hauptstuhl.

INFO

TOURENCHARAKTER
Anspruchsvolle Streckenwanderung entlang des Landstuhler Bruchs

AUSGANGSPUNKT
Hauptstuhl, Bahnhof (237 m)

ENDPUNKT
Homburg, Bahnhof (243 m)

GPS
49.401666, 7.490555

ANFAHRT
Auto: Auf der A 6 bis zum Autobahnkreuz Landstuhl, dann über die L 395 bis Hauptstuhl. Parkplätze am Bahnhof

Bus & Bahn: Mit der Regionalbahn von Saarbrücken oder Kaiserslautern nach Hauptstuhl

GEHZEITEN
Hauptstuhl–Fritz-Claus-Hütte 1.05 Std.–Heidehof 2.20 Std.–Schloss Karlsberg 1.25 Std.–Homburg 1.20 Std.

EINKEHR
Fritz-Claus-Hütte, Kehrberghütte, Homburg

Schwer | 23,1 km | 844 Hm | 6.10 Std.

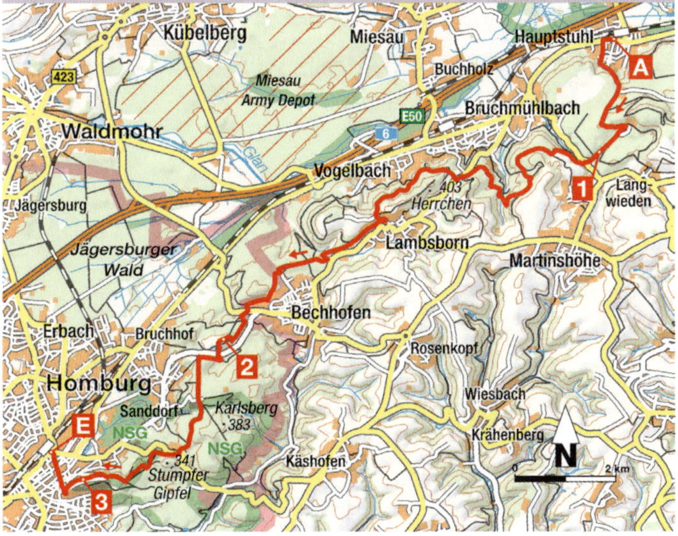

KARTE
NaturNavi Pfälzerwald 1 (Blatt 39-546) nur teilweise oder komplett Westpfalz Süd, Wanderkarte des Pfälzerwald-Vereins (nicht mehr aufgelegt), 1:25 000

INFORMATION
Tourist-Information VG Landstuhl, Hauptstraße 3a, 66849 Landstuhl, www.landstuhl.de

Über die Höhenrücken bei Kirchenarnbach

Reiterprozession nach Wallhalben

Für den Westrich sind die meist unbewaldeten Höhenrücken charakteristisch. Zu diesen führen meist kurze, aber steile Anstiege. Hat man einen Höhenrücken dann erreicht, ergeben sich gute Fernsichten über das Land. Meist ist es dort oben aber auch sehr windig. Auf dieser Tour wechseln sich lange Höhenrückenstrecken mit Wanderwegen in den Tälern ab.

29

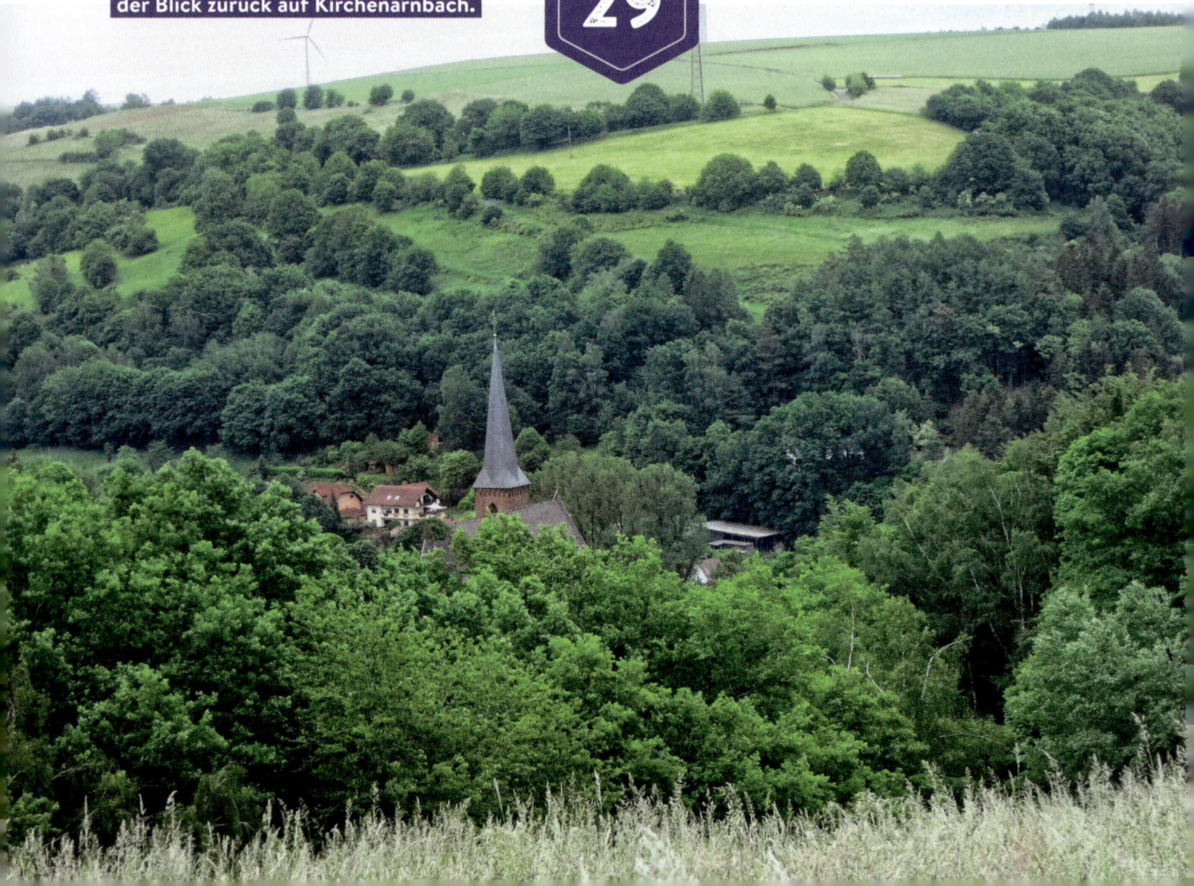

Nach Verlassen eines Waldstücks fällt der Blick zurück auf Kirchenarnbach.

BLICK AUF DIE WEISSE KIRCHE Gegenüber des Friedhofs von **A Kirchenarnbach** liegt der Parkplatz Dorfplatz. Wir gehen auf der Landstuhler Straße durch die Bebauung bergab. Die Straße geht über in die Pirmasenser Straße. Wir folgen ihr, bis nach rechts die Goldbergstraße abgeht. Hier steigt der Weg gleich steil durch den Wald an; in einer Kurve geht es oberhalb des Sportplatzes des SV Kirchenarnbach entlang. An der nächsten Wegverzweigung halten wir uns rechts. Der Weg führt weiter ansteigend nach Norden, biegt dann aber nach Westen ab. Es ist ein breiter Wirtschaftsweg; von ihm haben wir dann einen guten Blick zurück auf den Ort sowie auf die hügelige Landschaft, die das Tal des Arnbachs seitlich begrenzt. Wir befinden uns wieder außerhalb des Walds. Der Höhenrücken ist fast erreicht; der Weg beschreibt einen Knick nach Nordosten. Wir gehen hier ein kurzes Stück nach Westen und erreichen den höchsten Punkt dieses Höhenrückens. Nach Norden geht der Blick bis zum Mühlbergerhof. Auf einer langen Geraden geht es ohne Höhenunterschiede auf dem Ochsenberg entlang. Die Laufrichtung ist nach Süden. Die K21 wird erreicht und überquert. Am Scharrhof vorbei und über den Scharrberg geht es weiter auf dem breiten Weg in südwestlicher Richtung. Der Weg beginnt jetzt langsam abzufallen. Er beschreibt dann einen Knick nach links; steil abfallend geht es jetzt hinunter in das kleine Gewerbegebiet von **1 Wallhalben**. Auf dem Weg bergab erkennen wir den weißen Kirchturm und das Kirchengebäude der Kirche Allerheiligen von Wallhalben. Die Kirche wurde erst im Jahr 1928 erbaut. Sie ist jedes Jahr das Ziel des Bruder-Konrad-Ritts. Dabei handelt es sich um eine Reiterprozession zum Gedenken an den Kapuziner Konrad von Parzham. Er gilt als Schutzpatron der Landwirte. Die Reiterprozession beginnt in Labach und findet immer am ersten Sonntag im Mai statt.

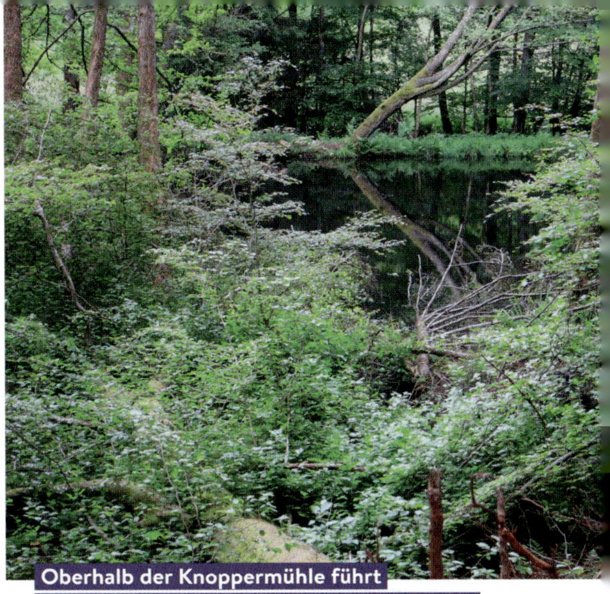

Oberhalb der Knoppermühle führt der Mühlenweg an einigen Weihern entlang.

ZUR MITTELBRUNNERMÜHLE Wir gehen durch das kleine Gewerbegebiet von Wallhalben. Unsere Laufrichtung ändert sich dann nach Norden. Wir treten in das Tal des Stuhlbachs ein. Hier finden wir auch wieder eine Wegmarkierung. Es geht weiter mit dem gelbroten Balken als Wanderzeichen. Dieser Teilabschnitt unserer Wanderung ist auch als Mühlenweg bezeichnet. Durch den Bendelwald führt der Weg entlang des Stuhlbachs. An der L469 erreichen wir die Knoppermühle. Sie war früher eine Getreidemühle; ihren Betrieb hatte sie allerdings schon 1918 eingestellt. Auf der dortigen Brücke gehen wir über den Stuhlbach; dann folgen wir der K71 ein kurzes Stück nach Norden. Anschließend geht nach rechts unser Weg ab. Wir folgen jetzt dem Stuhlbach in Laufrichtung gesehen auf dessen linker Seite. Der Weg führt nahezu eben am Friesenweiher entlang zur **2 Scharrmühle**. Dort werden Stuhlbach und die L469 erneut überschritten. Weiter geht es durch die Stockwiesen, bis Landesstraße und Stuhlbach wieder aufeinandertreffen. Dieses Mal werden beim Rettungspunkt 6611-457 weder die Straße noch der Bach überschritten. Wir bleiben am Ostrand des Tals. Der Weg steigt jetzt langsam zur **3 Mittelbrunnermühle** an.

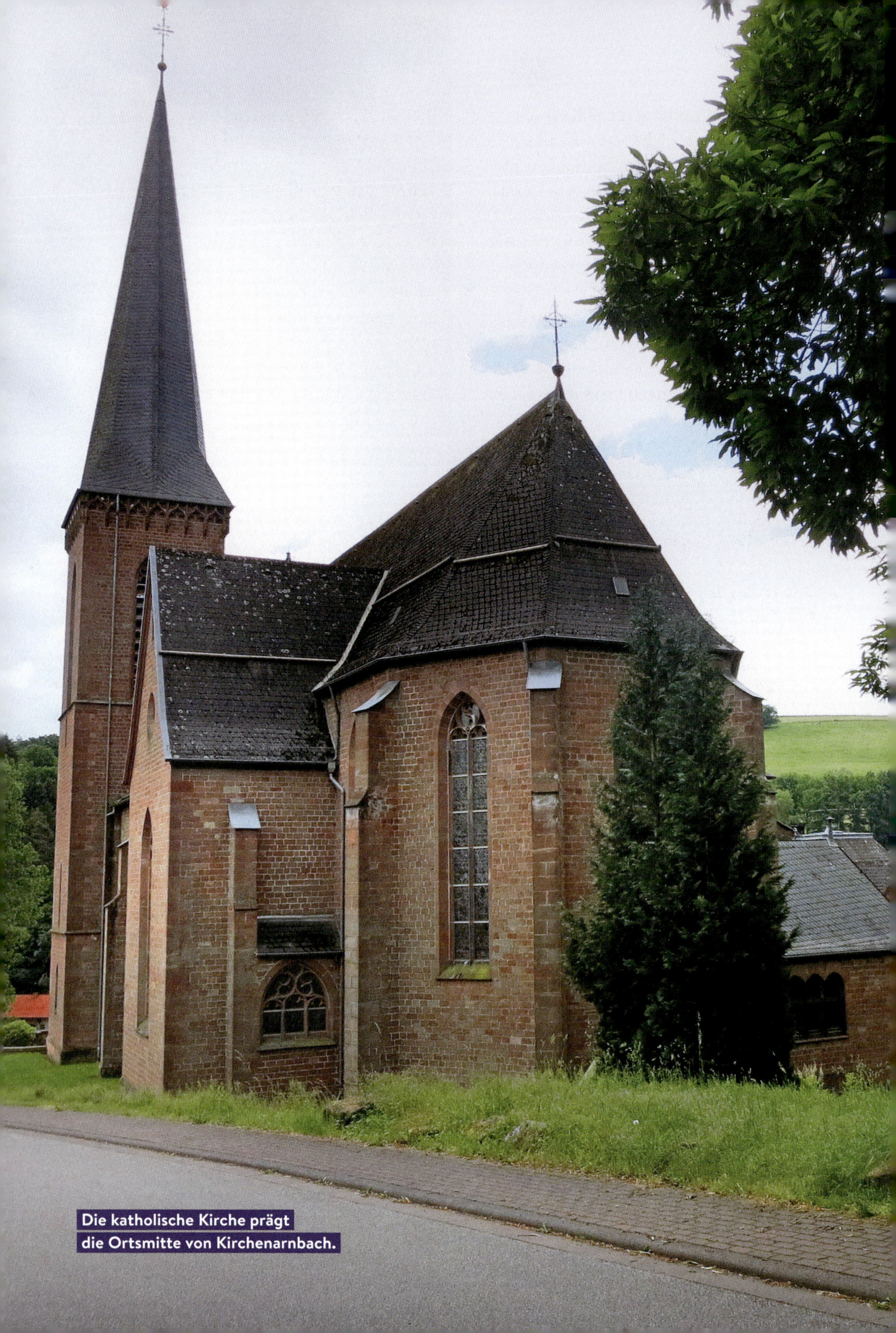

Die katholische Kirche prägt
die Ortsmitte von Kirchenarnbach.

NOCH EINMAL HINAUF An der Mittelbrunnermühle ändert sich unsere Laufrichtung und auch die Wegmarkierung. Es geht jetzt nach Osten. Die Wegmarkierung ist das grün-gelbe Kreuz. Durch den Wald erfolgt ein steiler Anstieg, um wieder den Höhenrücken zwischen dem Tal des Stuhlbachs und dem des Arnbachs zu erreichen. Nachdem der Wald durchschritten ist, folgt das Schlussstück auf einem Feldweg durch offene Landschaft. Den Höhenrücken erreichen wir beim Scharrberg. Wir gehen nach links die wenigen Meter zum Mühlenbergerhof. Dort gehen wir bis zum ersten Gebäude und biegen dann rechts ab. Der Weg fällt jetzt wieder steil ab; er beschreibt eine große Kehre und führt noch einmal durch den Wald. Auf der Kirchenstraße gelangen wir zur Bebauung von Kirchenarnbach. Etwas oberhalb des Orts steht die katholische Kirche St. Johannes. Von der Kirche gehen wir links auf der Schulstraße hinunter zur Pirmasenser Straße. Von dort sind es nur noch wenige Meter bis zu unserem Ausgangspunkt in **E Kirchenarnbach**.

INFO

TOURENCHARAKTER
Mittelschwere Rundwanderung auf der Sickinger Höhe

AUSGANGS-/ENDPUNKT
Kirchenarnbach, Parkplätze am Friedhof (290 m)

GPS
49.357222, 7.576944

ANFAHRT
Auto: Über die A 62 bis zur Ausfahrt Bann; den Wegweisern Richtung Kirchenarnbach folgen
Bus & Bahn: Mit dem Regionalbus von Landstuhl nach Kirchenarnbach

GEHZEITEN
Kirchenarnbach–Wallhalben 1.50 Std.–Scharrmühle 0.50 Std.–Kirchenarnbach 1.25 Std.

EINKEHR
Keine Einkehrmöglichkeit

KARTE
Westpfalz Süd, Wanderkarte des Pfälzerwald-Vereins (nicht mehr aufgelegt), 1:25 000

INFORMATION
Touristinformation Pfälzer Mühlenland, Hauptstraße 26, 66917 Wallhalben, www.pfaelzer-muehlenland.de

Mittel | **16,3 km** | **550 Hm** | **4.05 Std.**

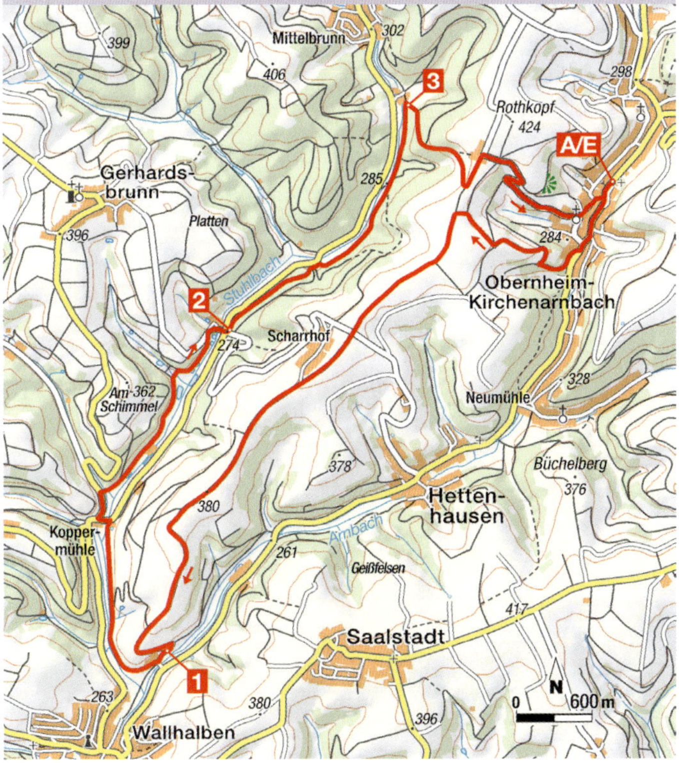

Sauborner Dell und Brechersklamm

Der schlafende Nachtwächter

Die Kneispermühle ist ein gerne besuchtes Ausflugslokal; von den umgebenden Wanderwegen kann man das nicht gerade behaupten. Dabei gibt die Landschaft des Westrichs eine Menge her. Auf dieser Tour haben wir zwei steile An- und Abstiege. Auf den Höhen genießen wir dann die Fernsicht.

30

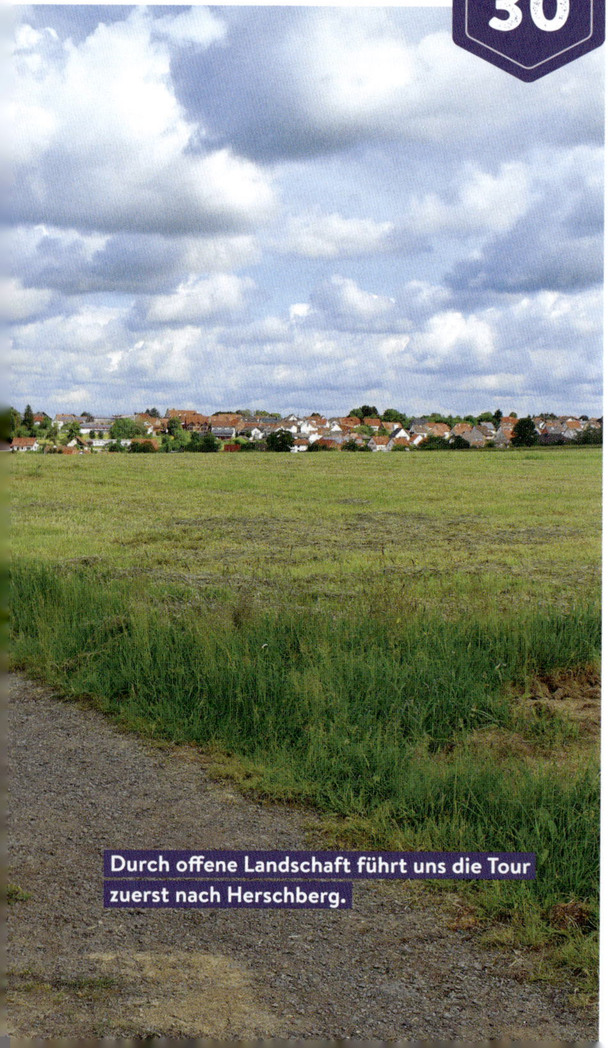

Durch offene Landschaft führt uns die Tour zuerst nach Herschberg.

HINAUF NACH HERSCHBERG An der **A Kneispermühle** stehen ausreichend Parkplätze zur Verfügung. Wir gehen die wenigen Meter zur L 475 und biegen dort rechts ab. Leider gibt es keinen anderen Zugang zu unserem Wanderweg – deswegen müssen wir etwa 400 Meter mit der gebotenen Vorsicht der Straße in südlicher Richtung folgen. Unser Weg biegt dann nach links in den Wald ein. Wanderzeichen ist das gelbe Kreuz. Der Weg steigt an – sobald wir aus dem Wald heraustreten, biegen wir nach links ab. Etwa 700 Meter gehen wir auf einem Feldweg über landwirtschaftliches Gebiet. Der Weg führt rechts zum Ortseingang von **1 Herschberg**. Auf der Thaleischweiler Straße gehen wir in den Ort hinein. Wir erreichen die Hauptstraße; dieser folgen wir nach rechts. Am Ortsausgang beschreibt die Kreisstraße einen leichten Bogen nach links, wir gehen bis zum Sportgelände des SV Herschberg. Dort biegen wir nach links ab.

NACH SCHMITSHAUSEN Der Weg fällt am Rand der Sauborner Dell ab; er führt mit zwei Kehren durch den Wald hinunter ins

Tal des Meilbächels. Dem Tal folgen wir bis zur L 475. Dort angekommen, gehen wir am Rande der Straße entlang bis zur Würschhausermühle. Hier handelt es sich um eine Getreidemühle; sie ist seit Anfang des 18. Jahrhunderts in Betrieb. Wir überqueren die Straße und gehen an der Mühle vorbei über den Fluss Wallhalbe. Nach rechts geht es zum **2 Sportplatz** des VfL Wallhalben. Vor dem Sportplatz biegen wir aber nach links ab. Es folgt ein steiler Aufstieg hinauf nach Schmitshausen. Auf der Brunnenstraße durchqueren wir den Ort und gelangen in einem Bogen zum Kupferbrunnen in der Brechersklamm. Der Weg fällt durch die Klamm kontinuierlich ab. Am Talboden angelangt stoßen wir auf eine kleine **3 Schutzhütte**. Entlang der Wallhalbe geht es dann ohne Steigung zurück zur **E Kneispermühle** (Do–Di 10.00–22.00 Uhr geöffnet).

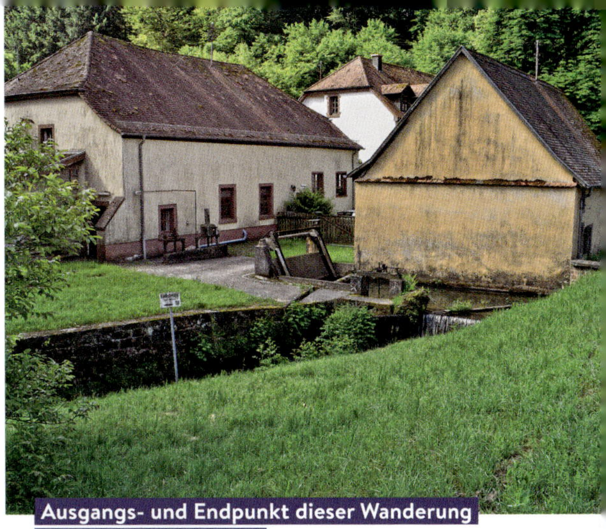

Ausgangs- und Endpunkt dieser Wanderung ist die Kneispermühle.

INFO

TOURENCHARAKTER
Einfache Rundwanderung im Südwesten der Pfalz

AUSGANGS-/ENDPUNKT
Kneispermühle (259 m)

GPS
49.291388, 7.534722

ANFAHRT
Auto: Auf der A 62 bis Thaleischweiler-Fröschen, dann über die L 477 und die L 475 zur Kneispermühle
Bus & Bahn: Keine Anbindung

GEHZEITEN
Kneispermühle–Herschberg 0.55 Std.–Schmitshausen 1.15 Std.–Kneispermühle 0.40 Std.

EINKEHR
Kneispermühle

KARTE
NaturNavi Pfälzerwald 1 (Blatt 39-546), 1:25 000

Leicht	10,9 km	502 Hm	2.50 Std.

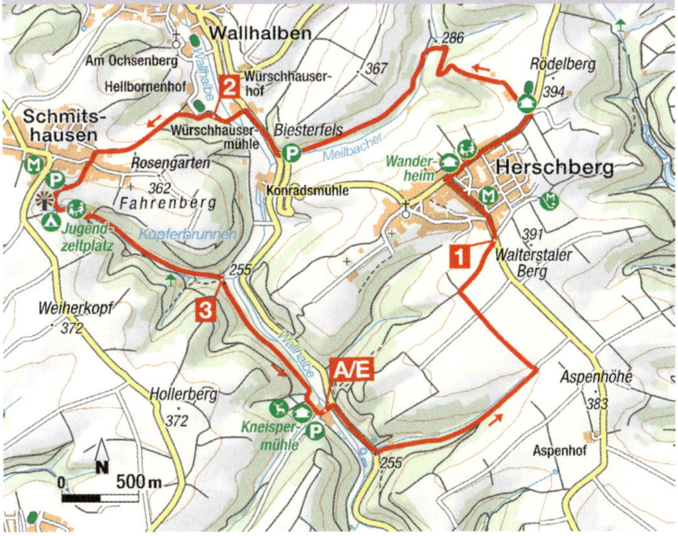

INFORMATION
Touristinformation Pfälzer Mühlenland, Hauptstraße 26, 66917 Wallhalben, www.pfaelzer-muehlenland.de

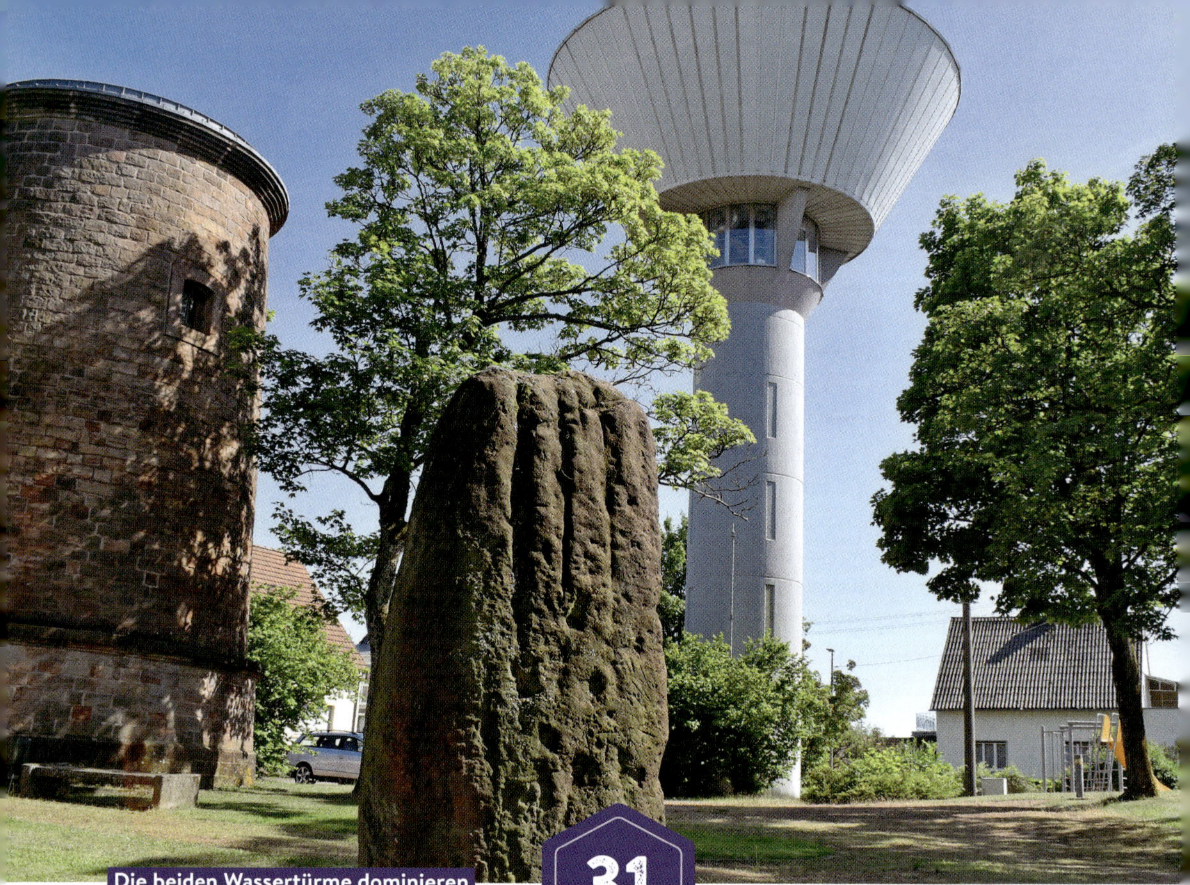

Die beiden Wassertürme dominieren die Ortsmitte der kleinen Gemeinde Martinshöhe.

31

Zur Martinshöhe

Gedenken an Fritz Claus

Wandertouren im Westrich sind interessant und abwechslungsreich; mit den Wandermarkierungen kann es dieses Gebiet aber nicht mit dem Pfälzerwald aufnehmen. Auch auf dieser Tour finden wir nur auf der Hälfte des Wegs Wanderzeichen. Wer also mit Landkarte unterwegs ist, sollte sich gut im Gelände orientieren können. Auf jeden Fall bieten die langen Täler und die Geraden auf den Höhenrücken viel Wanderspaß.

NACH KRÄHENBERG Die Ortsgemeinde **A Winterbach (Pfalz)** gehört zur Verbandsgemeinde Thaleischweiler-Wallhalben; sie zählt 500 Einwohner. In der Landstuhler Straße stehen am Wendeplatz beim städtischen Kindergarten einige Parkplätze zur Verfügung. Falls nichts frei sein sollte, kann man weiter südlich beim Sportplatz bzw. beim Friedhof parken. Wir biegen beim Kindergarten in die Felsentalerstraße ein und folgen dieser nach Norden. Schnell haben wir die Bebauung hinter uns gelassen. Jetzt geht es durch die Talaue des Felsentalbachs weiter aufwärts. Kurz vor dem Talende führt uns der Weg in den Wald hinein; in einer S-Kurve steigen wir weiter an. Auf der Höhe angelangt erreichen wir schnell freies Feld. Auf einem Wirtschaftsweg geht es weiter nach Nordosten. Vor Erreichen der L 467 biegt unser Weg nach links ab. In einer langen Geraden führt er uns direkt in den kleinen Ort **1 Krähenberg**. Dort überqueren wir die Hauptstraße und biegen in die Friedhofstraße ein.

DIE WASSERTÜRME VON MARTINSHÖHE
Der Weg führt abfallend am örtlichen Friedhof vorbei; kurz danach erreichen wir wieder bewaldetes Gebiet. Am Nordrand des Höhenrückens Wilmstein gehen wir hinunter ins Tal des Wieselbrombachs. Diesem folgen wir stromabwärts bis zum Zusammenfluss mit dem Felsbach. Ab hier haben wir eine eindeutige Wandermarkierung. Mit dem roten Punkt geht es jetzt durch das Tal des Felsbachs nach Norden. Der Felsbach wird vom Pletschmühlbach abgelöst; die Wegrichtung zeigt aber weiterhin in nördliche Richtung.

Unser Weg führt uns direkt zur Kirche St. Barbara in Knopp-Labach.

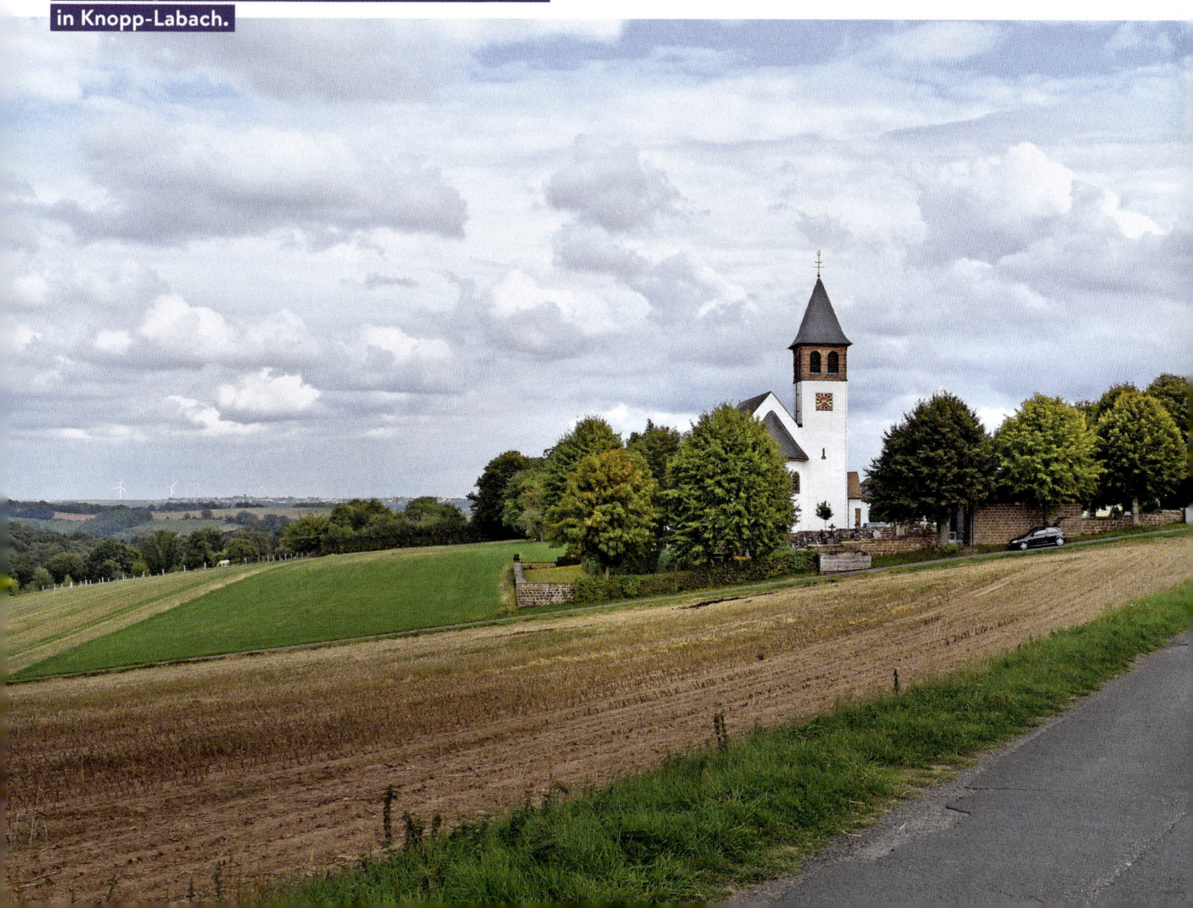

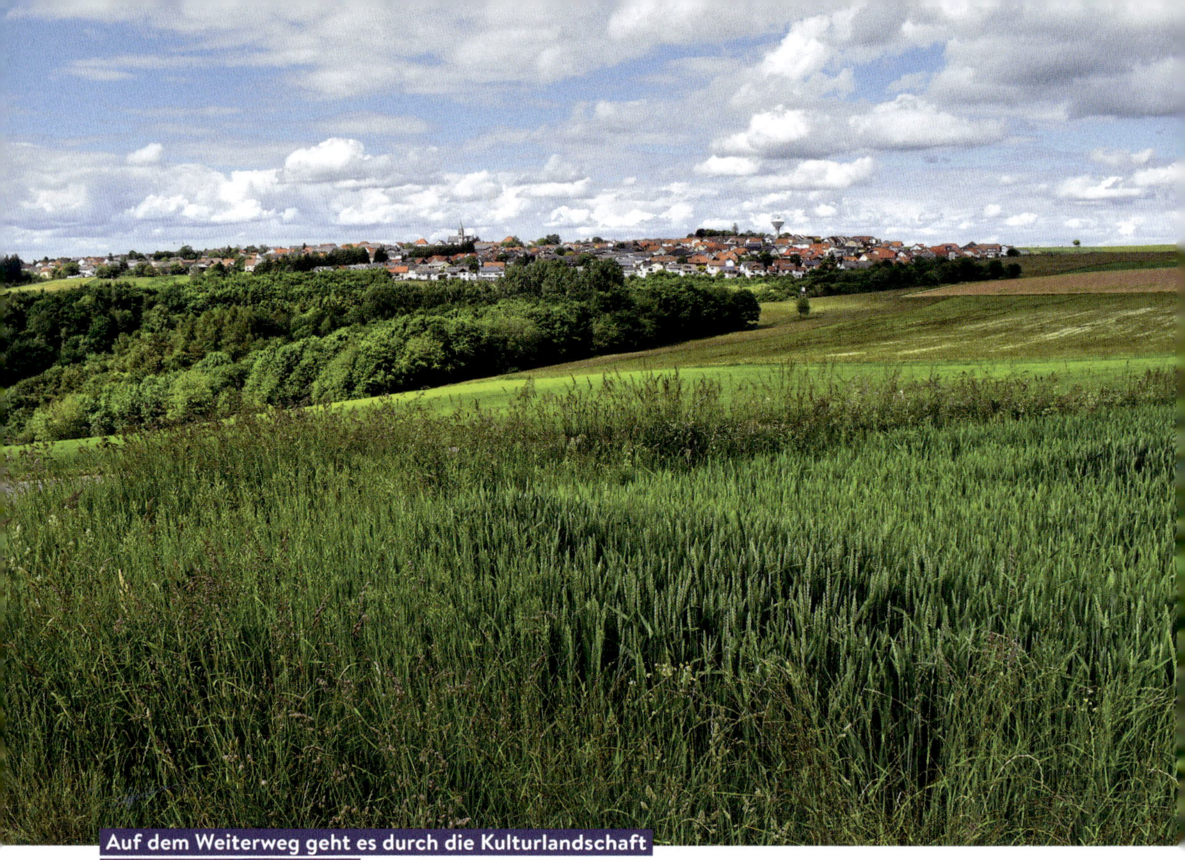
Auf dem Weiterweg geht es durch die Kulturlandschaft um den Ort Martinshöhe.

Wir erreichen schließlich die 2 **Pletschmühle**. Es folgt jetzt der steile Schlussanstieg auf die Sickinger Höhe. Den Ort Martinshöhe erreichen wir auf der Südstraße. Wir folgen dieser bis zur Felsenbrunnerstraße und gelangen auf ihr zur örtlichen Parkanlage. Dort befindet sich der unter Denkmalschutz stehende Alte Wasserturm. Direkt daneben steht der neue Wasserturm. Weiter befinden sich dort ein Menhir, dessen Alter auf etwa 4000 Jahre geschätzt wird. Auch das örtliche Kriegerdenkmal hat dort seinen Platz gefunden. Der Ort Martinshöhe gehört zur Verbandsgemeinde Bruchmühlbach-Miesau und zählt 1500 Einwohner. Hier wurde der Heimatdichter Johann Jäger (1853–1923), der unter dem Pseudonym Fritz Claus in der Pfalz weithin bekannt war, geboren. Er war Mundartdichter und Sänger und gehörte zu den Mitbegründern des Pfälzerwald-Vereins. Er gehörte auch zu den Initiatoren für den Bau eines Aussichtsturms auf dem Weißenberg, dem späteren Luitpoldturm.

ST. BARBARA IN KNOPP Wir gehen auf der Straße Am Wasserturm bis zur Straße In den Seiters und biegen dort nach links ab. Der Weg führt direkt zur L 466. Wir überqueren diese und folgen dem abfallenden Weg. An der ersten Gelegenheit biegen wir nach rechts ab. Der Weg führt jetzt nach Süden; er ist auch als Schlapphutweg gekennzeichnet. Schlapphut war eine Sagengestalt, die in der Gegend um die Martinshöhe ihr Unwesen getrieben haben soll. Der Weg führt parallel zur Landesstraße nach Süden, allerdings ist die Straße nicht überall zu sehen. Wir erreichen die K 71 beim Kreuzhof. Wir überqueren die Straße, gehen am Kreuzhof vorbei und bleiben auf dem Weg. Dieser führt weiter nach Süden. Im weiteren Verlauf des Wegs ist dann schon das Dorf **3 Knopp-Labach** zu erkennen. Am Ortseingang befindet sich die katholische Kirche St. Barbara. Sie wurde vor 100 Jahren erbaut.

ZUM ERDBEERHOF Auf der kurzen Stichstraße erreichen wir die L 466. Ein Wirtschaftsweg führt uns nach Westen. Wir umrunden die dortigen Windkraftanlagen nach Westen und gelangen zur L 467. Auf dieser gehen wir ein kurzes Stück bis zur Abzweigung nach Biedershausen. Entlang der K 69 erreichen wir den Ort. Auf der Hauptstraße biegen wir gleich in die Rockentalerstraße ein. Diese führt uns durch den Ort und bis zum Ortsausgang. Auf der Winterbacher Straße wird jetzt ein Erdbeerhof erreicht. Wir gehen an diesem vorbei; an dessen Ende führt der Weg nach rechts, um gleich wieder nach links, also nach Süden, abzubiegen. Wir folgen dem Wirtschaftsweg über den Klosterberg. Talabwärts kommen wir jetzt zum Klostertalerhof. Auf weiter abfallendem Weg ist dann bald wieder der Ort **E Winterbach** erreicht.

INFO

TOURENCHARAKTER
Anspruchsvolle Rundwanderung auf der Sickinger Höhe

AUSGANGS-/ENDPUNKT
Winterbach/Pfalz (250 m)

GPS
49.303333, 7.471388

ANFAHRT
Auto: Auf der A 8 bis Zweibrücken. Auf der L 469 nach Winterbach
Bus & Bahn: Mit dem Bus von Zweibrücken nach Winterbach

GEHZEITEN
Winterbach (Pfalz)–Krähenberg 1.10 Std.–Martinshöhe 1.35 Std.–Knopp-Labach 1.10 Std.–Winterbach 1.25 Std.

EINKEHR
Keine Einkehrmöglichkeit

KARTE
NaturNavi Pfälzerwald 1 (Blatt 39-546), 1:25 000

INFORMATION
Verbandsgemeinde Bruchmühlbach-Miesau, Am Rathaus 2, 66892 Bruchmühlbach-Miesau, www.tourismus-vgbm.de

Schwer	20,6 km	770 Hm	5.20 Std.

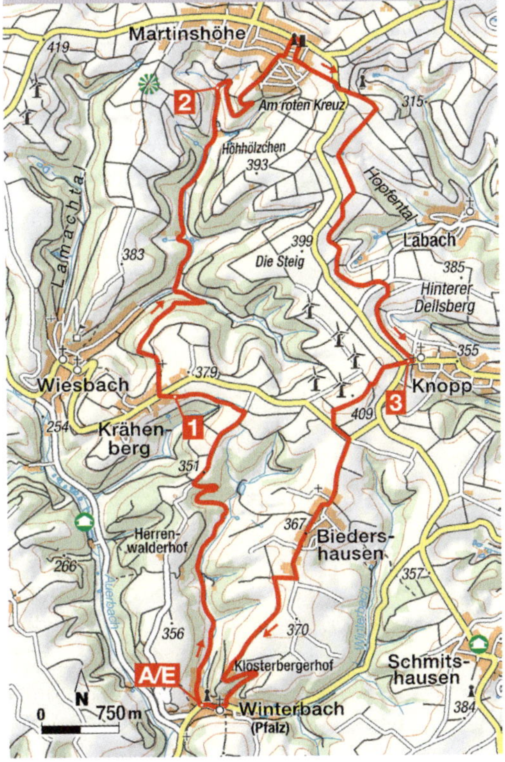

Vom Schwarzbach zum Dellfelder Forst

Wanderrast im Cockpit

Die Gegend um Zweibrücken ist durch eine sanfte Hügellandschaft gekennzeichnet. Hat man den ersten Anstieg hinter sich gebracht, ergeben sich beeindruckende Fernsichten. Landwirtschaftliche Flächen und kleine Naturschutzgebiete wechseln sich ab; Wald gibt es fast keinen. Umkehrpunkt dieser Tour ist der kleine Verkehrslandeplatz Pirmasens.

32

Farbenzauber bis zum Horizont: Landschaft bei Contwig

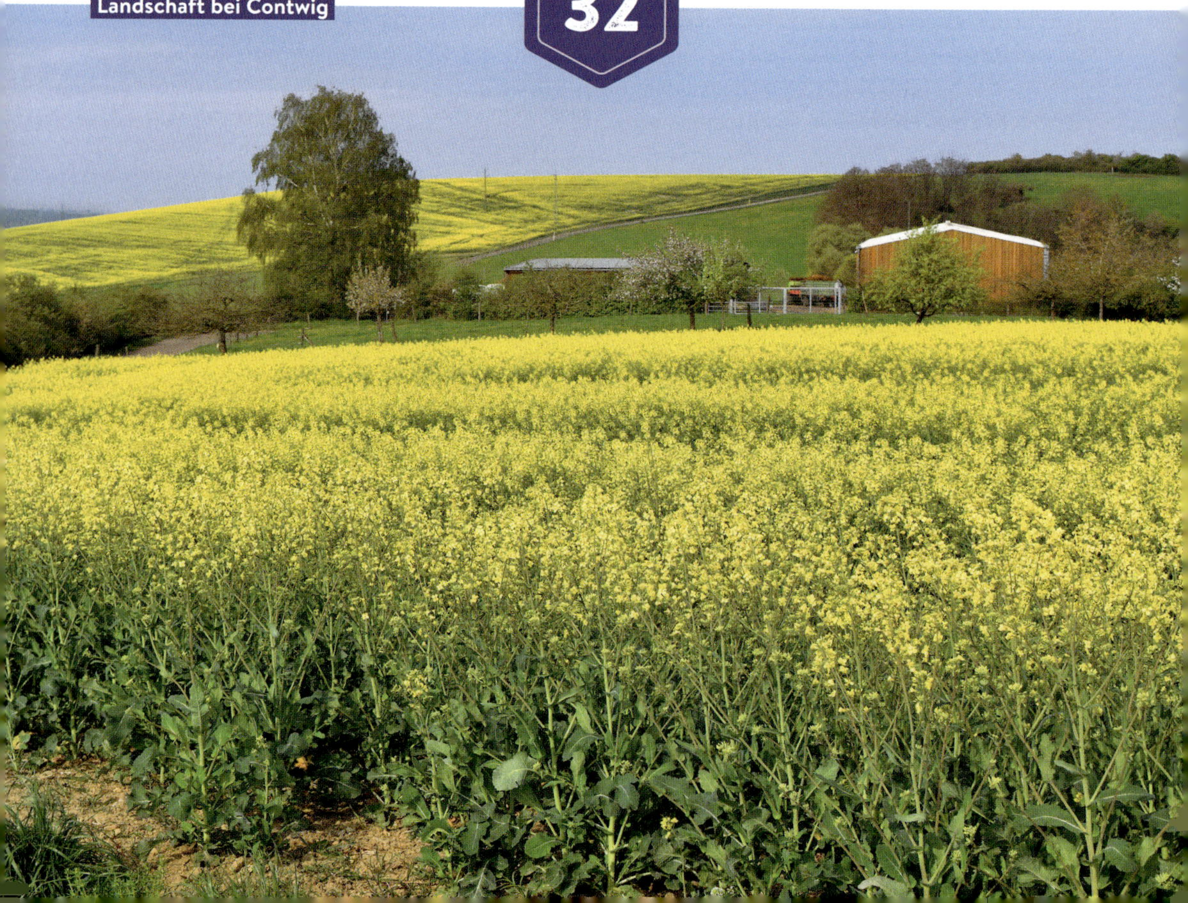

ZUR POTTSCHÜTTHÖHE Wir beginnen diese Wanderung am **A Bahnhaltepunkt** in Contwig. Wer mit dem Pkw anreist, findet dort einige Stellplätze. Alternativ kann am örtlichen Friedhof in der Maßweilerstraße geparkt werden. Auf der Bahnhofstraße gehen wir die wenigen Meter bis zum Schwarzbach. Der Schwarzbach entspringt im Pfälzerwald in der Nähe von Johanniskreuz. In Zweibrücken vereinigt er sich mit dem Hornbach und entwässert wenige Kilometer weiter zur Blies. Wir werfen einen kurzen Blick auf das Stauwehr und gehen dann auf der Bahnhofstraße weiter zur Ortsmitte. Hier bietet sich ein kurzer Abstecher zur evangelischen Martin-Luther-Kirche (nach rechts über die Hauptstraße wenige Meter bergauf). Die ehemalige katholische Pfarrkirche stammt aus dem 12. Jahrhundert. Nach der Reformation im 16. Jahrhundert wurden dort evangelische Gottesdienste abgehalten. Im Dreißigjährigen Krieg wurde die Kirche zerstört; neu errichtet war sie ab 1689 Simultankirche. Sie blieb dies bis zum Jahr 1905, als die katholische Kirche im Ort fertiggestellt war. Von der Ortsmitte gehen wir die Gutenbrunnenstraße nach Nordosten (gelber Balken als Wegmarkierung); diese geht nach einem kleinen Schlenker in die Schottenbachstraße über. Diese führt uns auf einer langen Geraden zum Ortsausgang. An den Fischteichen des örtlichen Anglervereins treten wir dann in den Wald ein. Der Weg beschreibt an der Abzweigung zum Gödelsteinhof einen leichten Schwenk nach rechts; er steigt weiter an, bis dann bald die freie Landschaft erreicht wird. Mit jedem Meter Anstieg ergibt sich ein besserer Blick über die charakteristische Zweibrücker Hügellandschaft. An einer Wegkreuzung gehen wir nach rechts und steigen die letzten Meter zur **1 Pottschütthöhe** an. Die Pottschütthöhe ist seit dem Jahr 2003 ein Naturschutzgebiet. Besonders schutzwürdig sind die

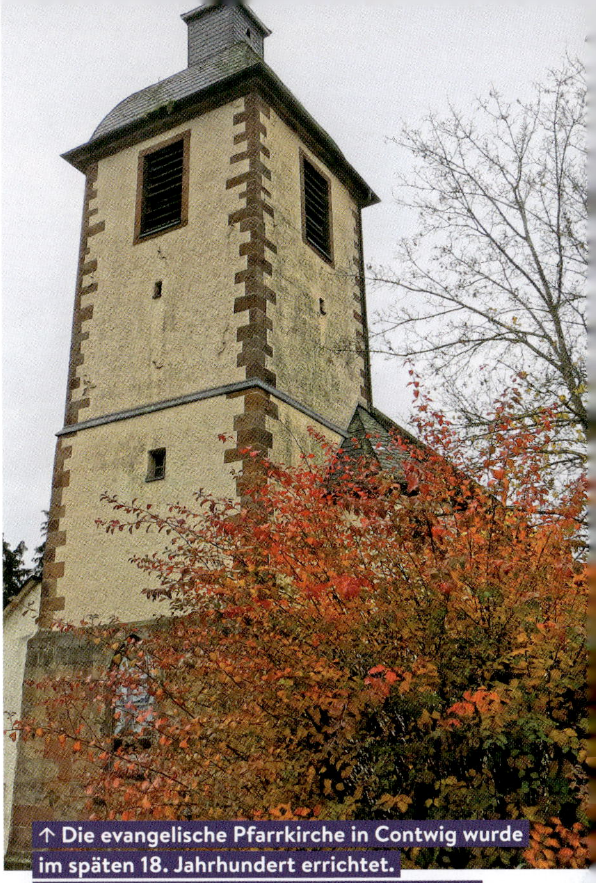

↑ Die evangelische Pfarrkirche in Contwig wurde im späten 18. Jahrhundert errichtet.

↓ Vor dem Abstieg nach Stambach legen wir bei diesem Wegkreuz eine Rast ein.

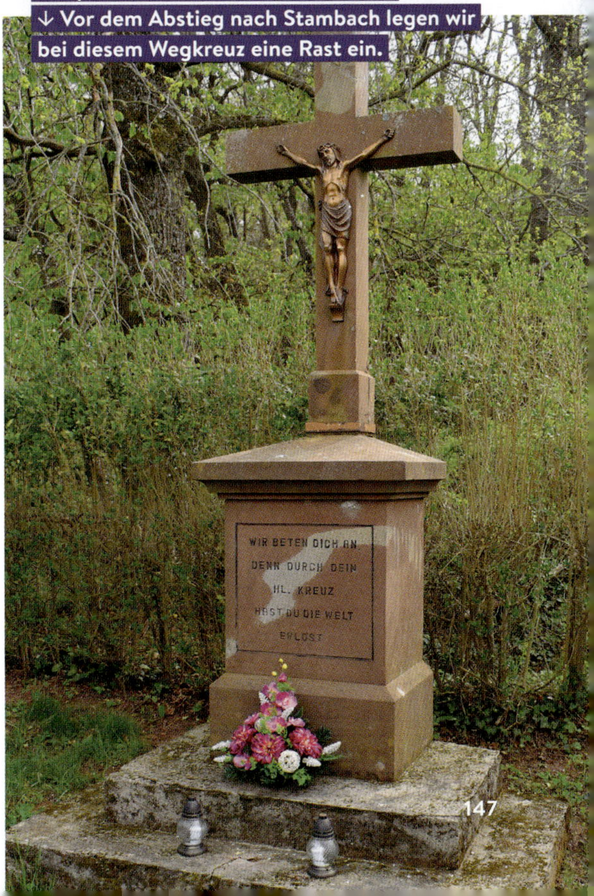

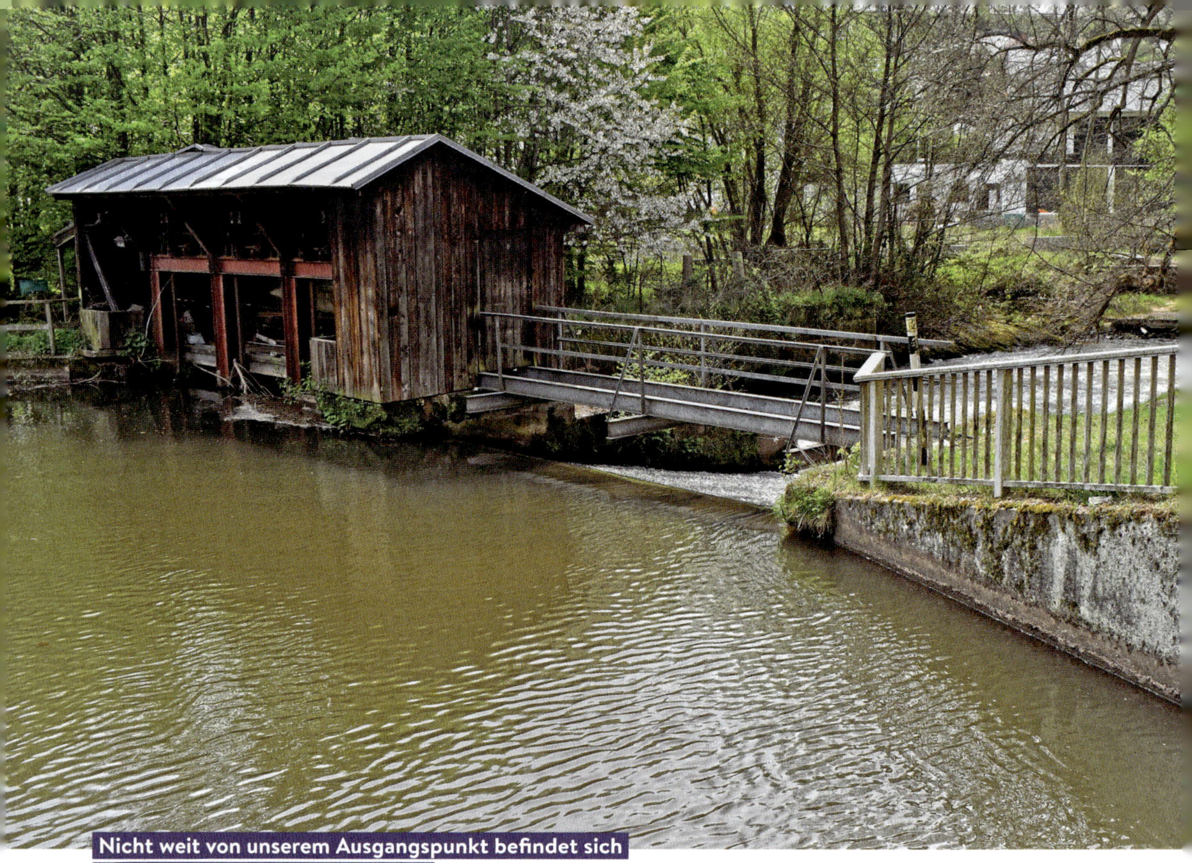

Nicht weit von unserem Ausgangspunkt befindet sich dieses Stauwehr am Schwarzbach.

Kalkmagerrasen, die sich durch besonderen Artenreichtum auszeichnen.

ZUM VERKEHRSLANDEPLATZ Wir bleiben auf dem Weg, der nun in östliche Richtung führt. In einiger Entfernung ist jetzt der Kontrollturm des kleinen Flughafens zu erkennen. Wir erfreuen uns an der abwechslungsreichen Landschaft und genießen die guten Fernsichten. Nach weiteren 1,5 Kilometern Wanderung ist der südwestliche Teil des Landeplatzes erreicht. Informationsschilder weisen darauf hin, dass man nicht den direkten Weg zum Flughafen nehmen kann. Dieser führt nämlich über die Landeschwelle der Flughafenpiste. Wir gehen deswegen noch ein Stück (ca. 1000 m) geradeaus weiter. Die K 15 wird erreicht; dieser folgen wir nach rechts und gehen dann (wieder nach rechts) auf der Stichstraße zum Flughafen. Der **2 Verkehrslandeplatz Pirmasens** (Code EDRP) liegt auf 380 Metern Höhe und verfügt über eine Asphaltpiste mit 800 Metern Länge. Luftfahrzeuge bis 5,7 Tonnen Gewicht können dort landen. Auf dem Flughafengelände befindet sich ein kleines Restaurant mit dem passenden Namen »Cockpit«. Hier bietet sich natürlich eine Wanderrast an; im Sommer ist eine kleine Terrasse mit Blick auf das Flugfeld geöffnet (Di–So, 10.00–22.00 Uhr).

ZUM DELLFELDER FORST Wir befinden uns jetzt schon auf dem Rückweg und nehmen den Weg unterhalb der Wartungshallen in südwestlicher Richtung. Ins Tal blickend erkennen wir auf der rechten Seite einen kleinen Wald, den Dellfelder Forst. Ein Feldweg bringt uns zu dem Wirtschaftsweg, der entlang dieses Waldstücks führt. Wir folgen dem geteerten Weg bergab, bis dieser eine Kurve nach links macht. Nach rechts geht ein geschotterter Weg ab, der weiterhin entlang des Forsts führt. Diesem Weg folgen wir, bis er nach rechts abbiegt. Am Südrand des Dellfelder Forsts gehen wir weiter bis zu einem Wegkreuz aus Buntsandstein. Hier befinden wir uns oberhalb des Orts **3 Stambach**. Über die Dellfelder Straße und die Schulstraße erreichen wir die Landauer Straße. Stambach ist ein Ortsteil von Contwig, das wiederum zur Verbandsgemeinde Zweibrücken-Land gehört.

ZURÜCK NACH CONTWIG Wir gehen auf dem Fußweg entlang der L 471 aus Stambach heraus. Es sind nur knapp 500 Meter, bis der Ortseingang von Contwig erreicht ist. Wir achten auf den schmalen Weg, der nach links abgeht; an Freibad und Tennisclub vorbei erreichen wir den Schwarzbach. (Das attraktive Contwiger Freibad verfügt über verschieden hohe Sprungtürme, 50-Meter-Schwimmerbecken, Nichtschwimmerbecken mit Wasserrutsche, Kinderbecken, große Liegewiese und Kiosk. Von Ende Mai bis Mitte September täglich geöffnet). Es folgt noch ein schönes Wegstück entlang des Schwarzbachs. Bei dem Stauwehr wird der Hinweg wieder erreicht; bis zum **E Bahnhaltepunkt Contwig** sind es nur noch wenige Meter.

INFO

TOURENCHARAKTER
Einfache Rundwanderung auf überwiegend befestigten Wegen

AUSGANGS-/ENDPUNKT
Contwig, Bahnhaltepunkt (232 m)

GPS
49.245277, 7.427777

ANFAHRT
Auto: Auf der A 8 bis Contwig, auf der L 480 bis zum zweiten Kreisel, dann den Wegweisern nach Contwig folgen
Bus & Bahn: Mit der Regionalbahn von Saarbrücken über Zweibrücken oder von Karlsruhe (über Landau/Pirmasens Nord) bzw. von Kaiserslautern über Pirmasens Nord nach Contwig

GEHZEITEN
Contwig–Pottschutthöhe 1.10 Std.–Landeplatz Pirmasens 0.45 Std.–Stambach 1.00 Std.–Contwig 0.45 Std.

EINKEHR
Contwig, Landeplatz Pirmasens

Leicht | 14,3 km | 320 Hm | 3.40 Std.

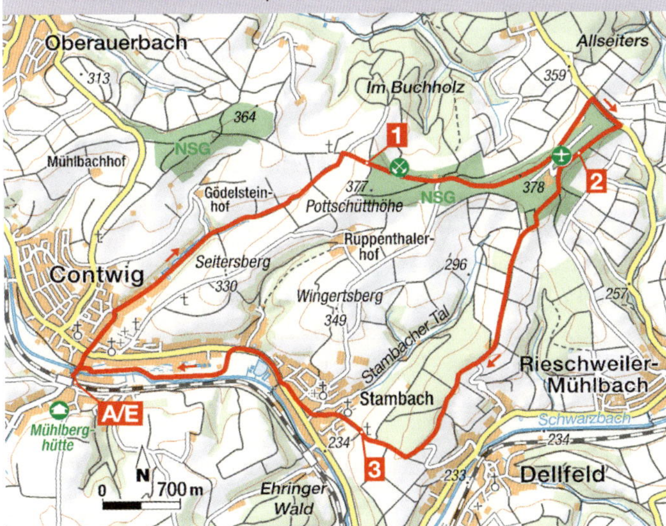

KARTE
NaturNavi Wanderkarte Pfälzerwald 1 (Blatt 39-546), 1:25 000

INFORMATION
Kultur- und Verkehrsamt, Maxstraße 1, 66482 Zweibrücken, www.zweibruecken.de

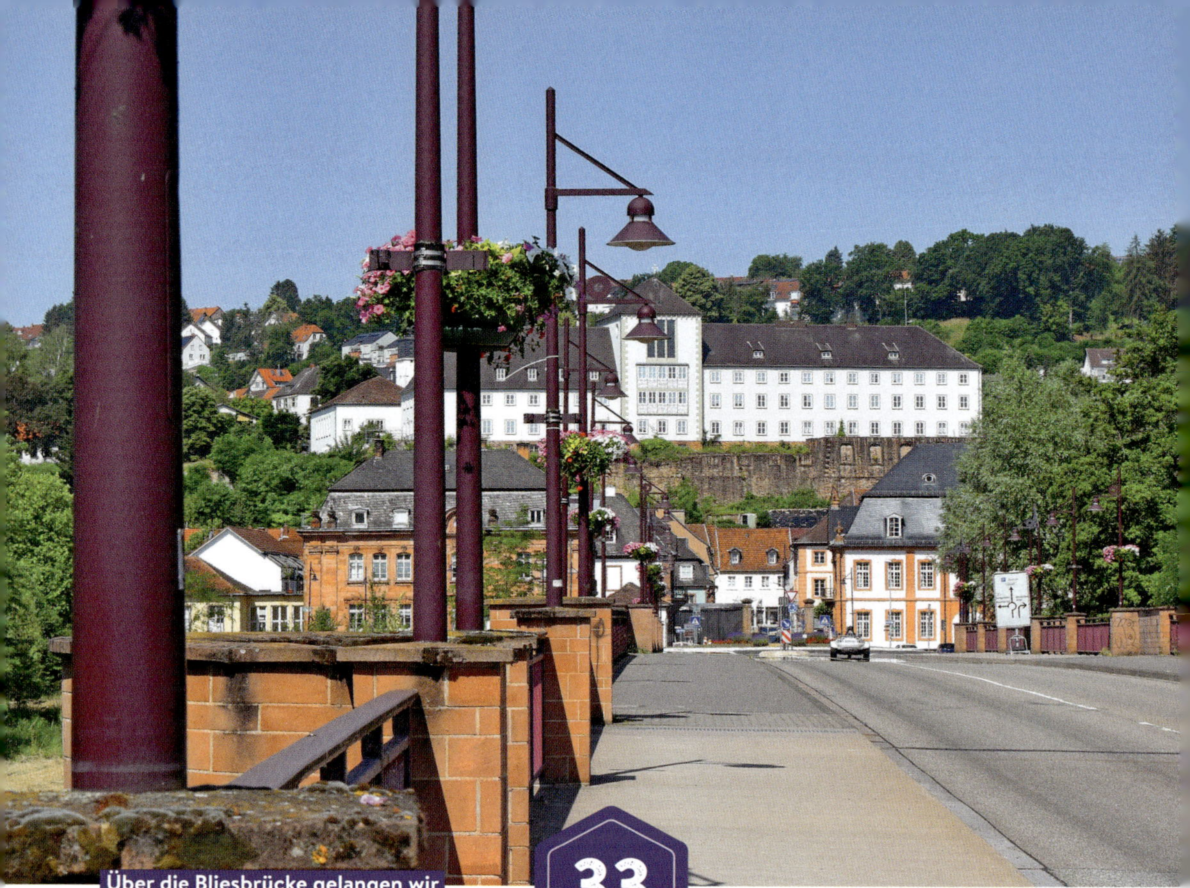

Über die Bliesbrücke gelangen wir nach Blieskastel.

33

Wanderweg ins Saarland

Der große Hinkelstein

Zweibrücken befindet sich im südwestlichen Zipfel der Pfalz. Nicht weit ist es hinüber ins Saarland. Auf breiten Wegen mit guter Fernsicht erreichen wir das Städtchen Blieskastel. Umkehrpunkt dieser Wanderung ist der Gollenstein – einer der größten Menhire Europas.

ANFAHRT Es ist etwas umständlich, den Ausgangspunkt Kugelfanghütte mit öffentlichen Verkehrsmitteln zu erreichen. Die Tour kann aber auch an jedem anderen Punkt begonnen werden. Für Bahn- und Busfahrer empfiehlt es sich daher, als Startpunkt die Stadt Blieskastel auszuwählen. Diese ist von Zweibrücken aus besser zu erreichen.

ZUM JAKOBSWEG Die **A Kugelfanghütte** ist ein bekanntes Ausflugsziel (Mi, Fr–So, 11.00–21.00 Uhr geöffnet, www.kugelfanghütte.de). Für Besucher und Wanderer stehen ausreichend Parkplätze zur Verfügung. Wir gehen rechts an der Hütte vorbei und dann in südwestlicher Richtung ein kurzes Stück durch den Wald. Der Weg führt zur alten Römerstraße – heute als Hochwaldstraße bezeichnet. Wir überqueren diese und treten erneut in den Wald ein. Nach knapp 350 Metern geht rechts ein Weg ab. Ab hier gehen wir ein Stück auf dem Jakobsweg. Der Weg fällt ab und führt uns nach weiteren 350 Metern aus dem Wald heraus. Dort überschreiten wir gleich die Grenze ins Saarland. Der Weg fällt weiter ab; mit jedem Schritt wird der Blick auf die Stadt Blieskastel und den Bliesgau besser.

BIOSPHÄRENRESERVAT BLIESGAU Der Bliesgau wurde im Jahr 2009 von der UNESCO als Biosphärenreservat anerkannt. Er weist einige Besonderheiten auf. Kennzeichen sind eine vielfältige Landschaft: Die Auenlandschaft am Fluss Blies wechselt mit Trockenrasen, Buchenwäldern und ausgedehnten Streuobstwiesen ab. Nahezu die Hälfte der in Deutschland vorkommenden Orchideen sind hier zu finden. Seltene Tier- und Pflanzenarten wie beispielsweise der Goldene Scheckenfalter oder das Breitblättrige Knabenkraut kommen hier vor. Mehr zum Biosphärenreservat erfährt man unter www.biosphaere-bliesgau.eu. Ein Veranstaltungskalender zu den Themen Entdeckungsreisen, Kulinarik, Kulturhistorisches oder Wanderungen mit Tieren findet sich unter www.saarpfalz-touristik.de. Weiterhin stetig abfallend nähern wir uns nun Blieskastel. Die Stadt selbst betreten wir in einem

Tipp

RÖMERMUSEUM SCHWARZENACKER

Nicht weit von Blieskastel bzw. Zweibrücken entfernt befindet sich das Freilichtmuseum Schwarzenacker. Das ehemalige Handels- und Verwaltungszentrum der Römer wurde im Jahr 275 n. Chr. von anstürmenden alemannischen Volksgruppen zerstört. Die ehemalige Siedlung wurde in Teilen freigelegt bzw. wiederaufgebaut. Zu sehen sind rekonstruierte Gebäude, Fassaden und Straßenzüge. Das Museum hat von März bis Oktober täglich geöffnet. Weitere Info: www.roemermuseum-schwarzenacker.de

Teil des Wallfahrtsklosters ist die Heilig-Kreuz-Kapelle.

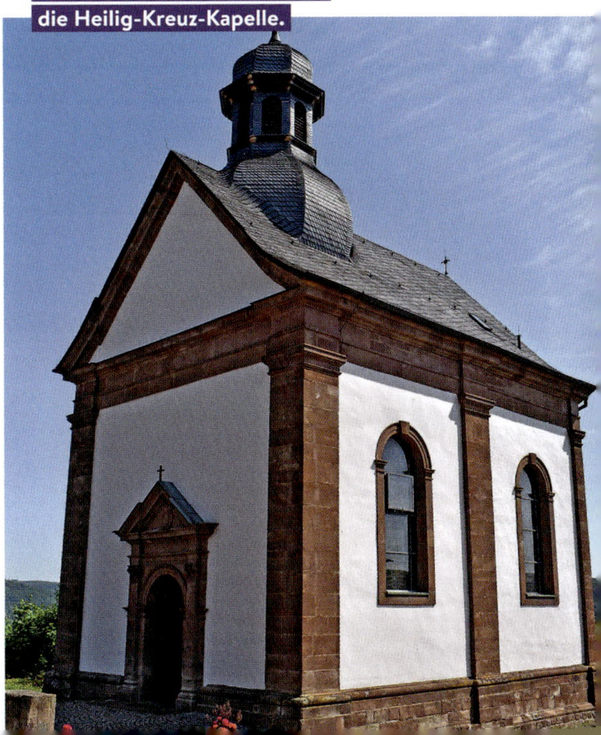

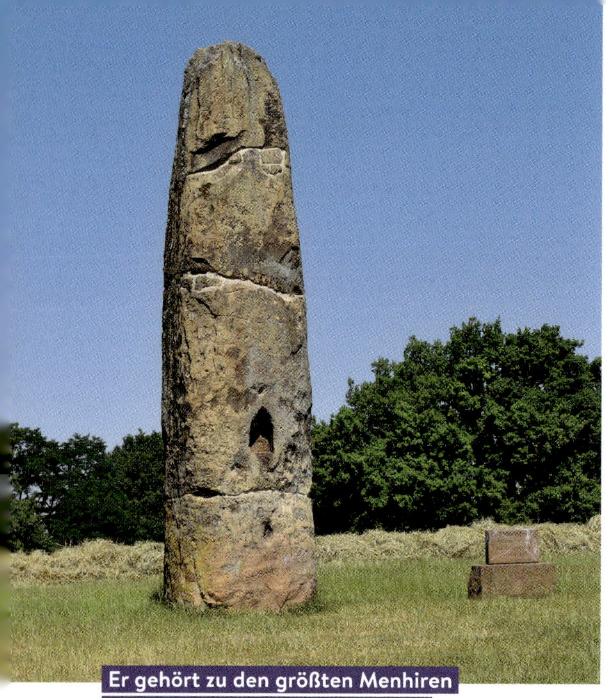

Er gehört zu den größten Menhiren in Mitteleuropa: der Gollenstein.

Gewerbegebiet, das wir zügig durchschreiten. Ein Kreisverkehr wird erreicht; dieser führt uns zur breiten Brücke über die Blies. An deren Ende angelangt gehen wir wenige Meter geradeaus weiter und erreichen den Paradeplatz der Stadt. Dort halten wir uns rechts und gehen an der Von-der-Leyen-Straße entlang. Diese trifft auf die Luitpoldstraße/Bliesgaustraße.

HEILIG-KREUZ-KAPELLE Nach etwa 150 Metern erreichen wir den Treppenaufstieg zum **1 Wallfahrtskloster**. Über 100 Meter geht es jetzt alternativlos auf Treppenstufen aufwärts. Dann ist aber das Kloster der Franziskaner-Minoriten erreicht. Auf der rechten Seite sehen wir die Heilig-Kreuz-Kapelle, auch Gnadenkapelle genannt. Die Freiherren von der Leyen ließen 1682 die Kapelle erbauen. Mit der Stiftung einer Kreuzreliquie begannen die Wallfahrten nach Blieskastel. Die Inneneinrichtung wurde in den Revolutionskriegen zerstört. Erst ein Jahrhundert später war die Kapelle wieder das Ziel von Wallfahrten. Das Klostergebäude selbst sowie die Klosterkirche wurden erst vor 100 Jahren errichtet; die Zahl der Pilger nahm damals stark zu. Bis ins Jahr 2005 war das Kloster in der Obhut bayerischer Kapuziner; heute sind polnische Franziskaner-Minoriten für das Kloster und die Wallfahrtsseelsorge zuständig. Wenige Meter weiter befindet sich der Klosterpark. Dieser wurde nach dem Klosterbau um das Jahr 1930 angelegt. Es finden sich dort Werke des Bildhauers Karl Riemann. Thematisiert werden Ereignisse aus dem Leben des Franz von Assisi. Der Klosterpark und die nahe Gaststätte Pilgerrast laden ein zu einer Wanderpause oder zur Einkehr.

DER GOLLENSTEIN Wir folgen dem Klosterweg, der um den Klostergarten herumführt. Wegweiser führen uns jetzt ansteigend zur Gollensteinhütte. Diese Hütte gehört zur Ortsgruppe Blieskastel des Pfälzerwald-Vereins (Mi–So geöffnet). Unser Weg führt an der Hütte vorbei, geht ein kurzes Stück durch den Wald und erreicht dann gleich freies Feld. Wir biegen dann nach rechts ab und folgen einer Gerade, die uns nach knapp 500 Metern zum Standort des **2 Gollensteins** führt. Der Koloss aus Sandstein steht dort seit etwa 5000 Jahren. Mit einer Höhe von 6,60 Metern gilt er als der größte Menhir Mitteleuropas. Als mögliche Zielmarke der französischen Artillerie wurde der Menhir zu Beginn des Zweiten Weltkriegs eingeschätzt. Folglich legte man den Gollenstein im Jahr 1939 um – bei dieser Aktion zerbrach er in vier Teile. Erst 1951 wurde der Monolith wieder zusammengesetzt und aufgerichtet. Menhire wurden oft als heidnische Kultstätten angesehen – infolgedessen wurden schon vor Jahrhunderten christliche Symbole eingemeißelt; beim Gollenstein war es ein kleiner Altar in Nischenform. Für das Wort Menhir werden auch die Begriffe Hinkelstein oder Hühnerstein verwendet. Menhir selbst ist keltischen Ursprungs; es bezeichnet ein aufgerichtetes Steinmal. Diese wurden meist an weit sichtbaren Orientierungspunkten (etwa auf Anhöhen) aufgestellt. Trotzdem haben die Kelten die Monolithen nicht aufgestellt. Bereits in der Jungsteinzeit (also im 5. Jahrtausend v. Chr. und damit lange vor den Kelten) wurden Steine aufgerichtet. Davor waren Felsen oder Quellen, also Orte in der Natur, die genutzten Kultplätze. Diese dienten, wie später die Menhire, dem Empfang von übernatürlichen Kräften oder auch als Ort der gemeinschaftlichen Erinnerung an die Vorfahren.

GÄNSSTEIGERHOF Wir gehen die lange Gerade zurück bis zum Parkplatz. Die Gollensteinstraße bringt uns hinunter zur Schlossbergstraße. Diese führt uns an Schlosskirche und Orangerie vorbei in die Innenstadt von Blieskastel. Über die Bliesbrücke gehen wir den bekannten Weg zurück zum Verkehrskreisel. Dort biegen wir in die Breitfurter Straße ein. Dieser folgen wir für etwa eineinhalb Kilometer bis zum Ortsausgang des Stadtteils Mimbach. Am dortigen Parkplatz biegen wir nach links ab und folgen der kleinen Straße, die zum Gänssteigerhof führt. Bis dorthin sind es noch einmal 1,3 Kilometer Wanderstrecke. Der Weg steigt jetzt steil an – wir erreichen dann wieder den Kreuzungspunkt auf dem Hinweg. Wir überqueren jetzt wieder die Grenze zu Rheinland-Pfalz und gehen den bekannten Weg zurück zur **E Kugelfanghütte**.

INFO

Mittel | 15,9 km | 480 Hm | 4.00 Std.

TOURENCHARAKTER
Mittelschwere Rundwanderung meist auf befestigten Wegen

AUSGANGS-/ENDPUNKT
Kugelfanghütte, Zweibrücken-Wattweiler (342 m)

GPS
49.230277, 7.315833

ANFAHRT
Auto: Auf der A 8 bis Zweibrücken-Ixheim, im Kreisverkehr nach Mittelbach abbiegen; dort auf den Wegweiser nach Wattweiler achten; vor Wattweiler geht nach rechts die kurze Stichstraße zur Kugelfanghütte ab.
Bus & Bahn: Kein Bahnanschluss. Mit dem Regionalbus von Zweibrücken nach Blieskastel

GEHZEITEN
Kugelfanghütte–Blieskastel 1.20 Std.–Menhir 0.30 Std.–Mimbach 0.55 Std.–Kugelfanghütte 1.15 Std.

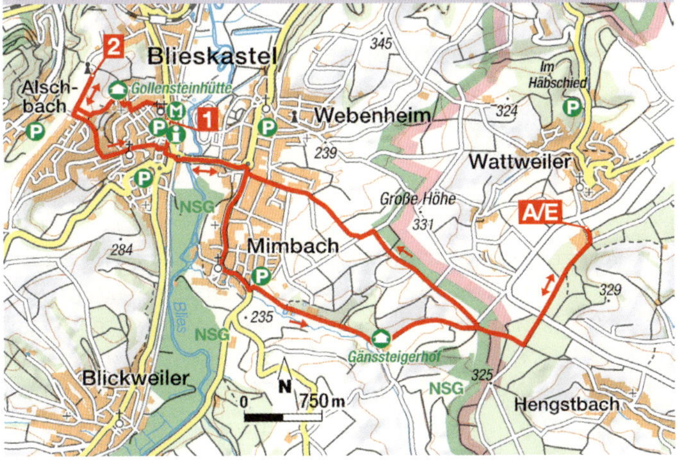

EINKEHR
Kugelfanghütte, Blieskastel (Pilgerrast, Gollensteinhütte u. a.)

KARTE
Wanderkarte Blieskastel, Saarpfalz-Touristik, Blieskastel, 1:25 000

INFORMATION
Saarpfalz-Touristik, Paradeplatz 4, 66440 Blieskastel, www.saarpfalz-touristik.de

PS:

JEDER AUTOR STELLT SICH DIE FRAGE, welche der vielen Touren den stärksten Eindruck hinterlassen hat. Jede Tour sollte ihre Besonderheiten haben. Zuhause waren sie mit Wander- oder topografischen Karten geplant worden. Man hatte darauf geachtet, dass der jeweilige Ausgangspunkt möglichst mit öffentlichen Verkehrsmitteln erreichbar ist, dass unterwegs eine Einkehrmöglichkeit besteht, hatte die Kriterien landschaftliche Schönheit, die Geschichte (Burgen, Schlösser und Klöster) und auch die Kultur in Betracht gezogen, um eine möglichst abwechslungsreiche und wenig bekannte Wanderung zusammenzubekommen.

In besonderer Erinnerung blieben die Touren, bei denen alles beim ersten Mal klappte und die den Autor ob der Schönheit und des Wandergenusses faszinierten. Eine dieser Wanderungen ist die in diesem Buch als Tour 11 beschriebene Wanderung »Am Nordende der Deutschen Weinstraße«. Los ging es in Bockenheim am Weintor, nicht so bekannt wie das Weintor an deren südlichen Ende in Schweigen-Rechtenbach, aber immerhin noch ein markanter Punkt. Wenige Meter davon entfernt war man dann aber schon alleine in den Weinbergen: Nach dem ersten Anstieg ergab sich der erste gute Rundblick über die Rheinebene und wenig später fand sich unter mächtigen Bäumen die Heiligenkirche, eine der ältesten christlichen Kultstätten in der Pfalz. Nicht mehr weit war es dann zum Patricia-Wingert. Dort steht der SchorleXpress – ein fahrbarer Verkaufsstand, mit dem die örtlichen Winzer nicht nur Wein, sondern auch kleine Leckereien anbieten.

Es ist ein Platz mit einer einzigartigen Aussicht auf die Oberrheinische Tiefebene. In Anbetracht des weiteren Weges hatte man sich statt Wein einen Traubensaft genehmigt, ein weiterer kurzer Anstieg und der dominante Vulkanklotz Donnersberg kam ins Sichtfeld; das ein Stück weiter in einem kleinen Gewerbegebiet befindliche Motorradmuseum hatte geöffnet. Abgesehen von den ersten und letzten zehn Minuten der Wanderung habe ich auf dieser schönen Tour keine weiteren Wandersleute getroffen. Es war nicht die einzige wunderschöne Wanderung, aber diejenige, die mir am besten in Erinnerung geblieben ist.

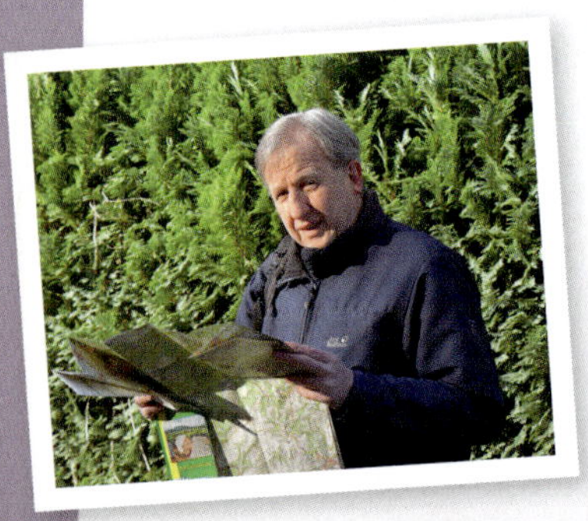

Matthias Wittber

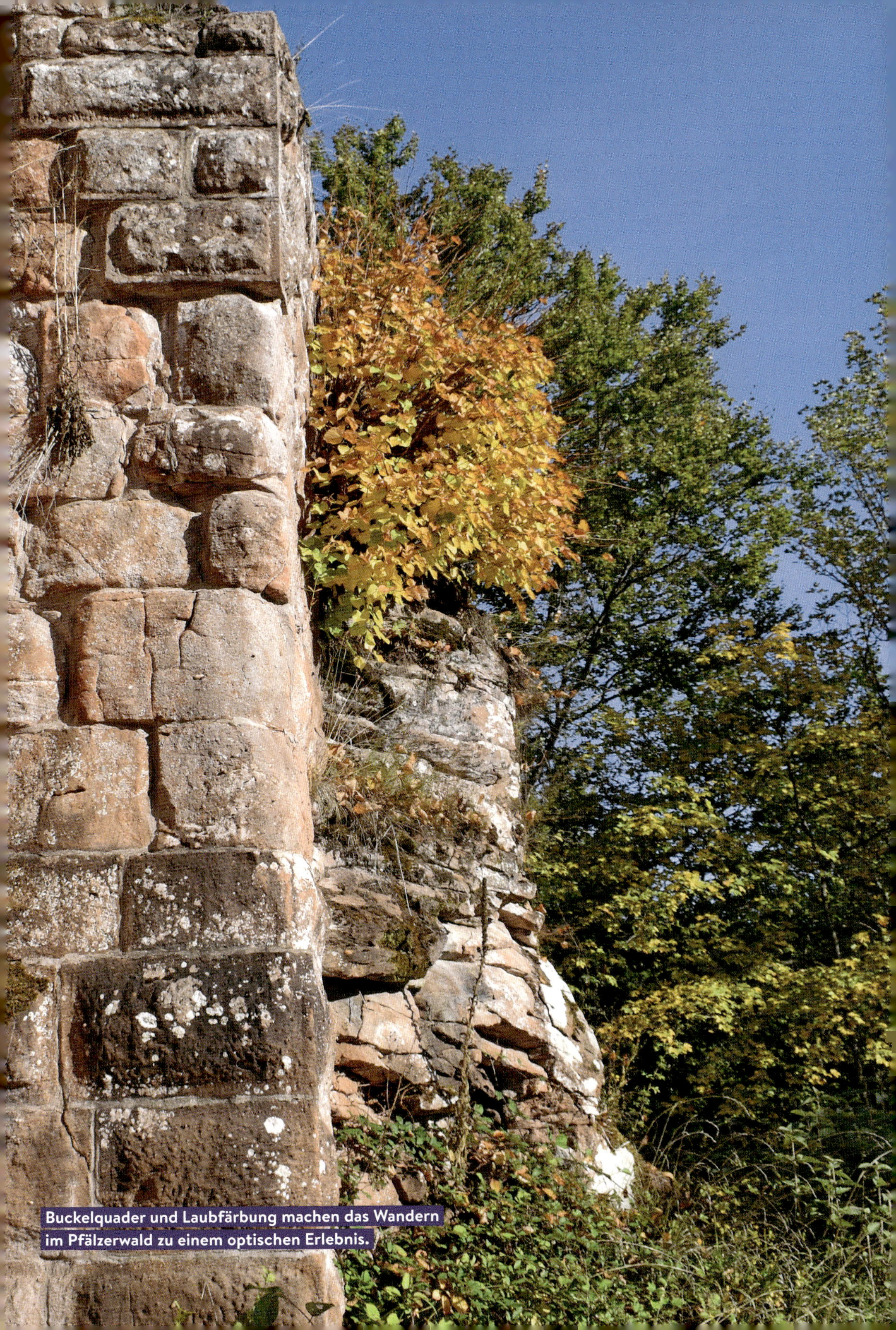

Buckelquader und Laubfärbung machen das Wandern im Pfälzerwald zu einem optischen Erlebnis.

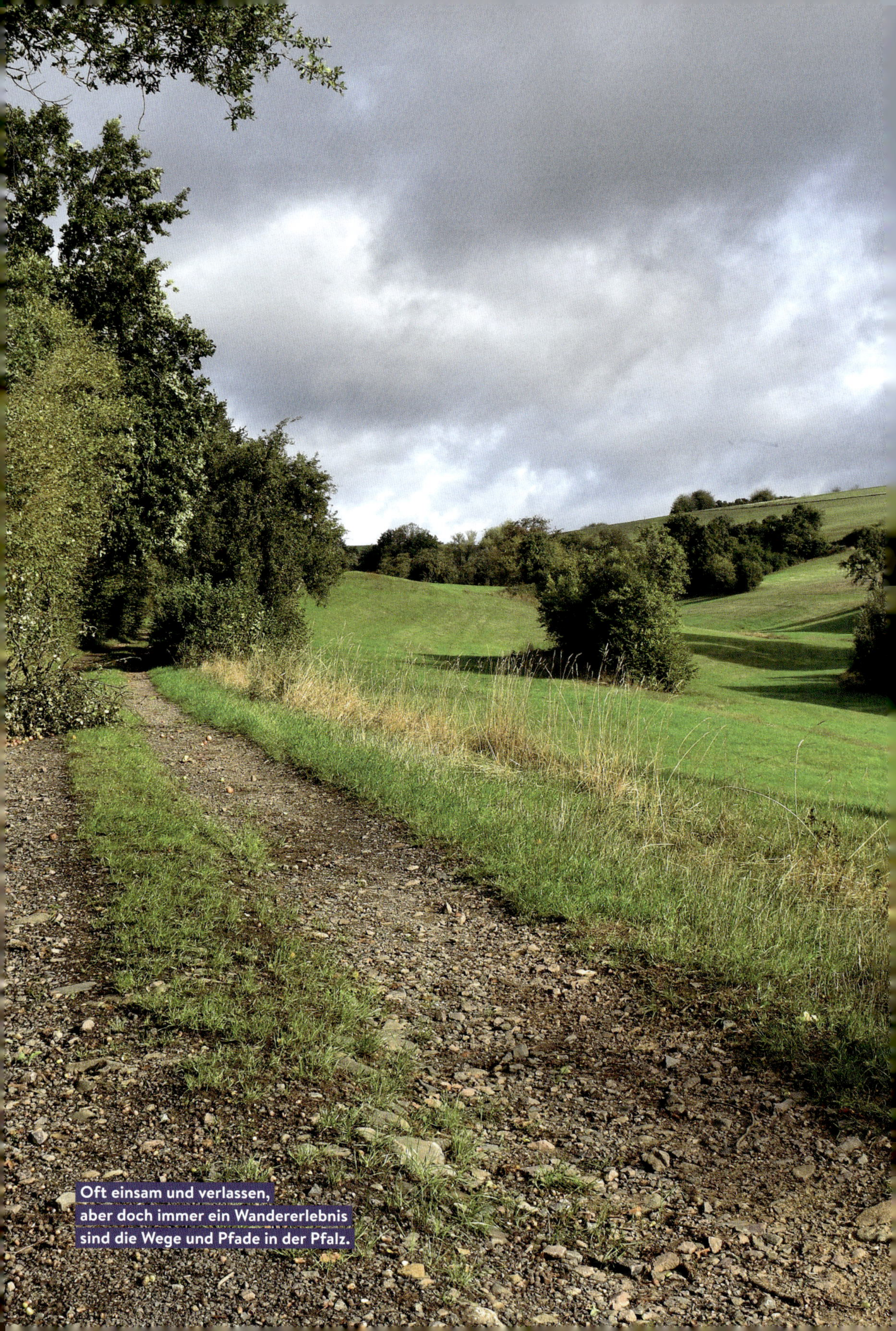

Oft einsam und verlassen,
aber doch immer ein Wandererlebnis
sind die Wege und Pfade in der Pfalz.

REGISTER

IMPRESSUM

Verantwortlich: Julia Vogl
Redaktion und Lektorat: Susanne Maute, mcp concept GmbH
Layout- und Reihengestaltung: Mathias Frisch
Covergestaltung: Rudi Stix
Satz: mcp concept GmbH
Korrektorat: Ralf J. Klumb | The Wordworms
Repro: LUDWIG:media
Kartografie: Bruckmann Verlag GmbH, Heidi Schmalfuß
Herstellung: Alexander Knoll
Printed in Poland by CGS Printing sp.O.o.

Exklusiv für Sie als Leser:

MIT GPS-DATEN ZUM DOWNLOAD

unter: gps.bruckmann.de

★★★★★

Sind Sie mit diesem Titel zufrieden? Dann würden wir uns über Ihre Weiterempfehlung freuen.
Erzählen Sie es im Freundeskreis, berichten Sie Ihrem Buchhändler, oder bewerten Sie bei Onlinekauf. Und wenn Sie Kritik, Korrekturen, Aktualisierungen haben, freuen wir uns über Ihre Nachricht an Bruckmann Verlag, Postfach 40 02 09, D-80702 München oder per E-Mail an lektorat@verlagshaus.de.

Unser komplettes Programm finden Sie unter www.bruckmann.de

Empfehlung der Redaktion
Sie sind auf der Suche nach weiterführender Literatur? Dann empfehlen wir Ihnen den Titel *Echt wild Pfalz* von Marion Landwehr. Oder Sie werfen einen Blick in die Zeitschrift *Bergsteiger*. Hier werden Sie bestimmt fündig.

Bildnachweis: Alle Bilder im Innenteil stammen vom Autor.
Umschlagvorderseite: Der Pfälzer Wald im Frühling; Shutterstock: shuttertim82
Umschlagrückseite: Weitblick vom Patricia-Wingert über die Rheinebene (Tour 11)

Die Deutsche Nationalbibliothek verzeichnet diese Publikation in der Deutschen Nationalbibliografie; detaillierte bibliografische Daten sind im Internet über http://dnb.d-nb.de abrufbar.

Infanteriestraße 11a
80797 München

ISBN: 978-3-7343-2448-2